Max ist der fleischgewordene Spießertraum mit Freundin, Kindern und Reihenhaus. Ein Leben, das sich jeder vielleicht mal vorgestellt hat, bevor es ganz anders kommt.

Jakob war bisher bekennender Dandy. Jetzt wurde er von einer Frau und der Nachricht, bald Vater zu werden, überrannt.

Zusammen haben sie den erfolgreichen Podcast »Beste Freundinnen«. Eine Beziehung, die zusammenpasst wie Romantik und Frittenfett, aber durch Herz und Humor verbunden ist.

Max & Jakob

# Kann ich nicht sagen, muss ich nackt sehen.

## Was Männer über Beziehungen, Sex und Liebe denken

PENGUIN VERLAG

FSC
www.fsc.org
MIX
Papier aus verantwortungsvollen Quellen
FSC® C014496

Verlagsgruppe Random House FSC® N001967

PENGUIN VERLAG



1. Auflage 2019

Umschlag und Umschlagmotiv: www.buerosued.de
Redaktion: Birthe Vogelmann
Satz: Uhl+Massopust, Aalen
Druck und Bindung: GGP Media GmbH, Pößneck
Printed in Germany
ISBN 978-3-328-10387-5
www.penguin-verlag.de

Dieses Buch ist auch als E-Book erhältlich.

# Inhalt

# Vorwort

Manchen Menschen würde man auf die Frage »Wie geht's?« einfach nur mit »Gut« antworten – egal, ob es tatsächlich so ist oder gerade die Eltern gestorben sind. Wir, Max und Jakob, sind das genaue Gegenteil füreinander. Zwei Männer, die sich das, was wirklich abgeht, immer als Erstes erzählen: beste Freundinnen eben.

Vor vier Jahren haben wir angefangen, unsere Gespräche aufzuzeichnen: über den letzten verkackten ONS, den schlaffen Lachs im Unterhosennetz, die Überlegung, Schluss zu machen, kurze und lange Affären und die Gründe, warum daraus nicht mehr geworden ist, über Seelenficker und Seelenverwandte und schließlich über das Gefühl, ungeplant Vater zu werden.

Entstanden ist einer der bekanntesten Podcasts Deutschlands. Wir reden, als ob keiner zuhört, und schreiben, als ob keiner mitliest. Das heißt nicht, dass ihr uns egal seid. Wir möchten einfach einen ungeschönten Blick in die Welt zweier Männer geben. Damit sorgen wir sicherlich auch für Aufreger – besonders bei Frauen, denn Männer reden eben doch anders, wenn sie unter sich sind. Hat sich der Sturm erst mal gelegt, empfinden es viele HörerInnen und LeserInnen aber so, als würden sie mit uns am Tisch sitzen: dort, wo Gedanken entstehen, bevor sie für die Außenwelt gefiltert werden.

Besonders offen und ehrlich ist man ja oft zu Freunden, die selbst die Hosen vor einem herunterlassen und sich nicht zu fein sind, den unrasierten Sack zu präsentieren. Der unrasierte Sack ist so gesehen das Geschenk der Freundschaft. Und weil wir genau das vor euch im Podcast getan haben, bekamen wir völlig unerwartet mehrere tausend Hörer-Mails. Menschen, denen wir ja eigentlich wildfremd sind, vertrauten sich uns an, weil wir eben selbst die Hosen runtergelassen hatten.

Die HörerInnen und LeserInnen teilten ihre Erlebnisse mit uns, und wir besprachen sie, stellten Fragen und bekamen Antworten. Dabei sind wir nicht der Dr. Sommer für Erwachsene. Uns geht es eher um die persönliche Ebene und eine ehrliche Sichtweise.

Dieses Buch ist auch kein Guide, der zeigen soll, wie man eine optimierte Version seiner selbst wird. Wir glauben, dass jeder sowieso die beste Version von sich selbst lebt. Wir bleiben auch gerne weiterhin so scheiße, wie wir sind. Mal rutschen wir mit angezogener Handbremse durch die Kurven unserer schnellen Welt. Mal trifft uns der Schlag, dass es noch ein tieferes Tief gibt, und wir versinken im schwarzen Loch der eigenen Seele. Und manchmal ist das Leben so einfach wie eine Portion Pommes rot-weiß an der nächsten Frittenbude. Aber wer dieses Buch liest, wird sich automatisch mit sich selbst auseinandersetzen – sich die Fragen stellen, die wir uns stellen. Und so an die eigenen dunkelsten und hellsten Orte reisen.

Für diese Reise legen wir uns und euch den besten Rettungsring überhaupt um: Humor.

Ihr seid herzlich eingeladen mitzukommen.

Max & Jakob

# Kennenlernen –
# aber bitte mit Sahne!

## Woran man merkt, ob eine Frau für eine Beziehung infrage kommt

**Jakob:** Früher hat es fünf bis zehn Minuten gedauert, bis ich es wusste. Mittlerweile bin ich da nicht mehr so schnell.

**Max:** Fünf bis zehn Minuten wären für mich eine Ewigkeit gewesen. Ich hatte eine Checkliste, die aus drei Punkten bestand: Arsch, Brüste und Gesicht. Wenn einer dieser Punkte zutraf, hätte ich mit der Frau geschlafen.

**Jakob:** Hat es auch nur fünf bis zehn Minuten gedauert, bis du wusstest: Mit der Frau will ich eine Beziehung?

**Max:** Für mich sind das zwei unterschiedliche Dinge. Eine Frau, die ich bumsen will, ist nicht auch gleich eine potenzielle Partnerin. Allein schon deswegen, weil die drei genannten körperlichen Attribute nicht für die Poleposition »Partnerschaft« ausreichen. Dazu gehört natürlich mehr, als wenn ich nur aus Geilheit eine Frau kennenlernen will.

**Jakob:** Genau darum geht es ja. Aber es muss doch in irgendeiner Form eine innere Checkliste geben, an der man definiert, dass die Frau, die einem gegenübersteht, potenzielles Beziehungsmaterial ist. Woran machst du das fest, und wie schnell weißt du es?

**Max:** Ich glaube, das Erste, was mich dazu bewegt, eine Frau als potenzielle Partnerin zu betrachten, ist, dass ich die Checkliste nicht mehr benötige. Einzelne Merkmale werden unwichtig. Was zählt, ist das Gesamtbild, das sich nach und nach zusammenfügt. Und ein Gefühl, das entsteht. Bei meinen bisherigen Beziehungen stellte sich immer ein Gefühl ein. Ich verbrachte gerne Zeit mit dieser Frau, weil alles gut zusammenpasste.

**Jakob:** Ziemliches Wischiwaschi, was du hier von dir gibst. Kannst du es nicht etwas genauer beschreiben?

**Max:** Wenn ich es an einer spezifischen Sache festmachen müsste, dann wären das für mich die Gespräche, die ich mit der anderen Person führe. Dadurch lerne ich die Frau nicht nur besser kennen, sondern es stellt sich ein Gefühl der Verbundenheit ein. Wenn das passt, vertraue ich mich ihr an und gebe meine Schwächen zu, genauso wie ich ihre Schwächen kennenlerne. Am Ende ist es dieses Gefühl der Verbundenheit aufgrund gemeinsamer Themen und Einstellungen, das eine Beziehung zu der Frau entstehen lässt.

**Jakob:** Was du beschreibst, kenne ich sehr gut. Trotzdem fallen nach diesem Kriterium manche Frauen in das Beziehungsraster und andere in das »Kumpelfreundin«-Raster. Ähnliche Erfahrungen und Werte verbinden ungemein, aber fehlen die äußerlich ansprechenden Attribute, bleibt man eher auf der freundschaftlichen Ebene. Bei einer Frau, die potenziell für eine Beziehung infrage kommt, trifft das Gefühl des körperlichen Verlangens auf den Wunsch, sich mit der Frau geistig und – wenn es so was gibt – seelisch zu verbinden. Mit so einer Frau entdeckst du immer wieder etwas Neues, wenn du mit ihr sprichst. Sie muss kein wandelndes Lexikon sein, aber es ist, als ob ihr einen Gedanken mit zwei Gehirnen weiterspinnt.

**Max:** Du sprichst ein heikles Thema an, das nicht immer die Basis für eine Beziehung sein muss. Eine tiefe seelische Verbindung kann zwar sehr erfüllend sein, ist aber nicht notwendig, um mit einer Frau eine Beziehung zu führen. Manchmal reicht es auch, wenn man jemanden vor sich hat, der einem auf einigen Gebieten das Wasser reichen kann. Wenn eine Frau bei mir nur an wenigen Punkten andocken konnte oder ich nur vereinzelt Interessengebiete mit ihr teilte, ging es eher in Richtung »schnelle Nummer«.

**Jakob:** Ganz klar zu definieren ist es nicht. Man merkt es einfach. Es ist eine feine Rezeptur aus körperlichen Attributen, Intellekt, Witz und seelischer Verbundenheit.

## Fünf Fragen für das erste Date

1. Wohin willst du als Nächstes in den Urlaub? Wo warst du zuletzt?
2. Hast du schon mal an plastische Chirurgie gedacht? Was würdest du machen lassen?
3. Welcher deiner Kumpels/Freundinnen hat dich am meisten geprägt?
4. Hörst du eher auf deinen Bauch oder deinen Kopf?
5. Bist du ein Mama- oder Papa-Kind? Warum?

## Fünf Fragen für das letzte Date

1. Mit welchem meiner Freunde würdest du am liebsten schlafen?
2. Was war der schmutzigste Porno, zu dem du masturbiert hast?
3. Was war die längste Zeit, die du nicht geduscht hast?
4. Wenn du wählen müsstest: Fußpilz oder Läuse – was würdest du nehmen?
5. Wovon musstest du das letzte Mal brechen (außer bei diesen Fragen)?

## Netflix und Chill, bumsen er will

Lieber Max, lieber Jakob,

ich habe in drei Tagen ein Date mit einem Typen, der mich auf der Straße angesprochen hat. Er will sich zum Netflix-Gucken bei mir zu Hause treffen. Heißt das automatisch, dass er auf Sex aus ist?

Eure Lara

**Jakob:** Ein Mann, der so vor Kreativität strotzt, dass er gleich beim ersten Date Netflix und Chill vorschlägt, hat auf jeden Fall für den Rest eures möglichen Beziehungslebens noch einige Überraschungen in petto. Not.

**Max:** Deine Antwort ist für mich wie eine Offenbarung, gehörte doch das »Netflix-Date« zu einer meiner Spezialitäten. Hier bin ich daheim, hier darf ich rein. Es gab eine Zeit, in der ich mir jedes zweite Date versaut habe, weil ich den Vorschlag gemacht habe, bei mir zu kochen und dann einen Film zu gucken. Bisher war mir nicht bewusst, dass es damit zusammenhängen könnte, dass die Frau dachte, mir ginge es nur um Sex. Ich muss aber zugeben, dass jedes Mal, wenn ich dieses Date vorgeschlagen hatte, mein Kopfkino schon an dem Punkt angelangt war, dass die Frau zwischen meinen Beinen an meinem Schwanz lutschend vor mir kniete, während ich weiter den Film guckte.

**Jakob:** Dieses Bild hatte ich auch immer, wenn ich Netflix und Chillen vorschlug, und denke, die meisten Männer wären der Vorstellung nicht abgeneigt. Es ist jedoch noch kein gängiges und eingetragenes Synonym für Bimsen. Die meisten Frauen setzen nicht sofort die Klinge an, um die neue Intimfrisur zu gestalten, wenn sie N&C lesen. Der Mann würde aber direkt den Lachs polieren.

Liebe Lara, überleg dir, was du von ihm möchtest. Wenn du Bock auf einen Film und einen Penis hast, dann nimm das Angebot an. Wenn du Lust auf mehr Kreativität hast, dann könnte der Typ generell nicht passen.

## Der Tröster – für manche Männer der einzige Weg

**Max:** Eins steht fest: Wir hassen Tröster. Vor allem ich, weil ich schon oft einer gewesen bin.

**Jakob:** Tröster täuschen eine Freundschaft zwischen Mann und Frau vor. Meistens ist das Attraktivitätsgefälle ziemlich groß, und der Tröster weiß genau, dass er auf normalem Weg nie bei seiner »Freundin« landen würde. Der Tröster hat generell für sehr vieles Verständnis. Die Geschichten über den Ex, die durchgeheulten Nächte und das Klagen über die kleinen Makel am eigenen Körper. Der Tröster hat die Geduld einer Spinne. Er schlägt zu, wenn sein Opfer geschwächt in sein Netz – getarnt als die Schulter zum Ausheulen – getaumelt kommt. Gerne nachdem die Frau am Ende einer Beziehung zerstört ist und der Tröster seinem Namen gerecht werden kann. Bei der »platonischen« Umarmung spannt er seine Arme ein bisschen weiter und berührt mit den Fingerspitzen ganz leicht die Brustkante der Frau. Hier kann sich die Frau entscheiden, ob sie eine klare Grenze zieht oder bereit ist, sich auf mehr einzulassen. Entscheidet sie sich für mehr, hat die Spinne zugeschlagen.

**Max:** Die Frau ist meist ganz unten angekommen. Sie hat sich schon Tage im Netz der Emotionen abgekämpft. Eigentlich ist die Beute viel zu groß für den Tröster – es ist, als ob eine Vogelspinne ein Kaninchen verspeisen wollte. Aber die Frau ist so kraftlos, dass sie sich der Spinne hingibt. Das Gift des Trösters ist seine vorgetäuschte Empathie. Sein Faden schießt direkt aus seinem Glied und spinnt das Opfer ein. Wenn die Frau wieder bei Kräften ist, wird sie merken, was passiert ist, aber dann ist es zu spät.

**Jakob:** Wo ist man da als Mann angekommen, wenn man seine Würde gegen Bimsen eintauscht?

**Max:** Ich muss jetzt hier mal eine Lanze für alle Tröster brechen. Wir sind weder hinterhältige Spinnen, noch geht es uns in erster Linie ums Bimsen. Auch wir wollen nur geliebt werden, haben aber gelernt, dass wir mit fairen Mitteln nichts erreichen können. Deine beschriebene Situation ist auch das absolute Extrem. In der Regel wollen wir Tröster das sein, was das Wort bedeutet. Ein emotionaler Hafen, in das Schiffe bei Sturm einlaufen können. Natürlich helfen wir lieber Menschen, die wir sexuell anziehend finden. Denn wir genießen es, uns in der Nähe von hübschen Frauen aufhalten zu dürfen. Wir genießen es aber auch, ernst genommen zu werden, denn in Situationen der Not haben wir das Gefühl, gebraucht zu werden. Sind wir nicht alle am Ende soziale Wesen, die jemanden suchen, mit dem wir Zeit verbringen wollen? Und wenn sich im Sturm ergibt, dass ein in Seenot geratenes Schiff abgeschleppt werden muss, machen wir das natürlich gern. Wir wollen auch gebumst werden. Meistens fühlen wir uns danach ein bisschen schlecht, aber nur kurz, denn der nächste Sturm kommt bestimmt.

**Jakob:** Ich stelle mir hier gerade vor, wie eine Horde ungeduschter Tröster hinter ihren Computern auftaucht, mit Tastatur und Maus bewaffnet, bereit, in den tröstenden Krieg der Liebe zu ziehen. Allen voran ihr Anführer Max Wallace, der eine berühmte Trösterrede hält: »Ja, sie mögen uns unsere Zeit nehmen, aber niemals nehmen sie uns … unsere Geilheit!« Ich finde einfach, Tröster sollten auf ihrem Schlachtfeld bleiben.

**Max:** Letztlich ist es auch Sache der Frau, einen Tröster früh zu erkennen und ihn rechtzeitig in seine Schranken zu verweisen.

**Jakob:** Aber wie ein Masthahn manchmal dem sicheren Tod durch ein Loch im Zaun entkommt, so schlüpft der wendige Tröster durch die Freundschaftsprüfungen der Frau. Alkohol kann hier das Zünglein an der Wahrheit sein. Einfach mal die vermeintlich gute Freundin abfüllen und dann minimal eindeutig-zweideutig werden. Eine etwas längere Umarmung, mal über den Rücken streichen oder ein kleines freundschaftliches Gerangel, dann der versehentliche Griff an die Brust. Ups.

**Max:** Ich finde, die Frau sollte versuchen, von vornherein eine klare Grenze zu ziehen, Körperlichkeiten auf ein Minimum zu reduzieren und sich gut zu überlegen, in welchen Situationen sie sich des Beistands des Trösters bedient. Es kann passieren, dass der Tröster ab einem gewissen Punkt in die Erwartungshaltung kommt, dass er eine Gegenleistung erwarten dürfe für die vielen Stunden, in denen er sich das Geheule seiner Freundin anhören musste. Es ist wichtig, dass die Frau es schafft, hier eine gute Balance zu schaffen, sodass der Tröster immer das Gefühl hat, sich zumindest emotional auf gleicher Augenhöhe zu bewegen. Vergiss nicht, du bist hier die bessere Partie, der Tröster dient nur deiner Aufwertung. Er ist der Hofnarr deiner emotionalen Bedürftigkeit.

## Warum manche Frauen Keeper und andere Leaver sind

Hey Max und Jakob,

ich habe neulich mit zwei Freundinnen gequatscht, und sie haben sich permanent darüber ausgelassen, dass Männer heutzutage nur das Eine wollen. Im Gespräch ist mir aufgefallen, dass ich dazu gar nichts beitragen konnte. Tatsächlich habe ich diese Erfahrung bisher so gut wie nie gemacht, sondern eher, dass die meisten Männer schon eine Beziehung wollen. Nun frage ich mich, woher diese unterschiedlichen Wahrnehmungen kommen.

Was unterscheidet Frauen, mit denen Männer was Ernstes wollen, von Frauen, mit denen Männer nur ins Bett wollen? Ist es das Aussehen? Der Charakter? Die Art, wie sie sich selbst positionieren, also deutlich machen, dass sie nur für etwas Ernstes zu haben sind? Ich würde mich freuen, wenn ihr in eurem Podcast mal darauf eingehen könntet!

Liebe Grüße

Marina

**Jakob:** Liebe Marina, wenn wir in einer amerikanischen Serie wären, würden die Hugo trinkenden blondierten Frauen dir lachend auf die Schulter tippen und sagen: »You are such a keeper.« Das Gegenteil ist meines Wissen nicht wirklich definiert, weil es so viele unterschiedliche Faktoren gibt, warum ein Mann keinen Bock hat, sich auf eine Beziehung einzulassen, oder nur mal kurz einen wegstecken will. Nennen wir es »Leaver«. Was ich definitiv sagen kann: Es ist nicht primär das Aussehen, weil man sich daran schnell sattsieht. Das relativiert sich einfach.

**Max:** Für mich ist es immer eine Frage der Haltung und Einstellung. Wenn eine Frau gleich zu Beginn ausstrahlt, dass sie für kurze Techtelmechtel nicht zu haben ist, wird sie auch nicht so oft auf Männer stoßen, die nur das Eine wollen, oder sie lässt sie gekonnt abblitzen. Wenn diese Formel aufgeht, gibt es für diese Frauen am Ende nicht so viel, worüber sie sich bei den Männern beschweren müssten. Das führt dazu, dass in den Lästergesprächen mit den Freundinnen die eigene Geschichte oftmals langweilig ist und es eigentlich auch gar nichts zu erzählen gibt. Denn es läuft für sie – in diesem Fall für dich – ja augenscheinlich gut.

**Jakob:** Für mich ist es definitiv auch die Haltung der Keeper-Frauen, das Gefühl, das sie ausstrahlen: Es ist zwar schön, dass du da bist, aber ohne dich wäre es genauso schön. Das gibt mir das Gefühl von völliger Freiheit. Den Eindruck, dass die Frau genügend für ihr eigenes Glück sorgen kann und sie die Zeit mit mir zwar genießt, aber dass ich erst mal keine so große Bedeutung in ihrem Leben einnehme und sie auch ohne mich klarkommt. Diese Art von Unabhängigkeit ist für mich eine fundamentale Voraussetzung für eine Beziehung. Wenn ich merke, dass ich für eine Frau sehr schnell zum Zentrum werde, verliert sie ihre Anziehung.

## Wollen Männer erobert werden?

**Jakob:** Ich glaube, Frauen erobern eigentlich die ganze Zeit. Ich laufe wie ein Blindfisch durch die Gegend, wenn ich meine Kontaktlinsen nicht trage. Sobald ich sie reinmache, sehe ich die vielen Signale, die Frauen senden. Das ist eine Form der Eroberung. Frauen senden die Signale, Männer müssen sie nur lesen können.

**Max:** Meine Augen sind scharf wie die eines Adlers, und trotzdem kann ich diese Signale nicht sehen. Ich glaube, deine Blindheit hat dich die Welt neu erfahren lassen, und du hast jedes Signal als Anmachversuch gedeutet. Auch die Kassiererin im Supermarkt, die dich aus Höflichkeit eine Millisekunde zu lange angeschaut hat, will dich natürlich erobern.

**Jakob:** Sorry, dass dir die feinen Unterschiede im Verborgenen bleiben. Entweder bist du ein Flirtlegastheniker, oder Frauen sind bei dir sehr sparsam im Senden von Signalen, damit sie nicht Gefahr laufen, tatsächlich von dir angesprochen zu werden. Kommen wir mal zu eindeutigen Übergriffigkeiten. Mir wird öfter mal von Frauen auf den Arsch gehauen, mehr als Spaß gemeint, aber doch mit einer kleinen Prise Sexualität, und diese Prise kommt nicht aus dem Streuer meiner Einbildung. Wenn ich mich dann umdrehe, muss ich meist dankend ablehnen. Das sind dann immer Frauen, die 2,8 Promille im Turm haben und auch optisch jenseits von Gut und Böse sind.

**Max:** Wenn du schon in die sexistische Richtung gehst, würde ich gerne auch auf Klischees zurückgreifen. Ich sehe das Ganze eher klassisch. Männer wollen nicht erobert werden, weil sie die Eroberer sind.

**Jakob:** Mein Steinzeit-Ich sieht das genauso. Ich will erobern, und nicht andersherum. Aber ich frage mich oft, wieso. Ist es, weil ich mir sonst nicht mehr so toll vorkommen würde? Nach dem Motto: Schaut her, ich habe erobert. Oder würde es mich verunsichern? Oh, wenn sie das bei mir macht, macht sie das bestimmt auch bei anderen. Kann mein Ego in diesen Momenten nicht ertragen, womöglich nicht der Einzige zu sein?

Mein modernes Neuzeit-Ich findet es im Gegenzug schön, wenn Frauen den ersten Schritt machen und sich holen, was sie wollen. Meistens haben es bei mir leider oft die »falschen« Frauen versucht und gingen leer aus. Aber es gab auch Situationen, in denen mich Frauen angesprochen haben, die in meinen Augen echt attraktiv waren, was ich sehr cool fand.

**Max:** Aus meiner Erfahrung kann ich sagen, dass die seltenen Male, die ich von einer Frau angesprochen wurde, nicht immer positiv waren. Ich musste mich zusammenreißen, um der Frau nicht eine abfällige Abfuhr zu erteilen. Ich fühlte mich wie ein Stück Fleisch in der Supermarkttheke, als wäre ich im Angebot. Und die Frauen griffen zu. Da entwickelte ich großes Mitgefühl mit all den Frauen, die sich täglich so fühlen, als lägen sie in der Supermarkttheke des Lebens. Manche Männer sind tatsächlich immer am Shoppen, sei es auch nur mit ihren gierigen Blicken.

**Jakob:** Letztlich kann es aber auch einfach ein Kompliment sein. Ich habe mich oft gut gefühlt, nachdem mich eine Frau angesprochen hat. Meist passierte es auch nicht in der plumpen Manier eines Mannes. Als Frau sollte man versuchen, stets aus seinem Bauch heraus zu agieren. Schnappt ihn euch, Tigerinnen!

# Mein erstes Mal mit Jürgen

**Jakob:** Meine damalige Freundin hatte sturmfrei, und alles in dem Haus ihrer strengen Mutter Beate und ihres cholerischen Vaters Jürgen war für den anstehenden Koitus dekoriert. Als ich bei ihr ankam, waren Kerzen angezündet, das Licht gedimmt, und die Zimmertemperatur war angenehm wohlig, sodass man gut mal sechzig Minuten mit dem baumelnden Lachs durch die Gegend laufen konnte.

Als Erstes bedienten wir uns im Weinkeller. Natürlich fiel die Wahl auf das staubigste Exemplar, das schon lange in Vergessenheit geraten zu sein schien. Wer lässt sonst gute Flaschen einstauben? Die Flasche schlief dort wahrscheinlich schon seit Jahren, wenn nicht Jahrzehnten, und wartete auf ihren großen Auftritt. »1969« stand auf dem Etikett. Das konnte kein Zufall sein. Wenn ich eine Weinflasche wäre, würde ich mir wünschen, von zwei Jugendlichen aus dem Regal gezogen zu werden, die auf ihr erstes Mal anstoßen. Die Flasche sah das anders: Sie ließ sich schwer entkorken. Die Hälfte ihres trockenen Verschlusses rieselte in den vergorenen Traubensauft. Gelbe Brocken auf rotem Grund. Hoffentlich kein böses Omen für den Abend. Wir leerten die Flasche trotzdem und suchten einen geeigneten Ort.

Ich war mir unsicher. Kein Platz schien richtig für unser Vorhaben, vielleicht auch deshalb, weil mir das erste Mal mit ihr so nicht richtig erschien. Ich fühlte mich trotz meiner siebzehn Jahre wie ein legospielender Grundschüler. Die Hausherrin entschied, und ich zuckte innerlich zusammen, als die Wahl auf die gelbe Ledercouch im Wohnzimmer viel. Die briefkastenfarbene Lederspielwiese schien direkt aus einem schlechten BDSM-Porno zu kommen und thronte in der Mitte des Raumes, der gefühlt die Größe eines Olympiastadions hatte. Sofort kam mir der cholerische Jürgen in den Sinn. Wie er wohl reagieren würde, wenn er nach Hause kam und ich in dieser Sitzmulde seine Tochter penetrierte?

In dem Moment, als wir den Gang zur Couch antraten, suchte ich das Wohnzimmer nach Fluchtmöglichkeiten ab, für den Fall, dass Jürgen uns erwischen würde. Es gab nur eine Möglichkeit: die Kellertreppe. In meinen Gedanken ging ich eine mögliche Flucht durch: In circa drei Sekunden könnte ich sie von der Couch aus erreichen. Plus zwei Sekunden fürs Rausziehen und Während-des-Rennens-die-Hose-hochziehen. Ich konnte es also auf keinen Fall riskieren, meine Hose ganz auszuziehen. Ich würde eine Armlänge vor Jürgen die Stufen erreichen, der etwa sechs Sekunden von der Haustür bis zur Kellertreppe brauchen würde. Wenn ich immer zwei Stufen auf einmal nähme, könnte ich die Armlänge Abstand halten. Dann wären wir im Kellergewölbe. Heimvorteil für Jürgen. Doch seine Irritation wegen der fehlenden Flasche Wein würde den Moment der Unaufmerksamkeit auslösen, der mir ermöglichte, aus der Kellertür ins Freie zu entschwinden. Natürlich stünde in der ganzen Aufregung noch immer die Eingangstür offen, und ich könnte meine Schuhe einsammeln.

Ich schob die Gedanken beiseite. Wir legten auf der Couch mit dem Vorspiel los. Meine Gedanken waren bei Jürgen. Mit wem hat man dann eigentlich Sex: mit dem, an den man denkt, oder mit der Person, die physisch vor einem liegt? Vielleicht mit beiden ein bisschen. War mein erstes Mal also ein Dreier? Ein ziemlich schmutziger obendrein?

Das Vorspiel lief mechanisch ab. Zum einen wegen Jürgen und zum anderen, weil ich mit meinen siebzehn Jahren so viel Wissen über die weibliche Anatomie hatte, wie Jürgen vermutlich über meine aktuellen Betätigungen.

Jeder Griff, ob an Brust, Po oder Hals – Zonen, die ich als erogen in meinem Arbeitsgedächtnis abgespeichert hatte –, fühlte sich an wie eine schlecht sitzende Choreografie. Jeder Bewegung ging eine kurze Überlegung voran, und entsprechend hölzern wurde das Ganze. Nach fünfzehn Minuten Fummelei gaben wir das Vorspiel auf, und ich holte ein Kondom aus meinem Portemonnaie, bei dessen Anblick ein Raunen durch die Bundeszentrale für gesundheitliche Aufklärung gegangen wäre. Das Kondom schlummerte bereits zwei Jahre in seinem Versteck zwischen der Ikea-Family-Card und dem Bibliotheksausweis und wartete auf seinen großen Auftritt. Jede Quetschung, jeden Stoß von Kleingeld hatte es schnaufend in Kauf genommen, um einmal im Rampenlicht zu stehen. Es wusste, es hatte nur diese eine Gelegenheit, so wie der Konfirmationsanzug, der höchstens noch einmal bei einer Beerdigung getragen wird.

Ich machte mich also daran, die Bühne für den zweiten Akt zu betreten.

In meinen Gedanken hatten sich alle Karten gekauft, und Jürgen saß noch immer in der ersten Reihe. Während ich die Brust meiner Freundin einhändig knetete und mit der anderen Hand versuchte, das Kondom über meinen halb schlaffen Lachs zu rollen, flackerten *Inception*-artige Bilder vor meinem Auge auf: Die wohlgeformte Brust meiner Freundin wurde immer wieder kurz zu Jürgens haariger Brust. Ich versuchte, diese Bilder abzuschütteln und den Fokus auf mein bestes Stück zu legen. Es half nichts. Für diese Aufgabe mit besonderen feinmotorischen Ansprüchen brauchte ich meine zweite Hand. Schuhe zubinden macht man ja auch nicht gleich am Anfang einhändig.

Da meldete sich in meinem Kopf mein Biologielehrer, von allen nur »Silberrücken« genannt, was seiner opulenten Körperbehaarung geschuldet war. Ich hörte wieder seine Worte aus dem Sexualkundeunterricht: »Probiert das mal zu Hause aus!« Gelacht hatte ich, als ich peinlich berührt den kleinen Mantel aus Silikon in meiner Tasche verschwinden ließ. Die Vorstellung, mir unter meiner Bettdecke ein Kondom zu Übungszwecken überzurollen, war mir absurd erschienen. Wie sich jetzt aber zeigte, war Silberrückens Tipp gar nicht so abwegig gewesen und hätte mir vielleicht dieses einhändige Debakel erspart. So aber nahm ich eben beide Hände zu Hilfe und fummelte mir das Ding über. Christo hat den Reichstag schließlich auch nicht alleine verpackt.

Die erste Stellung: Doggystyle. Auch hier entschied die Hausherrin. Mein kleiner Reichstag näherte sich nun der Wunderhöhle, die in vielen Filmen meines Kopfkinos die Hauptrolle gespielt hatte. Doch nun war es eher, als ob der Weiße Hai auf ein kleines, im Ozean treibendes Schlauchboot zuschwimmt. Sex schien mir auf einmal so brutal. Eine kleine Höhle, die sonst gerade mal ein o.b. Mini in sich aufnimmt, soll nun den Hai schlucken?

Das Köpfchen dockte an der Flussmündung an, und zum Glück hatte das Vorspiel keine Dürreperiode verursacht. Der Lachs beugte noch einmal missmutig den Kopf nach links, dann nach rechts, bevor er sich flussaufwärts kämpfte. Ich hatte mich wohl überschätzt in meinem Größenwahn.

Und los ging's: Vor, zurück, vor, zurück, mechanisch wie Liegestütze im Sportunterricht. Sie wies mich an, ihr auf den Arsch zu hauen. Wozu? Na gut. Bleib im Takt. Und jetzt – ich hatte mir ein schnittiges Klatschen erhofft, aber es wurde nur ein dumpfes Ploppen. Sex wie im Softporno. Ich war am Ziel meiner Träume. Doch wie so oft entsprach die Vorstellung nicht der Realität. Während in meiner Fantasie

Sex ein unendlich geiles Gefühl gewesen war und das Ziel der Orgasmus, war das Ganze in der Realität eine mehr als holprige Angelegenheit. Zwar war das Gefühl fest und warm, aber die Synapsen, die »Geilheit« und »schönes Gefühl« mit dem verknüpfen sollten, was gerade passierte, waren wohl gerade im Urlaub.

Nach zehn Minuten gleichmäßigen Hämmerns wie auf einem Ölförderfeld in Texas wechselten wir die Stellung. Sie wollte oben sitzen. Okay, dachte ich, hier kann nicht viel schiefgehen. Eingefädelt, und weiter ging es. Ich relaxte mich und machte den Seestern. Mit jedem Ruckeln an meinem Körper wurde die Frage lauter, warum Menschen so ein großes Bohei um den Liebesakt machten. Wie konnte eine Milliarden-Dollar-Industrie um dieses einfache Rein-Raus herum entstehen? Ich dachte an Sachen, die ich lieber machte als bimsen: Snowboard fahren, essen, mit Freunden Musik machen, in die Sauna gehen, im Atlantik schwimmen, schnorcheln gehen. Die Liste in meinem Kopf wurde von einem Klopfen an der Haustür unterbrochen. Jürgen?

Cholerik-Jürgen würde nicht klopfen. Das hier war sein Revier. Wir beide zuckten zusammen. Das Klopfen wiederholte sich, gefolgt von einem Rufen. Ich war erleichtert: Eine freundliche Stimme rief, dass die Pizza da sei. Meine Freundin zog die Jeans an, warf mein T-Shirt über und nahm mit einem gut durchbluteten Bumsgesicht die Pizza entgegen. Wir hatten simultan vergessen, dass wir uns ein fettiges Abendmahl bestellt hatten.

Ich verharrte die ganze Zeit als Riesenseestern auf meinem gelben Korallenriff. Die Taucherin kam zurück, um mich zu pflücken. Ich hatte kurz gehofft, wir könnten uns nun der Pizza widmen. Aber nichts da. Sie wollte die Sache zu Ende bringen und gab den Takt an, den gleichmäßigen Rhythmus. Es war weder schlimm noch schön. Es fühlte sich eher an wie eine lang aufgeschobene Sache, die zu erledigen war. Wie die Bachelorarbeit, die man eigentlich im fünften Semester anfangen wollte, und jetzt war man im siebten und hatte immer noch kein Thema.

Irgendwann wurden die Stöße auf mein Becken langsamer, und sie hörte auf. Wir schauten uns an und wussten: Das hatte so keinen Sinn. Sie stieg ab von ihrem dösenden Pferd. Der Ausritt war zu Ende, und ich war zufrieden, wieder in meine Box zu kommen. Der Wald war noch nichts für mich. Zu unsicheres Terrain. Mein nächster Ausritt ließ nicht lange auf sich warten, aber das wusste ich zu diesem Zeitpunkt noch nicht.

Und dann widmete ich mich erst einmal dem, worauf ich mich die letzten zehn Minuten gefreut hatte: Endlich Pizza. Guten Appetit.

# Was Männer an Frauen geil finden

**Max:** Darüber möchtest du dich jetzt ernsthaft ein ganzes Buchkapitel lang auslassen? Was gibt es da schon groß zu sagen? Es ist die bekannte Trilogie: Arsch, Brüste, Beine – fertig. Vielleicht noch ein hübsches Gesicht, das muss reichen.

**Jakob:** Bei mir sind es tatsächlich die Zähne einer Frau. Das fing schon ziemlich früh an. Ich habe während der gesamten Schulzeit Spott und Häme von meinen Kumpels für diesen Fetisch geerntet. Ich habe jetzt keine Fantasien, dass ich gerne mal meinen Lachs auf ihnen parken würde, aber irgendwie machen Kleider Leute und Zähne Gesichter. Sie müssen aber echt sein. Veneers zählen nicht. Das ist wie ein Sportauspuff an einem 65-PS-Auto.

**Max:** Mich wundert es nicht, dass du auf Zähne stehst, ist es doch das Einzige, was in deinem Gesichtsfasching einigermaßen gerade ist. Aber vermutlich liegt der Ursprung darin, dass du als verarmter Bengel aufgewachsen bist und Zähne ein Zeichen für Wohlstand waren. Dein Leben verbringst du nun damit, diesem

Idealbild hinterherzurennen. Bei mir muss das Gesamtpaket stimmen. Vom Gesicht bis zu den Füßen muss alles passen. Wenn ich mir ein Sahnestück bei der Frau aussuchen dürfte, dann wären es die Brüste.

**Jakob:** Deine Antworten sind so kreativ wie die Erlebniswünsche eines Pauschalurlaubers. Ich finde, man merkt, ob eine Frau zufrieden mit sich und ihrem Körper ist. Das strahlt sie mit jedem Schritt aus, wenn sie über eine gerade rot gewordene Ampel stolziert. Das signalisiert dem Mann: Du kannst gucken, aber für mehr musst du dich ziemlich anstrengen. Manchmal sogar: Gucken darfst du, aber mehr geht nicht.

**Max:** Also schließe ich daraus, dass es dich geil macht, wenn eine Frau nicht nur weiße und gerade Zähne hat, sondern auch entsprechend selbstbewusst zu ihrem Körper steht. Was ist es genau, das dich an dieser Frau geil macht? Ihre Selbstsicherheit oder die vermeintlich objektive Attraktivität? Nach deiner Aussage ist es das Selbstbewusstsein, das dich an einer Frau anzieht, und das überstrahlt alles, zum Beispiel auch kleine Makel an der Figur.

**Jakob:** Irgendwie mag ich es, wenn Frauen nicht zu hundert Prozent perfekt sind. An einer glatten Zehn hat man sich so schnell sattgesehen. Wie ein Tischler, der an einem Werkstück arbeitet: Ist noch hier und da etwas zu feilen, wird das Holz ihm noch lang zur Seite weilen. Erst wenn die Arbeit getan ist, legt er es weg.

**Max:** Du arroganter Schnösel. Du willst mir also sagen, dass du so satt bist von all den attraktiven Frauen, die du gebimst hast, dass du dir jetzt welche suchen musst, die nicht perfekt sind? Woher kommt diese Überheblichkeit, oder bist du einfach in die Jahre gekommen und dein Geschmack hat sich verändert?

**Jakob:** Meine Präferenzen haben sich tatsächlich ein bisschen verschoben. Ich war früher niemand, der auf Beine stand, aber mittlerweile bin ich das Reh im Scheinwerferlicht, wenn ein Paar schöne Beine an mir vorbeistolziert. Für mich muss schön nicht immer lang sein. Ich mag es, wenn sich die Wade bei einer Frau abzeichnet und es nicht einfach ein fließender Übergang zur Fessel ist. Vielleicht drückt das Bild bei mir unterbewusst den Kumpel-Knopf: nicht nur attraktiv, sondern auch jemand, mit dem du dich sportlich betätigen kannst.

**Max:** Ich weiß gar nicht, wo du hier mit mir hinwillst. Das Thema war doch, wieso wir Frauen so geil finden. Ich habe bei dir das Gefühl, du säuselst – von Rotwein beschwipst – das Drehbuch von einem erotischen Stummfilm vor dich hin. Beine, bei denen sich zart die Wade abzeichnet? Was soll denn daran geil sein? Für mich ist das eher etwas Ästhetisches, aber wenig Sexuelles. Männer finden an Frauen vor allem die spezifisch weiblichen Körperteile geil.

**Jakob:** Du hast völlig recht: Wenn wir hier von »Ich bin ein Affe auf dem Baum«-Geilheit sprechen, dann sind es andere Attribute. Dann finde ich auch manchmal so leicht prollige Frauen geil. Gerne mit pinkem Badeanzug und Tattoos. Schön braun. Bei aufgeklebten Fingernägeln schmiert mir allerdings die Lanze ab. Das fand ich nie schön, und es war mir schon immer ein Rätsel, wer darauf steht. Vielleicht Männer, die ihre Samstagabende am Sauger bei der Lieblingstanke um die Ecke verbringen.

**Max:** Endlich sprichst du wieder meine Sprache. Für einen kurzen Moment dachte ich, Alice Schwarzer wäre vorbeigekommen und hätte unser Buch lektoriert. Du führst da einen wichtigen Punkt an: Geile Frauen haben oft auch etwas leicht Billiges. Das muss nicht immer so sein, aber wenn das Billige sich wie ein leichter Hauch über die Frau legt, hat man als Mann das Gefühl, die wird im Bett abgehen wie die Frauen aus Pornos. Eigentlich ist es eher eine Fantasie, die entsteht. Die muss noch nicht mal erfüllt werden, aber für einen kurzen Moment blitzt ein Wunsch auf, von dem man noch nicht mal wusste, dass man ihn hat. Vielleicht ist es am Ende das, was Männer an Frauen geil finden: die Vorstellung, was sie mit dieser Frau im Bett anstellen könnten, wenn sie sie in diesem Moment bumsen könnten.

**Jakob:** Es gibt aber auch hier eine feine Grenze: Obwohl »billig« oft mit »dumm« gleichgesetzt wird, müssen leicht billig wirkende Frauen nicht dumm sein. Sind sie es doch, fallen sie aus dem Raster der Geilheit. Zumindest aus meinem. Ich weiß noch, dass ich mal im Klub eine Frau angesprochen habe, die ziemlich hell blondierte Haare hatte, dazu ein paar straffe Silikonbrüste, gebleachte Zähne und eine Vorliebe für neonfarbene bauchfreie Tops. Naheliegend wäre jetzt gewesen zu glauben, dass sie nicht die hellste Kerze auf der Torte war. Sie fand es aber einfach lustig, mit der Einfachheit der Männer zu spielen. Ob man bei diesem Spiel so weit gehen muss, sich einer OP zu unterziehen, sei einmal dahingestellt. Geil war sie allemal.

**Max:** Diese Frau macht mich direkt ein bisschen geil. Film ab – auf der Leinwand ist zu sehen, was alles mit dieser »billigen« Frau möglich wäre. Auf der anderen Seite sprichst du einen weiteren wichtigen Aspekt an, nämlich Dummheit. Genauso wie ein Hauch von »billig« uns geil machen kann, schmiert jedem halbwegs intelligenten Mann sofort die Lanze ab, wenn die Frau keinen geraden Satz zustande kriegt. Dabei ist es dann auch egal, ob sie die geilste Frau der Welt ist und mit körperlicher Vollkommenheit überzeugen kann. Dummheit ist etwas, wofür ich nur wenig Verständnis aufbringen kann.

**Jakob:** Ganz abstoßend finde ich es, wenn Frauen unbedingt ihre Gruppenzugehörigkeit zum Ausdruck bringen wollen und ihre Sprache so übertrieben daran anpassen. Das macht misch gar nicht an. Disch etwa?

Allgemein sind Männer aber ziemlich einfach gestrickt, wenn es um die rohe Geilheit und nicht um Erotik geht. Erotik wäre ein anderes Kapitel.

## Warum Sex ohne Gefühle manchmal einfacher ist

**Jakob:** Unverbindlicher Sex ist eigentlich ein Oxymoron, weil Sex ja immer etwas Verbindendes hat. Trotzdem begleitet mich dieses spezielle Oxymoron fast mein halbes Leben. Abende, die immer einem ähnlichen Ablauf folgen: Ich gehe zusammen mit Freunden feiern. Irgendwann verliert man sich in den Bässen, dem Nebel und der Dunkelheit des Abends, und so streune ich ohne ein Ziel im Klub herum. Meist tue ich nur, als wäre ich ziellos, aber eine grobe Wunschvorstellung, was an dem Abend noch passieren könnte, habe ich im Hinterkopf. Genau dahinten gehört die Wunschvorstellung auch hin, denn wenn einem »horny« auf die Stirn geschrieben steht, endet der Abend meist alleine.

Beim Gang über die Tanzfläche sauge ich das Gefühl von tausend Menschen ein, die heute zusammengekommen sind, um sich gleichmäßig im Takt zu etwas zu bewegen, das irgendwer mal an irgendeinem Computer gebastelt hat.

Im Klub gibt es ein paar Wege, um nach Rom zu gelangen. Nicht alle sind meine. Der Antänzer war ich zum Beispiel nie. Schon bei der Beobachtung solcher

Balztänze entsteht bei mir immer sofort ein Würgereiz. Alles am Antanzen erscheint mir wie aus einem Jennifer-Lopez-Musikvideo: die Bewegungen, die Gesichtsausdrücke, die Körperhaltungen, das Rausstrecken der sekundären Geschlechtsmerkmale, alles völlig übertrieben. In einem solchen Video wollte ich nie mitspielen, vielleicht auch, weil ich mit meinen verkrüppelten Moves nie die erste Castingrunde überlebt hätte. Stattdessen: Blickkontakt! Dabei reicht manchmal auch schon der einseitige. Also meiner.

Sobald ich eine Frau sehe, die mir gefällt, weiß ich, dass mir jetzt noch fünf Sekunden bis zum Ansprechen bleiben, die Alarmanlage ist aktiviert. Das periphere Sichtfeld von Frauen scheint größer als bei Männern zu sein, und wenn man irgendwo in der Ecke rumlungert und ewig in ihre Richtung starrt, hängt die Latte einer gelungenen Anmache doppelt so hoch. Keine Frau will von einem creepy Voyeur angesprochen werden, der erst mal eine halbe Stunde lang immer wieder Pfeile der Lust in ihre Richtung schießt. Leider habe ich beim Ansprechen im Klub einen entscheidenden Nachteil: Da ich -1,25 Dioptrien auf beiden Augen habe, kann ich die Attraktivität einer Frau eigentlich erst dann beurteilen, wenn es schon zu spät ist und ich bereits zwei Meter vor ihr stehe.

Situationen, in denen ich mein ganzes Schauspieltalent rausholen muss, um diese Begegnungen mit einem »Oh, sorry, ich hab dich verwechselt« noch mal abzuwenden, häuften sich mit der Abnahme meiner Sehkraft. Mittlerweile trage ich für solche Zwecke meist eine Brille, doch an diesem Abend nicht. Die Frau, auf die ich zulaufe, hat lange dunkelbraune Haare. So glatt, voll und glänzend, dass sie in einem Shampoo-Spot die Hauptrolle spielen könnte. Noch fünfzehn Meter. Zehn Meter. Noch drei Schritte. Ich tippe der Frau auf die Schulter, und sie dreht sich wie in Zeitlupe um. Tatsächlich formen ihre Haare dabei diesen perfekten Kegel, den man sonst nur aus der Werbung kennt. Blöd, dass ich mir noch nicht überlegt habe, was ich überhaupt zu ihr sagen will. Erst einmal ein Lächeln, das gibt mir eine Sekunde zum Überlegen und zum Drehen am Roulette der Spruchklassiker. Meine Wahl fällt auf die weibliche Intuition: »Ich habe mal eine Frage und brauche deine weibliche Meinung zu einem Thema: Ein Kumpel von mir hat letztens im Klub eine Frau an…«

Sie unterbricht mich und sagt, dass sie kein Deutsch spreche. Klar. Berlin, Weltstadt und so. Da hätte ich gleich mal mit Englisch anfangen sollen. Frauen, die nicht in ihrer Heimatstadt feiern gehen, sind oftmals losgelöster von gesellschaftlichen Konventionen und machen eher, worauf sie an diesem Abend Lust haben. Es sei denn, sie sind in größeren Frauengruppen unterwegs, wo von der Leitwölfin ein bestimmtes moralisches Bild vorgegeben wird.

Sie ist aber »nur« mit ihrer Freundin dort. Ich switche auf mein Arnold-Schwarzenegger-Englisch um, und die Witze für den Abend übernimmt mein Akzent. Nächster Schritt: Die Freundin in meine ursprüngliche Fragestellung einbeziehen. Beide nehmen die Beantwortung der Frage ziemlich ernst, und da die Unterhaltung auf einer Tanzfläche genauso angenehm ist wie auf dem Mittelstreifen einer Autobahn, ziehen wir bald in eine ruhigere Ecke um. Marta und ihre Freundin Stella sind Holländerinnen, Studentinnen und nur fürs Wochenende zum Feiern nach Berlin gekommen. Der Abend nimmt seinen Lauf, wir trinken, tanzen, lachen, küssen, und alles wieder von vorne und zurück. Am Ende solcher Abende erinnere ich mich meistens nicht mehr genau daran, wie es zum ersten Kuss gekommen ist. Irgendwann werden die Gesichter so schwer vor Anziehung, dass man ineinanderfällt.

Wir sind zu dritt. Ich weiß, dass es zwei extrem aufgeschlossene Frauen und einen richtig guten Typen braucht, um am Ende einen Dreier zu initiieren. Mir ist aber immer noch schleierhaft, wie solche Gespräche ablaufen sollen: »Wollen wir was trinken? – Und by the way, hattet ihr schon mal einen Dreier?« Alles, was mir zu diesem Thema einfällt, erscheint mir plump, und so bleibt es beim reinen Gedankenspiel.

Diese Abende, von denen ich genau weiß, dass sie ein abgeschlossenes Kapitel sein werden, bringen die Leichtigkeit einer Eintagsfliege mit sich. Man hat nichts zu verlieren und nichts zu gewinnen. Wie ein Tag, von dem man keine Vorstellung hat, wie er werden soll oder wird. Wie eine Party ohne Erwartungen. Einfach frei und im Moment sein. Irgendwann klopft es mir auf die Schulter. Mein Kumpel steht hinter mir und meint, er werde jetzt gehen. Bei ihm laufe heute nichts. Die Dame, die er sich ausgeguckt hat, habe einen Freund, und seine Energie sei verbraucht.

Aber auch ich spüre meine Müdigkeit, bin bereit zu gehen, nehme meine Jacke und sage Tschüss zu Marta. Aber die schnappt sich ebenfalls ihre Sachen, und so gehen wir gemeinsam in den bereits dämmernden Tag, Stella im Schlepptau.

Fünf Bahnstationen weiter stehen wir vor einem Berliner Altbau. Marta und Stella haben sich eine Ferienwohnung von bestechender Schlichtheit angemietet. Im Kontext des Jugendherbergsmobiliars würde ich mir am liebsten noch mal Martas Ausweis zeigen lassen. Alles wirkt jung und unschuldig. Doch für Marta ist die Sache klar. Als wir Stella Gute Nacht sagen und die Zimmertür hinter uns ins Schloss fällt, stellt sie sich vor mich und streift mir das T-Shirt ab. Ich spiegele sie in ihren Bewegungen. Bald steht sie nur noch in rosa Unterwäsche vor mir. Ihr Körper ist so schlank, dass ich fürchte, sie in den nächsten Momenten zu zerbrechen, so feingliedrig wirkt alles an ihr.

Als wir miteinander schlafen und ich ihr dabei in die Augen gucke, bemerke ich, dass ihr eines Auge völlig abdriftet, während das andere Auge mein Gesicht fixiert. Das sieht etwas gruselig aus, und ich will wissen, ob alles okay sei. »Klar, warum nicht?«, haucht sie. Ich starre daraufhin nur noch in den Sonnenuntergang der nie untergehen wollenden Sonne auf dem Poster über dem Bett.

Es ist mittlerweile taghell. An diesem Samstag muss ich um elf Uhr bei der Arbeit sein, topfit, versteht sich. Die Frage, ob wir noch gemeinsam frühstücken wollen, erübrigt sich damit. Ich gehe ins Bad, mache mich kurz frisch, ziehe Hose, T-Shirt und Schuhe an. Einmal nehme ich sie noch in den Arm, küsse sie, und wir beide wissen: Für dieses Leben ist es unser letzter Kuss. Mit dem ersten Schritt aufs Kopfsteinpflaster sauge ich die frische Morgenluft ein und fühle mich unglaublich gut, leicht und frei: Keine Verpflichtungen. Keine Anrufe. Keine Beziehung. Und wenn ich will, alles wieder von vorne.

## Willkommen im Schlachthaus

Hallo Max und Jakob,

ich war vor Kurzem mit einer Frau im Bett, und zunächst war alles ganz normal. Aber als es wirklich losging, kam ich mir vor wie in einem billigen Porno. Sie fing an, extrem zu stöhnen, ich war total verwundert. Ich dachte zunächst, sie verarscht mich. Aber nein, sie hat es durchgezogen. Es war wirklich so irritierend, dass mir fast die Lanze abgeschmiert wäre.

Was sagt ihr zu Frauen, die im Bett so laut sind, dass sogar die Nachbarn danach eine rauchen?

Liebe Grüße

Samuel

**Jakob:** Ich habe so etwas Ähnliches auch einmal erlebt. Das Vorspiel war ganz normal, aber ab dem Moment, als der Lachs eingefädelt wurde, fand ich mich in der Geräuschkulisse eines Schlachthauses wieder. Ich war der Schlächter – und das als Vegetarier.

**Max:** Ich kann Samuel absolut verstehen, auch mir ist mal die Lanze abgeschmiert, als eine Frau mich immer wieder anschrie, ich solle sie ficken. Ich war irritiert, weil ich dachte, dass ich das doch gerade mache und ich keinen Antreiber brauche, der mir sagt, was ich tun soll. Laut stöhnende Frauen wirken auf mich immer so, als hätten sie nie genug Aufmerksamkeit bekommen, oder niemand würde ihnen richtig zuhören. Im Bett haben sie dann die Möglichkeit, sich Gehör zu verschaffen, denn ihr Gegenüber kann sie erst mal nicht ignorieren. Für mich ist es immer wichtig, dass eine Frau die goldene Mitte trifft.

**Jakob:** Mein Schlachthaus-Erlebnis war eindeutig zu krass. Mitten beim Sex hörte ich auf einmal ein unrhythmisches Klatschen von weit her. Es ertönte immer in den kurzen, fast nicht vorhandenen leisen Momenten. Nach fünf Minuten irritierte es mich so sehr, dass ich zum Fenster ging: Ein Nachbar von Gegenüber hatte sich auf seinen Balkon gestellt, um Beifall zu klatschen. Ich schloss das Fenster zum Innenhof, und weiter ging es. Das war mir damals sehr peinlich. Ansonsten finde ich es sehr geil, wenn eine Frau laut stöhnt. Vor allem, weil es für mich ein Zeichen dafür ist, dass sie sich fallen lässt und es ihr egal ist, wie sie beim Sex wirkt und was sie gerade für Geräusche von sich gibt. Dieses besondere Stöhnen kann ich, denke ich, von gefaketem unterscheiden.

**Max:** Ja, so wie du es merkst, ob eine Frau kommt oder nicht.

**Jakob:** Vielleicht ist das etwas schwieriger. Aber es ist die Art der Lautbildung beim Stöhnen. Du kannst ja auch ein gekünsteltes Lachen in der Regel von einem echten unterscheiden. Es gibt eine zweite Sache, die mich am Stöhnen total geil macht. Es ist, als ob man mit jedem Stoß für das eigene Tun gelobt wird. Für mich macht das den Sex fast jedes Mal ungefähr zwanzig Prozent besser. Leises Stöhnen geht auch, dann aber gerne sehr nah am Ohr.

**Max:** Es muss für mich eine Mischung aus beidem sein. Dabei ist es mir wichtig, dass ich es der Frau abkaufen kann. Wirkt es aufgesetzt und künstlich, fällt es mir schwer, Gefallen an der ganzen Sache zu finden. Sex ist ja etwas sehr Intimes. Beide müssen sich dabei wohlfühlen. Wenn eine Frau krass am Stöhnen ist, habe ich auch ein bisschen das Gefühl, bei der ganzen Nummer keine Rolle zu spielen. Als sei ausschließlich das Stück Fleisch zwischen meinen Beinen entscheidend für ihren Höhepunkt. Männer sind beim Sex einfach sensibel.

## Was Männer erotisch finden

**Max:** Erotik? Was ist das überhaupt? Ich kann mich nicht daran erinnern, wann ich das letzte Mal etwas erotisch fand. Männer kennen keine Erotik, für sie gibt es nur harten Sex.

**Jakob:** Es gibt hunderte Sachen, die ich an einer Frau erotisch finde. Allem voran Intelligenz. Wenn ich merke, dass ich mich ein bisschen strecken muss, um mit einer Frau im Gespräch mithalten zu können, wenn sie mich neckt und aufzieht, macht mich das an und löst sofort ein Gefühl der Erotik aus, mein Jagdtrieb ist geweckt. Dich hole ich schon noch runter von deinem hohen Ross, denke ich mir dann. Notfalls mit einem straff gespannten Drahtseil.

**Max:** Anscheinend habe ich eine andere Definition von Erotik. Für mich geht es dabei immer um etwas Körperliches oder Sexuelles. Wenn es davon abgesehen etwas gibt, das mich bei einer Frau anzieht, ist es eine bestimmte Art ihrer Gestik. Das ist schwer zu beschreiben – aber kennst du das, wenn eine Frau es schafft, mit bestimmten Handbewegungen oder Körperhaltungen etwas in dir zu wecken, das nicht gleich mit dem erigierten Penis zu tun haben muss?

**Jakob:** Ja, eine Frau, die sich elegant bewegt wie eine feine Dame. Ich finde auch Frauen, die surfen, extrem erotisch. Am liebsten Longboard, ohne harte Turns oder Cutbacks zu ziehen. Das ist extrem geil. Es sieht viel geschmeidiger aus als bei Männern. Auch das Rausstrecken des Pos beim Anpaddeln hat etwas stark Erotisierendes.

**Max:** Wenn wir jetzt zu der Ästhetik des menschlichen Körpers kommen, ist für mich der weibliche Körper in seiner Erscheinung weitaus erotischer als der – zumindest bei anderen Männern – hart konturierte Körper. Erotisch sind für mich weichgezeichnete Linien. Frauen, die ich erotisch finde, haben auch immer etwas Zartes, fast Zerbrechliches. Ich habe auch schon viele meiner Freundinnen sagen hören, dass sie den männlichen Körper als solchen nicht ästhetisch finden, wohingegen der weibliche Frauenkörper mit seinen Rundungen etwas sehr Schönes und Anziehendes habe.

**Jakob:** Ich weiß, dass du jetzt sicherlich kurz kotzen musst, aber für mich hat eine schöne Massage etwas sehr Erotisches. Nicht die von Heinz, dem Physiotherapeuten im Sportzentrum Bottrop-Kirchhellen – aber eine Massage, die gut getarnt als Entspannungshilfe daherkommt und sich dann Stück für Stück den wirklich interessanten Körperregionen widmet.

**Max:** Mein abfälliges Gerede über Massagen kommt daher, dass ich selbst keine bekomme und auch keine Lust habe, welche zu geben. Wenn wir jetzt aber doch bei Körperlichkeiten landen: Für mich ist es erotisch, wenn zwar klar ist, dass es auf Sex hinausläuft, die Spannung davor aber bewusst ausgedehnt wird. Das Ganze noch einen kleinen Moment hinauszuzögern, bis man zur Sache kommt. In diesem Moment kann es passieren, dass die Zeit stehen bleibt.

**Jakob:** Für den letzten Satz wirst du sicher ins Autorenteam von Rosamunde Pilcher berufen. Manche Frauen haben so eine grazile Art, sich zu bewegen, was sehr erotisch wirken kann. Bei einigen Frauen merkst du, dass sie sich dieses Werkzeugs bewusst sind, was es dann wieder unsexy macht, weil gewollt. Andere können es entweder besser verstecken, dass sie ein Tool einsetzen, oder sie bewegen sich einfach ganz natürlich so und denken nicht darüber nach.

**Max:** Bei mir sind es auch bestimmte Arten von Stimmen. Solche, die eine leicht heisere Färbung haben. Nicht diese hochgepitchten Kopfstimmen, die das Trommelfell zum Klingen bringen, sondern eher etwas tiefere. Aber auch nicht so, wie manche spanisch sprechenden Frauen klingen – so als ob man versucht, eine alte rostige Kettensäge anzuwerfen.

**Jakob:** Ich weiß nicht, ob das zu weit geht, aber ich finde die Haltung von Frauen erotisch. Nicht im körperlichen Sinne, sondern ob sie mit geradem Rücken für sich und ihr Wertesystem einstehen. Letztens hat mir eine Freundin erzählt, dass sie gesehen habe, wie ein Vater sein Kind im Park geschlagen habe. Sie sei dann zu ihm hingegangen und habe ihn zur Rede gestellt. Irgendwie finde ich das erotisch – nicht die Situation an sich, aber das Selbstbewusstsein und der Mut, die dahinterstehen.

**Max:** Für mich ist es auch erotisch, wenn bei einer Frau die Fassade bröckelt. Ich habe oft erlebt, dass Frauen versuchen, ein bestimmtes Bild von sich zu verkaufen. Sie wollen gerade beim Kennenlernen korrekt und auf keinen Fall in irgendeiner Form anstößig wirken. Interessant wird es aber erst dann, wenn sie die Hüllen fallen lassen. Wenn sie sich zeigen, wie sie wirklich sind, und kleine Unsicherheiten erkennbar werden. Eine Frau, die zugeben kann, wie verletzlich sie eigentlich ist, hat für mich etwas sehr Erotisches.

**Jakob:** Ich glaube, da sprichst du einen wichtigen Punkt an. Vielleicht den wichtigsten. Wenn eine Frau sich traut, ihr Inneres durchscheinen zu lassen, geht es über die Erotik hinaus und hin in Richtung Beziehung.

Da gibt es doch dieses Lied von Cindy Lauper mit dem Refrain:

*But I see your true colors*
*Shining through*
*I see your true colors*
*And that's why I love you*

## Sex in der Erdbeerwoche – ja oder nein?

Hi ihr beiden,

ich hatte jetzt schon öfter während eines Dates meine Tage. Meistens habe ich darüber kein Wort verloren. Es muss ja nicht sein, dass man direkt beim ersten Treffen miteinander schläft. Außerdem fände ich es nicht gerade angenehm, einen ONS während meiner Periode zu haben. Oft habe ich mein Date erst darüber informiert, als schon klar war, dass wir miteinander schlafen wollen. Die Typen sind dann meistens sehr enttäuscht, und ich muss mir riesige Vorwürfe anhören.

Nun meine Frage: Bin ich als Frau dazu verpflichtet, mein Date über meinen aktuellen Zyklusstand zu informieren? Was denkt ihr darüber? Es ist doch immer noch mein Körper und meine Entscheidung, was ich darüber preisgebe. Außerdem glaube ich, dass so eine Information am Anfang eines Dates sehr viel »Magie« rauben kann.

Mich würde mal interessieren, was ihr darüber denkt.

Danke für euren tollen Podcast!

Eure Ava

**Jakob:** Ich finde, es gehört zu den männlichen Grundrechten, vor einem Date von einer Frau über die Möglichkeit eines Geschlechtsakts informiert zu werden. Verschiedene Kommunikationswege stehen ihr hierbei zur Verfügung: WhatsApp, E-Mail oder ein kurzer Anruf. Ist doch nicht so schwer und nichts dabei. Der Mann kann dann aufgrund der besseren Informationslage eine unabhängige Entscheidung treffen, ob er die Frau wirklich sehen will oder nicht.

**Max:** Ich war von dem ersten Teil deiner Antwort begeistert, da ich die Ironie erst nicht herausgehört habe. Ich finde es gar nicht so einfach, da eine klare Antwort drauf zu finden. Einerseits sagt der Frauenversteher in mir, es sei nicht die Aufgabe der Frau, mich vorher zu informieren, dass ich heute Abend in die rote See stechen müsste. Andererseits: Wenn ich von vornherein sowieso nur auf Sex aus bin, möchte ich auch meine Zeit nicht mit einer Frau verschwenden, mit der ich dann gar nicht schlafen möchte, wenn klar wird, dass sie ihre Tage hat. Ich bin kein Fan von Sex in der Erdbeerwoche.

**Jakob:** Liebe Ava, ich finde, es geht den Mann einen Scheißdreck an, ob du deine Tage hast oder nicht. Wenn der Mann nur an deine Muschi will, dann bist du ihm rein gar nichts schuldig. Da deine Vagina vielleicht einen Stift halten, diesen aber nicht bedienen kann, bleibt ihr die Möglichkeit verwehrt, mit dem Schwanz, der dir in dem Moment gegenübersitzt, direkt zu kommunizieren. Willst du es einem Dude recht machen, der nicht dich als komplette Person, sondern nur den Teil unterhalb deiner Gürtellinie meint? Anziehung entsteht immer dann, wenn man auf sich selbst hört und nicht versucht, einem Bild zu entsprechen, von dem man glaubt, dass es sich der andere wünscht.

**Max:** Wenn der Mann wirklich Interesse an dir hat, kann es sowieso besser sein, ein paar Dates abzuwarten. So wird er mit jedem Mal geiler, und du kannst deinen Periodenkalender auf seine Geilheit abstimmen.

## Ist es für Männer wichtig, wie viele Sexpartner eine Frau hatte?

Hallo Jakob und Max,

ich bin 23 und sexuell relativ aktiv. Ich hatte mit 20 Typen Sex, davon wenige One-Night-Stands, weil das meiste längere Affären waren. Meine Freunde sagen mir oft, ich wäre eklig und verbraucht, aber ich würde gerne einmal eure Meinung zu solchen Frauen wissen. Könntet ihr euch trotz mehrerer Sexpartner eine langfristige Beziehung mit so einer Frau vorstellen, oder würde euch das abstoßen?

LG

Kaja

**Jakob:** Für mich kommt es immer auf die Haltung der Frau dazu an. Bimst die Frau viel, weil sie eigentlich einen Mangel erlebt, vielleicht ein niedriges Selbstwertgefühl hat, das sie mit der Bestätigung von Männern versucht zu kompensieren, finde ich das meistens nicht so attraktiv. Macht die Frau es aus Spaß an der Sache, finde ich, ist nicht so viel dabei, und es ist kein Kriterium, das über Anziehung und Abstoßung entscheidet.

**Max:** Wenn ich höre, was deine Freunde zu dir sagen, werde ich zornig. Hier kann ich mein in Macho-Blut getränktes Feministinnen-Schwert nicht länger in der Scheide ruhen lassen. Auf in den Kampf gegen deine »Freunde«, die dich so verurteilen. Ich finde auch nicht, dass sich zu viel Sex an einer Zahl festmachen lässt. Du musst für dich entscheiden, was zu viel und was zu wenig ist. Wenn du Spaß an Sex hast und mit dir und deinem Körper sorgsam umgehst, ohne anderen emotional zu schaden, ist es dein gutes Recht, so viel Sex zu haben, wie du willst. Gerade Menschen, die chronisch untervögelt sind, schwingen sehr schnell die Moralkeule. Glaube mir, ich kenne mich da aus.

**Jakob:** Interessant finde ich, wie deine Haltung dazu mittlerweile schon ist. Ich kann das natürlich nur anhand deines kurzen Briefs sagen. Du schreibst von »solchen Frauen«, also du machst selbst eine Kategorie auf und ordnest dich dort ein. Es ist natürlich auch nicht so leicht, das nicht zu tun, da die Schublade von deinen Freunden schon aufgezogen wurde, und bei sich zu bleiben ist eine Herausforderung. Schau vielleicht bei dir selbst einmal, warum das Thema Sexualpartner diesen Stellenwert in deinem Leben hat. Woher kommt deine Motivation, mit Männern zu schlafen? Suchst du nach Bestätigung, oder hast du einfach nur Spaß am Sex?

**Max:** Ich finde es gar nicht so wichtig, nach einer Motivation zu suchen. Wenn du Lust auf Sex hast, dann genieß deine jungen Jahre, bevor dein Körper und der deiner Partner das Verfallsdatum überschritten haben. Wenn du kein Problem damit hast, verurteilt zu werden, und dir die Meinung anderer egal ist, dann geh offen mit dieser Zahl um. Wenn du aber nicht das entsprechende Selbstbewusstsein mitbringst, dann musst du die harten Fakten ja auch nicht offenlegen. Das Leben ist schließlich kein Verhör. Bleib einfach vage und gib keine genaue Zahl an. Nimm dir ein Beispiel an Jakob, der macht das schon seit Jahren so.

**Jakob:** Und Max, für dich habe ich noch eine Filmempfehlung zum »Verfallsdatum« des menschlichen Körpers. Die Damen und Herren im Film *Wolke 9* naschen alle mit allergrößter Lust an sich herum, obwohl sie, wenn es nach dir gehen würde, alle schon ins Grab gehören. Ein toller Film in NoFap-Zeiten.

## Augenkontakt bei One-Night-Stands – ja oder nein?

**Max:** Mir war Augenkontakt bei ONS nie wichtig, ehrlich gesagt. Gerade bei einer sehr flüchtigen Form der Bekanntschaft habe ich den Blick in die Seele vermieden. Bei den meisten ONS habe ich versucht, den Kontakt recht oberflächlich zu halten.

**Jakob:** Ich habe das Gegenteil tatsächlich ein paarmal ganz bewusst gemacht. Denn wenn ich den Blickkontakt vermeide, weil ich merke, dass der beiden eigentlich viel zu intim ist, bimst meine eigene Unsicherheit und die der Frau in dem Moment irgendwie mit. Manchmal habe ich Frauen bei ONS also bewusst in die Augen geschaut, weil ich den Kontakt intensivieren wollte. Ein Mann, der es aushält, einer Frau beim Bimsen direkt in die Seele zu leuchten, bimst beides: Körper und Seele.

**Max:** Wenn ich mich dann doch mal getraut habe, einer Frau länger in die Augen zu sehen, habe ich mich immer »erwischt« gefühlt. In ihren Augen spiegelte sich dann die emotionale Leere, die ich selbst empfand. Ich fühlte mich ertappt, denn das Einzige, was ich in dieser Situation spüren wollte, waren die warmen Schamlippen, wie sie meinen Penis fest umklammern. Ein intensiver Augenkontakt, auch wenn er nur einen kurzen Moment anhielt, sorgte dafür, dass ich aus dem Moment der Geilheit gerissen wurde und mich fragen musste, was ich hier tat. Das Blut wanderte von meinem Schwanz in mein Herz.

**Jakob:** Wenn man noch nicht mal Bock hat, seinem Sexpartner in die Augen zu gucken, ist die Frage berechtigt, ob man überhaupt mit der Person bimsen sollte.

## Wenn es nicht funkt

Hallo ihr Lieben,

da ich – wie so häufig in letzter Zeit – keinen Schlaf finden kann, wollte ich die Gelegenheit nutzen und mir einige Gedanken von der Seele schreiben.

Ich lernte vor einigen Monaten einen liebenswerten, empathischen, klugen, aber auch total verkrampften, unsicheren und von Selbstzweifeln geplagten Herrn kennen. Komm, dachte ich mir, gibst du dem Burschen eine Chance.

Eigentlich war ich zu diesem Zeitpunkt nicht auf etwas Ernsteres aus, da ich gerade aus einer Beziehung kam. Mein Ex-Freund war eher die Kategorie: Die Frau kann sehen, wo sie bleibt, Hauptsache, sein Ego-Pflänzchen wird ausreichend bewässert. Die beiden Männer konnten also nicht unterschiedlicher sein, und es war eine Wohltat, sich mit jemandem auszutauschen, dessen Interessen man teilte und der einem das Gefühl gab, dich zu verstehen.

Allerdings fühlte ich mich auf sexueller Ebene nicht zu ihm hingezogen. Der berühmt-berüchtigte Funke sprang einfach nicht über, sosehr ich mir das auch wünschte.

Da es mir wahnsinnig schwerfällt, Nein zu sagen, ich die Bedürfnisse der anderen meist vor meine eigenen stelle und ihn nicht verletzen wollte, traf ich ihn weiterhin, obwohl ich mich nicht mehr wohl dabei fühlte. Jede Umarmung erschien mir plötzlich beklemmend.

Je mehr ich mich von ihm entfernte, desto anhänglicher wurde er. So konnte das nicht weitergehen. Da mir bewusst war, dass es mit ihm nicht für die Ewigkeit halten würde, musste ich, so schwer es mir auch fiel, einen Schlussstrich ziehen, weil Ehrlichkeit immer noch das Beste ist, was man einem anderen Menschen anbieten kann. Mich plagt aber seitdem ein furchtbar schlechtes Gewissen, auch weil ich mir bewusst erlaubt habe, Nein zu sagen.

Ständig denke ich: Ach, das war doch 'n guter Kerl, der dich nicht schlecht behandelt hat. Warum hast du es nicht weiter versucht? Vielleicht konntest du dich nur nicht richtig auf ihn einlassen, weil die Trennung noch zu frisch war?

Aber wie kann ich denn mit jemandem zusammen sein, für den ich keine Gefühle habe? Bin ich in der Hinsicht zu altmodisch? Ich kenne mittlerweile meine Grenzen und weiß, was ich möchte, jedoch fällt es mir sehr schwer, meine Bedürfnisse über die der anderen zu stellen. Habt ihr da Tipps für mich?

Von seiner Seite aus kam lediglich ein: »Frauen stehen eben doch auf Arschlöcher.« Na, wenn das kein schöner Schlusssatz ist.

Alles Liebe und macht weiter so!

Eure Caro

**Jakob:** Deine Geschichte ist ein schönes Beispiel dafür, was mit dem Bauchgefühl passiert, sobald der Verstand einsetzt. Dein Bauchgefühl hat dir gesagt, dass du keine Lust auf Körperlichkeiten mit dem besagten Mann hattest. Klar ist er sonst super, er versteht dich, und du kannst toll mit ihm reden, aber du bleibst trotzdem trocken wie ein guter Wein.

**Max:** Diese Selbstvorwürfe gerade bei Frauen konnte ich noch nie nachvollziehen. Du bist dem Mann doch nichts schuldig. Er kann sogar dankbar dafür sein, ein paarmal Sex bekommen zu haben. Wie hätte die Geschichte denn weiterlaufen sollen? Du magst ihn menschlich, aber im Bett läuft es nicht, also schläfst du aus Mitleid mit ihm? Das ist der Sex, den sich jeder Mann wünscht: armseliger Mitleidsex.

**Jakob:** Du begegnest ihm mit einer Mitleidsnummer auch nicht unbedingt auf Augenhöhe, und schon gar nicht, wenn du glaubst, seine Wirkung auf dich schönreden zu müssen. Das ist nicht unbedingt ein guter Beziehungsstart. Du scheinst dich auch eher von anderen Männern angezogen zu fühlen: Männer, die nicht so auf deine Bedürfnisse achten und wo ein liebevoller Rückenstreichler eher eine Seltenheit ist, was natürlich total in Ordnung ist, aber gleichzeitig ist das das eigentlich spannende Thema. Dazu passt auch, dass es dir schwerfällt, deine Bedürfnisse wichtig zu nehmen, oder zumindest genauso wichtig wie die anderer.

**Max:** Bleib bei deinem Bauchgefühl. Nicht nur in der Situation, sondern wann immer du unsicher wirst. Hör kurz in dich rein, und dein Körper wird dir den Weg zeigen. Folg deiner Intuition.

**Jakob:** Parallel dazu kannst du dir die Frage stellen: Warum sind dir die Bedürfnisse von anderen wichtiger als deine eigenen – und was passiert, wenn du dich selbst mehr in den Mittelpunkt stellst? Was geschieht dann mit der Wirkung, die du auf andere hast, und macht dir das vielleicht Angst?

**Max:** Und bitte jammere keinem Mann hinterher, von dem du dich innerlich sowieso schon getrennt hast.

## Wenn der kleine Soldat strammsteht

**Jakob:** Eine Sache, um die ich Frauen wirklich beneide, ist, dass sie ihren Erregungszustand verstecken können wie Donald Trump seinen IQ. Bei Männern ist das viel schwieriger, mich hat schon das eine oder andere Mal eine Latte in Situationen begrüßt, wo ich sie nicht gebrauchen konnte. Besonders in den Morgenstunden. Ich lag zum Beispiel bei meinem Physiotherapeuten auf der Massagebank. Acht Uhr morgens, Bauch nach unten. Manuel, mein Physiotherapeut, werkelte an mir rum, als ob er eine Altberliner Kopfsteinstraße verlegen würde. Durch den Sandwichmaker aus Liege und Bauch hat sich mein Bratling mit Blut gefüllt. Alles gut bis zu dem Moment, als er »Umdrehen, bitte« sagte.

**Max:** Und das bei einem Kerl?

**Jakob:** Ich könnte dir locker einen runterholen, und du würdest wahrscheinlich sogar kommen, wenn ich mir Mühe gebe. Es ist die Reibung, nichts weiter.

**Max:** Ich kenne das auch noch, dass sich bei einer ordentlichen körperlichen, aber freundschaftlichen Rangelei mit Kumpels auf einmal der kleine Johannes bemerkbar machte und auch mitspielen wollte. Das war für mich in der Pubertät hochverstörend, da ich mich dadurch damit auseinandersetzen musste, ob ich nicht doch vielleicht auf Männer stehe.

**Jakob:** Ich habe ja ein paar Jahre im Verein gerungen. Wir steckten beim Kämpfen immer in diesen Borat-Badeanzügen. Wenn mich bei jedem Wettkampf eine Latte begrüßt hätte, frage ich mich, ob der Ringrichter mich disqualifiziert hätte. Vielleicht wegen technischem K.o.? Aber dafür gab es genügend andere Situationen: Ich habe wegen eines Boners mal den härtesten Saunagang meines Lebens durchmachen müssen. Hundert Grad, ich war schon zehn Minuten drin, als wie in Zeitlupe eine Frau reinkam. Mitte zwanzig, lange braune Haare, eine Figur wie geknetet. Sie hat sich direkt mir gegenüber hingesetzt. Wir konnten uns in die Augen gucken. Ob sie den Platz mit Absicht gewählt hat, weiß ich nicht. Die Intention war meinem kleinen Outdoorfreund auch reichlich egal. Er stellte schon mal das Handtuchzelt in der Lichtung der Lust auf, und ich wusste, wir waren gezwungen zu bleiben. Parallel zu meinem Schwanz musste ich mich nach vorne lehnen, um die Camping-Aktion zu vertuschen. Blöderweise kam wenig später ein Typ mit Eimer und Kelle rein: »Ab jetzt bleiben bitte alle sitzen. Rausgehen erst wieder nach dem Aufguss.«

**Max:** Saunagänge waren immer mein absoluter Horror, da ich jedes Mal befürchtete, die Sauna mit dem fleischgewordenen Handtuchhalter betreten zu müssen. Irgendwann dämmerte es mir, dass hohe Hitze alles andere als förderlich ist für ein gut stehendes Glied. Ziemlich paradox, da doch gerade die warme Vagina einer Frau den Penis erst so richtig zur Hochleistung auffahren lässt. Seit ich das verstanden habe, hatte ich im Gegensatz zu dir nie das Problem einer spontanen Erregung durch eine geile Frau in der Sauna. Aber vielleicht bist du auch einfach weitaus notgeiler, als ich es mir in meinen schlimmsten Träumen vorstellen kann. Ich glaube, ich könnte mich zu einem ersten Date in der Sauna verabreden, und egal wie heiß die Frau auch sein sollte, die Hitze der Sauna würde maximal meine Hoden anschwellen lassen.

**Jakob:** Ich hatte mal ein zweites Date in der Sauna. Der Vorschlag kam von der Frau. Das Ganze endete natürlich im Bett.

Der Klassiker schlechthin ist die MoPraLa: die morgendliche Prachtlatte. Sie kommt so regelmäßig, dass man sie gar nicht mehr spürt, wie man auch nicht in jedem Moment seines Lebens seine Arme und Beine bemerkt. Ich bin eines Morgens, nachdem ich bei einer Freundin übernachtet hatte, die noch zu Hause wohnte, mit Morgenlatte aus dem Zimmer gestolpert. Im Flur begrüßte mich der Vater, und ich konnte genau sehen, wie seine Augen runterwanderten. Da hätte nur noch der obligatorische Lusttropfen gefehlt.

**Max:** Wenn du jetzt zur Morgenlatte übergehst, kann ich von einer Ex-Freundin berichten, die vor allem morgens Bock auf Sex hatte. In den ersten Wochen war das für mich die ideale Konstellation, weil ich selbst jemand bin, der gerne mal morgens einen wegsteckt und dann in den Tag startet. Irgendwann wurde es mir aber tatsächlich zu viel, und meine besagte MoPraLa wurde nach einer gewissen Zeit eher zur Last, da sich meine Freundin natürlich immer durch meinen kleinen Signalgeber darin bestärkt fühlte, jeden Morgen Sex mit mir zu haben. Irgendwann entwickelte ich eine regelrechte Paranoia vor meiner eigenen Morgenlatte und versuchte, vor meiner Freundin wach zu sein, um entsprechende Gegenmaßnahmen einleiten zu können, damit das Blut aus meinem Schwellkörper abfließen konnte. Somit ließ sich der Sex am Morgen zumindest etwas eindämmen.

Generell muss ich aber sagen, dass bei mir fast alle peinlichen Situationen um meine Lanze – zumindest im direkten Kontakt mit Frauen – immer gut geendet haben. Das unerwünschte harte Glied, das beim innigen Kuscheln Alarm schlägt, wurde nicht selten von der Frau als genau das interpretiert, was es ist, nämlich als Signalgeber der sexuellen Bereitschaft. Ich hatte nicht selten Situationen, in denen ich mit einer guten Freundin kuschelnd auf der Couch lag und die leichte, spürbare Wölbung in meiner Hose dazu führte, dass wir kurze Zeit später nackt übereinander hergefallen sind.

**Jakob:** Eigentlich bin ich meinem kleinen Athleten dankbar, dass er so viel und fleißig trainiert. Ihm ist es egal, ob die Muckibude geöffnet oder geschlossen ist. Die autonome Einstellung wünsche ich mir auch für den Rest meines Körpers, und vor allem auch für deinen.

# Wenn die Krone dem Sturm nicht standhält

Hallo ihr Lieben,

ich bin gerade frisch aus dem Auslandssemester zurück und habe dort einen Typen kennengelernt, den ich von Anfang an sehr hot fand. Wir haben uns immer super verstanden, nur war ich leider der Meinung, dass er zu heiß für mich wäre und da eh nie was laufen würde… Bis wir uns Ende des Semesters doch sehr nahekamen und heftigst geknutscht haben. Nun ja, darum geht es jetzt auch nicht, sondern eher darum, dass wir uns tatsächlich noch einmal alleine in einer Bar getroffen hatten und es nicht besser hätte laufen können. Er kam nachts noch mit zu mir, und ich freute mich darauf, seinen Körper in ganzer Pracht zu bewundern. Wir zogen uns gegenseitig aus, und er sah wirklich super aus, bis ich seine Hose herunterzog…

Ich muss sagen, ich bin sehr tolerant und habe immer gedacht, ich würde auch mit einem kleinen Penis klarkommen. Und ich habe mich schon immer gefragt, weshalb manche Frauen nicht das Beste aus der jeweiligen Penis-Situation machen können.

ABER als ich den Penis meines Auslandsflirts anfasste, war dieser unheimlich dünn, und die Eichel verhältnismäßig riesig. Ich dachte nur: Okaaay, anders, aber was soll's, rein damit! Das erwies sich jedoch als sehr schwierig, denn der Penis knickte ständig weg und ging beim besten Willen nicht rein! Peinliche Situation für uns beide, er bemühte sich unheimlich, und ich versuchte, nicht enttäuscht auszusehen.

Nun meine Frage: Habt ihr irgendeine Idee, wie man ein solches Problem lösen kann? Das ist das erste Mal, dass ich mir Gedanken um die Anatomie des männlichen Körpers gemacht habe, und ich fühle mich auch ein bisschen dumm, weil mich das so überrascht hat. Ich war wirklich überfordert, und ehrlich gesagt frage ich mich, was das war! Ist er weggeknickt, weil der Penis zu schmal oder nicht steif genug oder weil die Eichel zu schwer war?

Beim »Auspacken« fühlte der Penis sich übrigens schon nass an. Also vielleicht war er von unserem Vorspiel schon so fertig, dass er nicht mehr richtig hart wurde? Das Komische war, in der Hand fühlte er sich relativ hart an, aber er war wohl trotzdem nicht hart genug?

Würde mich über Tipps und Tricks freuen, wie man eine mögliche Enttäuschung für beide Seiten verhindern kann. ;D

Danke und liebe Grüße
Nelli (22)

**Jakob:** Kennst du diesen Peniswitz: »Er ist nicht lang, aber dafür unheimlich dünn.« Vielleicht hatte der liebe Gott genau an diesen Witz gedacht, als er auf seiner Töpferbank dieses Exemplar formte.

**Max:** Als Erstes möchte ich dir meinen Respekt aussprechen: Du bist niemand, der schnell aufgibt, du hast alles probiert, um für dich und deinen Sexpartner ein schönes Erlebnis zu schaffen. Dabei hast du den Hinweis, dass die Sache schon vor dem eigentlichen Akt gelaufen war, ziemlich schnell entdeckt. Dass sein Glied nass war, als du es zu Beginn eurer Liebesnacht aus der Hose holtest, zeigte eigentlich schon das Ende an.

**Jakob:** Ich denke auch, dass die Party nach dem kurzen Regenschauer bereits vorbei war. Da fällt schon mal die Frage flach, ob er dich nicht wirklich erregend fand und deshalb die Lanze nicht stand. Ob die Krone zu groß für das Wurzelwerk war, müssten wir dann selbst vor Ort untersuchen. Fest steht, dass du alles getan hast, was du tun konntest.

**Max:** Am Ende kannst du stolz auf deine telepathischen Fähigkeiten sein, Männer zum Kommen zu bringen, bevor du sie wirklich berührst. Der Griff an die Hose, bevor das Glied ausgepackt ist, kann dich aber das nächste Mal vor großen und kleinen Überraschungen bewahren.

## Elf Dinge, die ein Mann über eine Muschi wissen sollte

1. Regelmäßiger Sex hält die Vagina gesund und bewahrt sie vor dem Austrocknen.

2. Es gibt mindestens fünf Möglichkeiten, einen Orgasmus zu bekommen: vaginal, klitoral, über den G- oder den A-Punkt und die Zervix, also den Gebärmutterhals.

3. Eine Vagina ist zwischen sechs und dreizehn Zentimeter lang.

4. Die Klitoris ist der Minipenis der Frau. Im nicht erigierten Zustand ist die Spitze des Eisbergs bis zu drei Zentimeter lang und hat 8000 Nervenenden; doppelt so viele wie die Eichel des Mannes.

5. Die meisten Nervenenden sind im Eingangsbereich der Vagina, darum kommt es nicht auf die Länge, sondern auf die Breite des Schwanzes an. Im Idealfall ist er gleichmäßig breit.

6. Der G-Punkt der Frau liegt meist nur vier bis fünf Zentimeter vom Scheideneingang entfernt.

7. Die orgastische Manschette der Frau braucht circa fünfzehn Minuten, um sich mit Blut zu füllen. Ein Vorspiel ergibt also durchaus einen Sinn.

8. Fast jede Frau hat etwas an ihrer Muschi auszusetzen. Zu groß, zu lang, zu breit … Gib ihr das Gefühl, dass du auf ihre Muschi stehst, dann können sich beide besser entspannen.

9. Ein Vorspiel muss nicht immer an den primären Geschlechtsorganen beginnen.

10. Eine Muschi hat keine Reiberezeptoren.

11. »Doller« muss also nicht schneller sein. Stimulation wird durch Druck erzeugt.

## Gibt es einen Liebestank, und kann dieser leer sein?

Hallo ihr Lieben,

wenn man jahrelange Beziehungen hinter sich hat, in denen man intensiv und leidenschaftlich liebte, kann es eurer Meinung nach sein, dass der Tank dann irgendwann mal leer ist? Dass man selbst einen besonderen Menschen nicht mehr annähernd so lieben kann wie die davor? Klar liebt man jeden Menschen auf eine andere Art und Weise, aber ist die Intensität dann noch da? Ach so, ich bin 28 Jahre alt und habe auch das Gefühl, von der »Generation beziehungsunfähig« umzingelt zu sein.

Liebste Grüße

Mia

**Jakob:** Ich finde die Frage megaspannend, weil es tatsächlich manchmal so scheint, dass die ganz großen Emotionen, dieses »Alles oder nichts«, dieses »Meine Welt bricht zusammen, wenn das mit diesem Menschen nicht klappt« sich ein bisschen aufgelöst hat. Auch mir ging es ein paar Jahre so, dass ich Affären und »Beziehungen« eingegangen bin, weil ich dachte, jetzt müsste ich mal wieder.

**Max:** Auch ich kenne dieses Gefühl sehr gut. Es gab eine Phase in meinem Leben, in der sich viele Beziehungen aneinandergereiht haben, die mich emotional in gewisser Weise ausgefüllt und etwas aus meinem Tank gezogen haben. Am Ende hatte ich nach jeder dieser Beziehungen das Gefühl, einen Teil von mir verloren zu haben. Am Ende schien dann nicht mehr viel übrig zu sein. Jede Frau hatte sich ein kleines Stück genommen, und meine Liebeskurve ist dann abgeflacht. Wie ein Akku mit Memory-Effekt: Nach langer Benutzung hat er keine Leistung mehr.

**Jakob:** Du schreibst von der Liebe wie von einer Droge, bei der mit steigendem Konsum eine immer größere Resilienz entwickelt wird. Hast du dich vielleicht einfach nicht mehr einlassen können, wie ein Kind, das nicht mehr den Mut aufbringt, vom Klettergerüst zu springen, weil es sich dabei mal den Fuß verstaucht hat?

**Max:** So war es bei mir nicht. Man lässt immer einen Teil von sich bei dem Menschen, mit dem man eine Beziehung geführt hat. Dabei ist es, glaube ich, nicht mal wichtig, ob es eine Beziehung oder eine Affäre war. Ich glaube, es kommt darauf an, auch immer auf sich zu achten. Man sollte frühzeitig für sich erkennen, warum man eine Beziehung eingeht und wie viel man hineinsteckt. Ich wollte immer hundert Prozent geben und konnte am Ende nicht immer wieder alles mitnehmen. Ich war vielleicht nicht bereit für etwas

Neues, weil ich mir zwischen den Beziehungen keine Aufladezeit gegönnt habe.

**Jakob:** Auch wenn man immer einen Teil verliert, wie du sagst, müsste doch zusammen etwas Neues entstehen?

**Max:** Das ist der Idealzustand, aber es gibt, glaube ich, Beziehungen, in denen immer einer etwas mehr gibt. Wahrscheinlich hatte ich das Pech, oft an Frauen zu geraten, die etwas bedürftiger waren als ich.

**Jakob:** Dabei bist du doch der bedürftigste Mensch, den ich kenne.

**Max:** Vielen Dank, ich erinnere dich daran, wenn du mir mal wieder am Telefon wegen einer Frau die Ohren vollheulst. Aber kennst du das nicht, wenn eine Frau dich ein bisschen aussaugt wie ein Vampir, oder warst immer du der Blutsauger?

**Jakob:** Wahrscheinlich ja, weil ich selten so viel für die Frau empfunden habe wie sie für mich. Ein paarmal war es auch andersherum, und das hat mir schon ganz schön zugesetzt. Wenn es bei dir immer eher so rum war, dass du ausgesaugt wurdest, war das bestimmt ein ganz schöner Fuck-up.

**Max:** Mir kommt es gerade so vor, als beschreiben wir eine Facette des Seelenfickers, der immer etwas mehr nimmt, als er gibt. Was ich für mich gelernt habe, ist, immer gut auf mich achtzugeben, um nicht in diese Situation der emotionalen Leere zu kommen. Wenn man nicht bereit ist für was Neues und nicht die Kraft hat, sich emotional auf jemanden einzulassen, ist es vielleicht besser, Schwanz und Herz an ihren Plätzen zu lassen, um eben nicht am Ende mit leerem Tank dazustehen.

**Jakob:** Weißt du, was ich mich frage? Gehen wir mal von dem hypothetischen Fall aus, dass du richtig krass verliebt bist, und es kommt dazu, dass du eine Beziehung mit der Frau führst. Nach einem Jahr des Himmels auf Erden sagt sie zu dir: Du, ich habe gemerkt, dass das zu nichts führt. Du hast davon nichts mitgekriegt und bist am Boden zerstört. Deine Kumpels nehmen dich am nächsten Abend mit auf eine Party, und *boom!*, da steht sie: deine wirkliche Seelenverwandte. Die Frau, die du schon immer mit deinem Herzen gesucht hast. Kannst du sie dann überhaupt erkennen, oder bist du noch zu sehr in die alte Sache verwickelt, zu blind und frustriert?

**Max:** Das kann natürlich passieren. Sollte es die Seelenverwandte sein, wird sie auch deinen Frustpanzer durchbrechen. Aber wahrscheinlicher ist es, dass du deine Liebesantennen eingefahren hast und maximal noch mit der Antenne in deiner Hose denken kannst.

**Jakob:** Ich glaube nicht an das Bild von dem leeren Liebestank. Die unendliche und fast schon kindliche Naivität, die es manchmal braucht, um sich zu verlieben, birgt solch ein großes Risiko, verletzt zu werden, dass man weniger und weniger bereit ist, es einzugehen. Gerade wenn man zuvor enttäuscht wurde. Zum Beispiel, weil die Liebe nicht erwidert wurde oder weil man doch nicht den erhofften Seelenretter gefunden hat, die Gefühle abflachen und man sich deshalb trennt. Ein kleiner Teil in uns will sich danach nicht mehr einlassen, ein größerer Teil kann es nicht, weil die Hürden eher im Unterbewusstsein aufgebaut werden.

**Max:** Ich glaube an den leeren Liebestank, aber vielleicht liegt es auch daran, dass mein Liebestank eh schon fast immer auf Reserve war und ist.

# 21 Fragen über dein Sexleben

1. Bist du zufrieden mit den sexuellen Erfahrungen, die du bisher sammeln konntest?
2. Eher mit der Quantität oder der Qualität?
3. Was ist eine sexuelle Fantasie, die du schon ausleben konntest?
4. Welche sexuelle Fantasie konntest du noch nicht ausleben?
5. An welcher Stelle deines Körpers wirst du gerne geküsst?
6. Was war der ungewöhnlichste Ort, an dem du je Sex hattest?
7. An welchem Ort hättest du gerne noch mal Sex?
8. Ist dir etwas unangenehm beim Sex?
9. Was fandest du besonders geil und würdest du gerne mal wieder machen?
10. Kannst du deine sexuellen Wünsche verbalisieren?

11. Bist du lieber dominant oder devot?
12. Welcher ist der beste Bimssong (außer *Still D.R.E.*)?
13. Licht an oder aus?
14. Wann hattest du deinen ersten Orgasmus?
15. Auf welche körperlichen Merkmale stehst du bei einem Sexpartner?
16. Auf welche inneren Merkmale stehst du bei einem Sexpartner?
17. Befriedigst du dich selbst?
18. Wie oft?
19. Was findest du an dir sexy?
20. Gibt es jemanden, mit dem du im Nachhinein lieber nicht geschlafen hättest?
21. Mit wem würdest du gerne noch mal schlafen?

## Wann sollte man frühestens »Ich liebe dich« sagen?

**Max:** Am besten ist es, seinen Gefühlen freien Lauf zu lassen und die magischen drei Worte auszusprechen, wenn beim ersten Date alles passt. Warum sollte man sich an irgendwelche Richtlinien halten? Menschen, die viel Liebe zu geben haben, müssen sie doch nicht unter Verschluss halten.

**Jakob:** Ja, die Liebe folgt ihrem eigenen Tempo. »Ich liebe dich« sollte man frühestens nach dem ersten Date sagen. Spätestens am Grab.

Tatsächlich fällt es mir immer schwerer zu sagen, was Liebe eigentlich ist. Ich dachte irgendwann mal, ich wüsste es, habe es in der Retrospektive aber immer mit Verliebtsein verwechselt. Vielleicht ist es einfach die kleine geile hormongesteuerte Schwester von Liebe. Je länger ich über Liebe nachdenke, desto schwerer kommt es über meine Lippen. Es ist und bleibt ein Gefühl, und am liebsten drücke ich es in dem aus, was ich tue.

# Hannah

**Max:** Der Anruf kam von meinem Bruder: ob ich Lust hätte, was trinken zu gehen. Und danach auf eine kleine Feier mit seinen Arbeitskollegen. Ich hatte keine Lust, denn in meiner langen Singlezeit hatte ich mich an den Komfort, Zeit allein in meinen eigenen vier Wänden zu verbringen und exzessiv am Rechner zu spielen, sehr gewöhnt. Ich war zu einem sozialen Faultier geworden, das lieber wie mein Abwasch in der Spüle vor sich hin stank.

Als ich mir diese Tatsache vor Augen führte, wurde mir schlagartig klar, dass ich etwas ändern musste, und wenn auch nur für diesen Abend. Ich schleppte also meinen seit vier Tagen ungeduschten Körper von meinem Schreibtischstuhl ins ungeputzte Bad.

Ich pellte mich aus meiner wochenlang getragenen grauen Gammelhose, die im Schritt durch Spermaflecken verkrustet war, zog mein fettfleckiges T-Shirt aus und begab mich in die Dusche des Grauens. Wahrscheinlich schaffen es nur Männer, diesen Ort der Sauberkeit so stark verdrecken zu lassen, dass man nach dem Duschen das Gefühl hat, man müsse gleich noch mal unter den reinigenden Wasserstrahl.

In der Dusche wollte ich mir noch einen runterholen, entschied mich aber dagegen. Ist der Lurch erst mal entleert, werden Körper und Geist so kraftlos, dass eine Absage an meinen Bruder vorprogrammiert gewesen wäre. Ich benutzte also wie immer Duschgel für Körper und Haare, zog mit meiner verrosteten Rasierklinge den Lachs ab und stieg triefend nass aus der Dusche.

Vor meinem Badezimmespiegelschrank betrachtete ich meinen erschlafften Mittzwanzigerkörper und redete mir ein, dass in ihm doch noch etwas Attraktives stecken musste. Kaum Bizeps, Hühnerbrust, ein bisschen Bauch, aber ein wunderschöner, gerader Penis. Zumindest hatte mir das mal eine Ex-Freundin gesagt: Ich hätte zwar nicht den größten, aber dafür einen »sehr schönen« Schwanz. Immer wieder kommt mir der absurde Gedanke, ob ich den wohl von meinem Vater geerbt habe. Kann man darauf stolz sein, dass einem der Vater einen schönen Penis vererbt hat? Freut man sich, wenn der Sohn einen schönen Schwanz hat, oder ist man andernfalls enttäuscht, wenn er keinen Prachtschwengel hat wie man selbst? Immer wieder habe ich mir diese Fragen vor dem Spiegel gestellt. Bei genauer Betrachtung meines besten Stücks sehe ich, dass die rostige Rasierklinge an zwei Stellen für blutige Stellen gesorgt hat. Schnell die Boxershorts drübergezogen, dann kann das Blut daran festtrocknen.

Ich war noch nie an Kosmetikprodukten für Männer interessiert. Ich hatte aber auch selbst zu Teeniezeiten

Glück mit meiner Haut und habe generell an meinem Gesicht nichts auszusetzen. Meine Hygieneprodukte beschränken sich auf Dusch- und Haargel, Zahnpasta und einen Deoroller. Was braucht man denn auch sonst noch? Ich kenne Männer, die sich mit allem möglichen Zeug vollklatschen. Mir ist beim Begrüßen von Kumpels schon oft aufgefallen, wie gut andere Männer riechen. Vermutlich rieche ich nicht so, aber dieser Parfümgeruch ist für meine Nase auch nicht männlich – ein Mann muss meiner Ansicht nach immer ein kleines bisschen nach Schweiß riechen.

Mein Dresscode ist ähnlich unspektakulär wie mein Hygieneritual und beläuft sich auf Bluejeans, ein logofreies einfarbiges T-Shirt, meist in Schwarz oder Weiß, und Sneakers. Oder zur Not auch etwas feinere Schuhe. Meine Klamotten waren noch nie die ausgefallensten, haben aber ihren Dienst bisher immer erfüllt, und ich habe noch keine Frau sagen hören: »Ich schlafe wegen deines langweiligen Outfits nicht mir dir.« Außerdem versprach der Abend auch nicht, heute eine Frau mit nach Hause zu nehmen, warum also sich die Mühe machen.

Ich nahm meine Jacke, denn es war Winter. Das war in letzter Zeit auch der Grund, wieso ich viele Verabredungen noch an diesem Punkt abgesagt hatte. Heute nicht, beschloss ich, denn das Gefühl danach ist immer beschissen.

Ich lief also aus meiner kleinen Ein-Zimmer-Wohnung zum nächsten Bahnhof. In der Bahn musterte ich jede Frau wie ein Krokodil die Gazelle am Wasserloch und redete mir dabei ein, dass sie meine gierigen Blicke nicht bemerken würden. Auf dem Weg zu der Kneipe drehte ich mich, wie von einem Instinkt getrieben, nach jeder Frau um, die an mir vorbeilief, um ihr auf den Arsch zu gucken. Was versprechen sich Männer eigentlich davon, wenn sie den kurzen Blick auf den Arsch einer Frau erhaschen? Aber es findet jedes Mal eine kleine Bewertung statt, die weit über die Form des Pos hinausgeht. Während ich mich immer wieder umdrehte, versuchte ich, die Persönlichkeit der jeweiligen Frau aus ihrer Poform herauszulesen, und kam mir dabei vor wie ein Wahrsager, der zwei runde Kristallkugeln hält. War der Arsch fest und wohlgeformt, gehörte er sicher einer zielstrebigen, selbstbewussten Frau, sah er eher weich aus, wäre sie wohl eher der gemütliche, langweilige Typ. Das ist eine Art Kunstform: »The Art of Ass Guessing«. Obwohl mir bewusst war, dass mir dieser Moment eigentlich nichts gab, war ich konditioniert wie Nachbars Lumpi auf seinen Rammelhasen.

Schließlich erreichte ich mein Ziel und betrat irgend so eine Hipster-Bar, eine, die vor Kreativität aus allen Nähten platzte, vollgestopft mit alten Sofas. Das Mauerwerk war bis auf die Steine blank gelegt. Das Highlight war eine Badewanne in der Mitte, in die man sich setzen konnte. Wer glaubte eigentlich ernsthaft, dass alte modrige Sofas und eine Badewanne bequem sind? Ich hasste diese Szene-Bars. Kennst du eine, kennst du alle – und das Publikum wirkt auch jedes Mal so, als ob es selbst nicht weiß, wie es hierhergeraten ist. Nach dem Motto: Ich wollte was anders machen als meine Eltern, also ging ich nach Berlin. Vermutlich hat einer aus dem Freundeskreis diese »total hippe Kneipe« empfohlen, und der Rest wundert sich, so wie ich, was das hier soll.

Ich begrüßte meinen Bruder und meine Kumpels in dem dafür vorgesehen Begrüßungsritual, den »Bro Shakes«. Wir waren alle zu cool, um uns vernünftig die Hand zu geben, und zu gehemmt, um uns herzlich zu umarmen. Ich bestellte ein Bier, wir prosteten uns männlich zu und laberten belangloses Zeug. Was Männer halt so reden. Keiner will etwas von dem anderen wissen, alle wollen einen unbeschwerten Abend verbringen. Die Jungs, die Single sind, wollen nix von den Typen in Beziehungen hören, und die Vergebenen haben keinen Bock, sich über die Eroberungen der anderen die Ohren vollquatschen zu lassen. Also wird viel Bier getrunken, der eine oder andere Schnaps geext, bis die Stimmung gut genug ist, um weiterzuziehen.

Wir wollten an dem Abend in keinen Klub, sondern auf die Privatparty eines Arbeitskollegen meines Bruders. Der hatte einen Tisch in einem halb versnobbten Klub reserviert, und somit mussten wir erst mal klären, ob man da mit Sneakers überhaupt reindürfte. Eigentlich kommt man in Berlin mit Turnschuhen in fast jeden Klub, aber manchmal sind die Türsteher zickig oder nehmen die Schuhe als Vorwand, eine Horde betrunkener Männer nicht in den Klub einzulassen. Schnell stellte sich heraus, dass es in diesem aber kein Problem sein würde. Also wurde ein Großraumtaxi bestellt, denn es musste jetzt alles ganz schnell gehen, solange der Pegel noch auf »gute Laune« stand. Das Reinkommen in den Klub war kein Problem, und nachdem sich alle untereinander vorgestellt hatten, waren wir eine Gruppe um die zwanzig Personen. Erfreulicherweise hatten sich auch ein paar Frauen dazugemischt, sodass die Stimmung nicht mehr ganz so testosterongeladen war.

Hier lernte ich Hannah kennen. Sie war auf den ersten Blick überhaupt nicht mein Typ: rot gefärbte Haare, sehr kleine Brüste, und ihre markanten Gesichtszüge gefielen mir auch nicht wirklich. Dafür hatte sie einen knackigen, schönen Körper, wie ihn nur junge Frauen haben können. Meine Motivation, mit ihr zu reden, kam vor allem daher, dass ich so massiv untervögelt war. Ich glaube, genau die Mischung aus Geilheit und leichtem Desinteresse sorgte dafür, dass sie sich wiederum für mich interessierte. Sie deutete meine Geilheit als Anziehung und mein Desinteresse vermutlich als Spiel oder Souveränität.

Der Abend verlief entsprechend. Ich unterhielt mich angeregt mit ihr, nur um das Gespräch immer wieder zu unterbrechen, indem ich mich von anderen Leuten ablenken ließ. Das Ganze trieb ich so weit, dass sie zum Ende des Abends fast schon wütend auf mich war und ich nur mit großer Überredungskunst ihre Nummer bekam. Auch wenn ich anfänglich kaum Interesse gehabt hatte, hatte ich jetzt doch einiges investiert – diese Gelegenheit wollte ich nicht einfach verpuffen lassen. Ich weiß noch, wie ich schließlich mit einer billigen Wette an ihre Nummer kam. Allein, dass sie sich darauf einließ, zeigte mir: Hier könnte noch mehr gehen. Nicht heute, aber vielleicht nach ein paar Dates.

Ich torkelte also mit der Nummer in meinem Handy aus dem Klub und fuhr mit dem nächsten Taxi nach Hause. Dort angekommen, entledigte ich mich meiner Kleidung und schmiss mich betrunken aufs Bett. Ich nahm mir noch fest vor, Hannah morgen anzuschreiben, bevor ich einschlief.

Am nächsten Tag wachte ich völlig verkatert erst am späten Nachmittag auf. Ich kann bis heute nicht verstehen, wohin meine Kampftrinker-Leber verschwunden ist. Als Achtzehnjähriger betrieb ich Leistungssport, und sogar neben den Wettkämpfen war das Trinken für mich kein Problem. Aber ein paar Jahre später kam ich mir vor wie ein alter Mann, der nicht in der Lage ist, nach einer durchzechten Nacht alleine aus dem Bett zu kriechen. Als ich es dann doch noch schaffte, frühstückte ich, nur um mich danach noch schlechter zu fühlen als zuvor. Weil ich nichts anderes zu tun hatte, nahm ich mein Handy und tat das, womit man in der Kennenlernphase erst mal warten sollte. Ich schrieb Hannah eine WhatsApp-Nachricht. Natürlich reagierte sie erst nicht, und ich bereute es schon, ihr aus meiner Notgeilheit heraus so schnell geschrieben zu haben. Somit wurde ich nun nicht nur von meinem Kater gequält, sondern auch von meiner Dummheit.

Am nächsten Tag, als ich auf dem Weg zur Arbeit war und gar nicht mehr damit rechnete, schrieb sie zurück. Es entstand ein langweiliger Small Talk über das gegenseitige Wohlergehen. Wir schrieben darüber, wie es im Klub gewesen war, und ich war sehr schnell gelangweilt. Ich ließ mir immer mehr Zeit mit dem Antworten, bis ich irgendwann gar nicht mehr zurückschrieb. Überraschenderweise führte das dazu, dass sie mich fragte, ob wir uns nicht mal treffen wollten. Mit der Aussicht, worauf das Treffen hinauslaufen könnte, war ich alles andere als abgeneigt. Ich fragte Jakob, ob er eine Idee für ein Date habe – ich war da immer sehr einfallslos, während Jakob immer von seinen spannenden ersten Dates berichtete. Sollte er sich doch darum kümmern, dass mein Liebesleben wieder in die Gänge kam. Er schlug ein Date in einem Comedy-Schuppen vor. Er meinte, dass es gut sei, die Frau schon früh emotional an sich zu binden, und gemeinsam zu lachen sei dafür bestens geeignet. Dann komme die Frau in einen gelösten Zustand und ließe sich dadurch schneller auf einen ein.

Ich entschied mich, seinem Rat zu folgen, und wählte den Weg des Humors. Hannah war begeistert von »meiner« Idee, und so saßen wir ein paar Tage später auf kleinen roten Stühlen nebeneinander und starrten auf die Bühne. Sie trug ein enges blaues Kleid, das kurz über den Knien endete. Mir war ja schon im Klub aufgefallen, was für eine straffe Figur sie hatte, und ich war erneut begeistert von dem Anblick. Jakobs Plan schien aufzugehen: Wir lachten beide über die eigentlich nicht wirklich gute Comedy-Show, und dabei führte genau dieses gemeinsame Lachen dazu, dass wir sehr schnell sehr nah beieinandersaßen. Es gab immer wieder kleine unbeabsichtigte Berührungen ihrerseits, die mir das Gefühl gaben, dass hier was gehen könnte.

Die Show endete, und ich fuhr sie mit dem Auto nach Hause. Vor ihrer Haustür parkten wir und unterhielten uns noch eine ganze Weile. Am Ende küsste ich sie. Sie fragte, ob ich mit hochkommen wolle, und zu ihrer Verwirrung verneinte ich. Aber ich wollte nicht einfach mit ihr in ihre Wohnung gehen und mit ihr schlafen. Bis hierhin war alles etwas zu einfach gewesen. Ich wollte mehr. Es war mir alles noch zu oberflächlich, ich wollte sie erst besser kennenlernen und mich bei ihr geborgen fühlen, bevor ich mich auf sie einließ.

Sie schrieb am nächsten Tag, wie schön sie den Abend gefunden habe. Ich ließ diese Nachricht vorerst unbeantwortet. Nach ein paar Tagen meldete ich mich dann bei ihr. Ich würde sie gerne wiedersehen, ob sie Lust habe, zu mir zu kommen. Wir könnten so etwas Langweiliges machen wie einen Film gucken. Sie haderte erst etwas mit sich, ließ sich aber dann doch darauf ein.

Bevor sie kam, machte ich einen regelrechten Frühjahrsputz. Wie eine Spinne, die ihr Netz spinnt, bereitete ich die Wohnung für meine Beute vor.

Hannah trat durch die Tür und war in der Falle: Wir schauten den von mir ausgesuchten langweiligen

Film. Eine seichte Komödie mit ein bisschen Liebesgedöns. Ich hasste solche Filme, wusste aber, dass diese den besten Nährboden für Annäherungsversuche schafften. Während des Films versuchte ich nicht, Hannah zu küssen oder gar zu verführen. Ich nahm sie in den Arm und kuschelte mit ihr. Kein seichtes Beieinanderliegen, sondern ein wirklich inniges Kuscheln, wie man es aus Beziehungen kennt. Es ging hier nicht um Sex, zumindest nicht vorrangig. Es ging darum, etwas Vertrautes zu schaffen. Sich mit der Frau wie in einer Beziehung zu fühlen.

Ich wollte sie emotional spüren, ich wollte, dass sie sich öffnet und ganz bei mir ist. Nicht nur mit ihrem Körper, es sollte sich ganzheitlich anfühlen. So als wären wir füreinander geschaffen. Erst als ich das Gefühl hatte, sie habe sich ganz fallen gelassen, fing ich an, sie zu küssen. Es war kein Kuss, der zu Sex führen sollte, auch wenn er das tat, sondern ein Kuss, der sich vertraut und innig anfühlte. Ich fühlte mich wohl und wusste, Hannah ging es genauso. Sie ließ sich komplett in mich hineinfallen. Das war es, was ich wollte. Danach hatte ich die ganze Zeit gesucht. Ich wollte mit jemandem schlafen, der sich mir völlig hingab. So war auch der Sex: intensiv und innig, als würden wir uns schon ewig kennen. Ich spürte, dass Hannah glücklich war, und ich war es auch. Als es vorbei war, kuschelten wir noch eine ganze Weile und schliefen gemeinsam ein.

Am nächsten Morgen ging sie nach dem Frühstück nach Hause. Wir schrieben viel und sahen uns die nächsten Tage und Wochen sehr oft. Wir hatten viel Sex, aber unternahmen nicht viel zusammen.

Dann kam der Tag, an dem sie mir erzählte, dass sie in ein paar Tagen Geburtstag habe und in einer Bar reinfeiern wolle. Sie hätte mich gerne dabei, als ihren Freund. Ich sah da kein Problem und sagte zu. Sie freute sich sehr darüber, aber ich spürte nichts. Auf einmal war alles weg. Dieses warme Gefühl, das sich die letzten Wochen in mir ausgebreitet hatte, verpuffte mit einem Schlag. Alles fühlte sich taub an. So verbrachte ich den Abend bei ihr und versuchte, mir nichts anmerken zu lassen. Dieser Schritt machte es für mich kaputt – ich wollte zwar alles von ihr haben, aber ich mochte mich nicht binden.

Den Tag vor ihrem Geburtstag verbrachte ich bei ihr. Wir schliefen miteinander. Beim Verlassen ihrer Wohnung sagte ich, ich werde später zur Party nachkommen und blickte beim Gehen in ihr freudiges Gesicht. Ich ging nach Hause. Setzte mich auf meine Couch. Es verging eine Stunde nach der anderen. Wir schrieben immer wieder, sie fragte mich, wann ich käme, und ich nannte ihr eine Zeit. Als diese Zeit erreicht war, saß ich immer noch auf meiner Couch. Ich nahm mein Handy und schrieb ihr feige diese Zeilen: »Ich glaube, das mit uns wird nichts. Es tut mir leid, aber wir können uns nicht mehr sehen.« Danach schaltete ich mein Handy aus. Zog meine graue Gammelhose an und setzte mich zum Spielen vor meinen Rechner.

## Fragen und Antworten für zwischendurch

Fühlen sich alle Frauen beim Sex gleich an?

**Max:** Die kurze und einfache Antwort ist: Nein. So wie sich der Schwanz jedes Mannes unterschiedlich anfasst, so verschieden ist auch jede Vagina. Ob eng, ob weit, es ist jedes Mal etwas anderes.

**Jakob:** Komischerweise macht das aber nicht den Grad der Geilheit oder die Qualität des Sex aus. Es ist nur ein kleines Stückchen vom Kuchen der Lust.

Soll ich dem Mann den wahren Trennungsgrund sagen: »Der Sex mit dir ist schlecht, und ich halte es nicht für sinnvoll weiterzutrainieren«?

**Jakob:** Was würdest du dir wünschen, wenn du in der umgekehrten Position wärst? Wenn es etwas an seinem Verhalten war, das den Sex so schlecht gemacht hat, kann er daran arbeiten. Darum sollte er davon erfahren. Hilft zwar dir nicht mehr, aber vielleicht der nächsten Frau. Du tust etwas für die Allgemeinheit.

**Max:** Wenn du alles versucht hast, mit ihm in die offene Kommunikation gegangen bist und trotzdem keine Besserung in Sicht ist, gilt das Motto: Lieber ein Ende mit Schrecken als ein Schrecken ohne Ende.

Hallo Max, hallo Jakob!

Was mich wirklich mal interessieren würde, ist, wie Männer tatsächlich zu dem Thema Altersunterschied stehen. Aus aktuellem Anlass interessiert es mich brennend, da ich einen Mann date, der sechzehn Jahre älter ist als ich. Bisher läuft es echt gut, wir verstehen uns super und haben richtig tolle Dates. Manchmal merke ich aber die Blicke der anderen Leute, die sich bestimmt denken: »Das könnte ja seine Tochter sein!« Keine Sorge, ich bin über zwanzig, also alles legal. Mich stören diese Blicke bzw. die Meinung von anderen nicht. Aber ich frage mich, was er davon hält. Und: Kann ein erfahrener Mann überhaupt etwas Ernstes von einer viel jüngeren Frau wollen? Oder ist es bloß reine »Angeberei«, eine so junge Frau ins Bett zu kriegen?

Vielleicht habt ihr da ja selbst mal Erfahrungen gemacht.

Liebe Grüße

Nina

**Jakob:** Je älter ich werde, desto liberaler sehe ich das Thema ;-). Ich glaube, für manche Männer funktioniert das wirklich gut. Für mich persönlich ist es so, dass es ab einem Altersunterschied von zehn Jahren manchmal schwierig wird, gerade was gemeinsame Interessen angeht. Während beim einen der Fokus auf Schmink-Tutorials und Insta liegt, dreht sich für den anderen alles um Erich Fromm und Bildungsreisen. Die wenigen Überschneidungsgebiete können auf Dauer ziemlich schnell für Langeweile sorgen. Aber ich denke, es kann auch Paare geben, bei denen es einfach passt und das Alter überhaupt keine Rolle spielt.

**Max:** Ich erinnere mich an eine Ex-Freundin von mir, die nach mir einen dreißig Jahre älteren Freund hatte. Ich habe das nicht nachvollziehen können, aber für sie war es das Normalste der Welt. Sie hat ihn geliebt und sich einfach wohlgefühlt. Man muss dazusagen, dass beide der Typ »megasportlich« waren und sie dadurch eine gemeinsame Ebene hatten. Die Gemeinsamkeit kann auch in anderen Bereichen liegen. Manchmal hat man auch einfach eine Herzensebene. Ich denke, darauf kommt es an: Wenn man viele Berührungspunkte hat, ist das Alter am Ende egal und eine junge knackige Frau ein Bonus obendrauf.

**Jakob:** Und falls du dir darüber Gedanken machst, ob er eure Beziehung komisch vor anderen finden könnte: Wenn er dich seinen Freunden vorstellt, dann gibt er einen Fuck, und ihr seid auf einem guten Weg. Alles Gute für euch :-).

Haben (jüngere) Typen Hemmungen, eine Beziehung mit einer Frau Mitte dreißig (also mit tickender Uhr) einzugehen? Auch wenn Kinderwunsch nicht explizit angesprochen wird?

**Jakob:** Manche Dinge brauchen nicht explizit geäußert zu werden, sondern scheinen implizit durch. Du scheinst den Wunsch ja in dir zu haben. Wenn ein Typ absolut noch keine Kinder will, kann er Panik haben, dass die Pille mal aus Versehen eine Woche lang vergessen wird. Mir ist bei so etwas regelmäßig die Lanze abgeschmiert.

**Max:** Du bist ganz schön paranoid, Jakob. Es kommt mir so vor, als wäre dir etwas Ähnliches schon mal passiert. Generell lässt sich nicht immer alles am Alter festmachen, sondern eher an der Lebenseinstellung der Person. Am Ende ist es doch wichtig, wie und mit wem ich meine wertvolle Zeit verbringe. Da ist das Alter zweitrangig. Einem Mann geht es vor allem darum, eine schöne Zeit mit seiner Partnerin zu verbringen, ein Kinderwunsch entwickelt sich erst. Wenn es dann zu spät ist, soll es so sein. Männer sind da nicht so kompliziert.

Mein Freund will seit Monaten keinen Sex und sagt, die Unlust kommt vom vielen Arbeiten.

**Jakob:** Ich kenne das von mir auch, dass, wenn die Arbeit überhandnimmt, die Gedanken darüber in meinem Kopf wie Bauschaum sind. Sie füllen alles aus. Die Frage ist nur, warum liegt sein Fokus so stark auf der Arbeit?

**Max:** Ich glaube nicht, dass es an der Arbeit liegt. Mehrere Monate ohne Sex sprechen doch eher dafür, dass er keine Lust mehr auf dich hat. Jeder Mann muss irgendwann den Druck ablassen, und wenn er nicht gerade NoFap betreibt, wird er sich zumindest einen runterholen.

## Oralverkehr – mit oder ohne Sack?

**Max:** Oralverkehr ohne Sack im Mund ist so, als dürfte ich beim Sex die Brüste der Frau nicht anfassen. Der Sack ist ebenso ein primäres Geschlechtsmerkmal und gehört auch so behandelt. Zusätzlich spenden beide Milch und stecken voller wichtiger Vitalstoffe.

Außerdem sind Männer Minimalisten: Wird der Sack beim Sex ausgespart, wird der Mann entsprechend konditioniert und lässt diesen beim nächsten Waschgang einfach aus.

**Jakob:** Gerade in anderen Ländern habe ich aber oft davon gehört, dass die Männer es als Beleidigung an ihre Penisgröße auffassen, wenn die Frau es beim

Oralverkehr schafft, den Sack mit in den Mund zu nehmen. Hier ist Vorsicht geboten.

Warum wollen Männer immer Analverkehr? Es gibt doch noch mehr als ein Loch!

**Jakob:** Tatsächlich. Hände und Füße gibt es auch noch, die sich zumindest zu einem O formen lassen. Von Mund, Ohren und Nase ganz zu schweigen. Alles eine feine Belochung, die es ins Sexleben einzubinden gilt. Nur kreativferne Stümper beschränken sich auf das Poloch.

**Max:** Die Faszination von Analsex war mir schon immer ein Mysterium, ich kann damit wenig anfangen. Ich weiß aber, wie Männer ticken. Männer sind perverse Schweine, wollen alles ausprobieren. Bei Analsex kommt hinzu, dass es was Schmutziges und Erniedrigendes hat, und dabei entsteht ein Dominanzgefühl gegenüber der Frau. Ein kurzes Gefühl von »der Herr auf der dunklen Seite der Macht«.

**Jakob:** Ich denke, eine Frau sollte darauf achten, wie es ihr dabei geht. Fühlt es sich gut und richtig an, dann machen. Macht frau es, um sexuell offener auf den Mann zu wirken und ihm einen Gefallen zu tun, dann lassen. Eine Frau, die für sich keine Grenzen ziehen kann, ist schnell uninteressant. Jedenfalls für interessante Männer.

2. Sex mit der/dem Ex ist immer besser als in der Beziehung. Für euch auch? Warum?

!. **Max:** Weil ich mich beim Sex mit der Ex nur an die schönen Dinge erinnere und nie an die schlechten. Der Fortpflanzungstrieb blendet das Schlechte wohl einfach aus. Außerdem ist der Sex mit der Ex immer leicht und unproblematisch, beide wissen, was sie voneinander wollen, was der andere am liebsten hat und dass es nach der schnellen Nummer keine weiteren Verpflichtungen geben wird.

**Jakob:** Ist das so? Ich kenne es anders. Bei mir waren immer noch Gefühle da, zumindest von einer Seite. Gefühle plus Vertrautheit plus der Bonus von langem Entzug machen den Sex so geil, wie er meistens ist. Das hat man aber auch, wenn man nach einer längeren Reise zu seiner Freundin nach Hause kommt.

Moin Jungs,

ich befinde mich in einer Zwickmühle und weiß nicht, was ich tun soll. Ich hoffe, ihr könnt mich beraten. Ich muss ausholen, die Story hat zwei Teile.

Teil 1: Ich habe eine Frau kennengelernt. Wir haben uns auf Anhieb sehr gut verstanden und sind schnell gute Freunde geworden. Ich hatte nie einen romantischen Hintergedanken, denn sie ist vergeben. Aber in meinem Leben ging eine Zeit lang einiges schief, und ich konnte mich ihr anvertrauen. Wie es kommen musste, habe ich Depp in dieser Zeit Gefühle für sie entwickelt. Sie ist wirklich eine tolle Frau! Habe das eine Zeit lang ignoriert und versucht, es als Schwärmerei abzutun, aber es half alles nichts. Nach langem Hin und Her habe ich mich entschieden, meinen Mann zu stehen. Ich habe ihr gebeichtet, dass sie für mich mehr als nur eine platonische Freundin ist und es deshalb besser sei, wenn wir erst mal keinen Kontakt mehr hätten. Seitdem ist Funkstille.

Teil 2: Das ist knapp drei Monate her, ich bin ihr neulich zufällig über den Weg gelaufen, und wir haben uns kurz unterhalten. In den drei Monaten habe ich mir auch so meine Gedanken gemacht und dachte zu wissen, dass meine Gefühle damals nur entstanden sind, weil ich persönlich in einer Scheißsituation war. Wir meinten beide, dass wir langsam wieder Kontakt haben könnten. Seitdem hat sich der Umgang fast normalisiert. Als wir nun letztens etwas mit Freunden machen wollten, haben alle anderen abgesagt. Sie hat mir daraufhin gesagt, dass sie sich unwohl fühlen würde, stundenlang mit mir alleine zu sein, und noch Zeit brauche. Das kann ich absolut verstehen.

Allerdings habe ich das noch mal zum Anlass genommen, um zu reflektieren, und muss ganz ehrlich gestehen, dass meine Gefühle für sie nicht ganz weg sind. Ein zweites Mal den Kontakt abzubrechen, bringe ich nicht übers Herz, da mir diese Freundschaft einfach sehr viel bedeutet. Aber gleichzeitig weiß ich nicht, ob ich sie jemals »nur« als Freundin werde wahrnehmen können.

Ich hoffe, ihr könnt mir helfen! Danke!!

Beste Grüße

Main

**Jakob:** Gefühle entstehen beim Mann oftmals dadurch, dass er sich öffnet, und Männer öffnen sich, indem sie von ihren Ängsten, Sorgen und dem sprechen, was sie emotional bewegt. Das hast du gemacht und dich verliebt. Aus diesem Stadium zurück in eine Nur-Freundschaft zu kommen, gerade wenn die Frau dich emotional zurückweist, ist nicht ganz einfach und entspricht anscheinend auch nicht unbedingt deinem Wunsch.

**Max:** Ich sehe für das Problem auch keine wirkliche Lösung. Du bist genau in die Situation geraten, aus der es zwischen Männern und Frauen kaum Auswege gibt. Du hast ihr deine Gefühle offenbart, und somit seid ihr eine neue »Beziehung« eingegangen. Eine einfache Freundschaft ist jetzt nur noch schwer vorstellbar, weil deine Gefühle immer zwischen euch stehen werden. Ein Mittel, wieder in die Normalität zurückzufinden, wäre, in beidseitigem Einverständnis miteinander zu schlafen.

**Jakob:** Ich würde hier mal den Zynismus und die eigene Erfahrungswelt von Max etwas relativieren. Sicher ist, dass es schwierig ist, aus der Situation herauszukommen. Am Ende seid ihr im Idealfall in einer Liebesbeziehung.

Wenn du dir das tatsächlich wünschst, kann es ratsam sein, den Kontakt erst mal ganz abzubrechen, ihr die Zeit zu geben und sie kommen lassen. Nicht so, wie Max das meint, sondern eher im Sinne von Kontakt aufnehmen. Schau, was sich hieraus entwickelt. Wenn du dich in der Zeit in eine andere verliebst, dann ist es so. Druck wird der Situation aus meiner Erfahrung nicht guttun.

# Rund ums Seelenficken

# Pick-up-Artist vs. Seelenficker

Hey Jakob & Max,

ich habe etwas zum Thema Seelenficken. Und zwar wäre das zum einen das »Blick-Seelenbumsen«. Während des Gesprächs schaut man selbstbewusst und tief in ihre Augen, als würde man wirklich in ihre Seele blicken. Man guckt also nicht verunsichert irgendwohin. Das gilt auch für den ersten Blickkontakt. Es zeugt von Selbstbewusstsein und Männlichkeit (dass man die Eier in der Hose hat, dem Blick standzuhalten), ganz nach dem Motto: Ich tu, was ich will, und schäme mich nicht dafür.

Der zweite Punkt ist mit Abstand mein absoluter Favorit! Den packe ich aber nur aus, wenn ich eine Frau unbedingt bimsen will.

Es ist eine Art Rollenspiel für die ersten fünf Minuten einbaut. Du holst sie in eine Traumblase und baust eine Geschichte auf, in der du ihr fester Freund/Ehemann/Ex bist, und spielst damit. Zum Beispiel so: »Weißt du noch, unsere Flitterwochen …?« Du schmückst die Geschichte mit lauter Bullshit aus (z. B. der Ex-Mann, der fragt, was nun mit der gemeinsam gefilmten Pornosammlung passiert). Wichtig ist, dass du selbst dabei Spaß hast. Kann auch etwas anderes sein – »unser erstes Date«, whatever.

Das Gute daran ist, du brauchst dir nichts zu merken, sondern laberst einfach Scheiße, wie du lustig bist. Das gibt dir nach einer gewissen Zeit die erfundene Erlaubnis, sie anzufassen, ohne dass es wirklich schlimm ist, weil du ja ihr Freund/Ehemann bist. Ich hab es mal so weit getrieben, dass ich behauptete, sie wäre im dritten Monat, und habe, wenn sie mich aufgezogen hat, meine Hand auf ihren Bauch gehalten und gesagt: »Liebling … schhhh … unser Kind kann das doch alles hören …«

Irgendwann hast du das so aufgebaut, dass es für sie überhaupt nicht schlimm ist, dich zu küssen und mehr (zu bimsen), weil du ja eben ihr Mann/Freund bist.

Es spielt keine Rolle, ob hier Alkohol im Spiel ist oder nicht, Frauen lieben es, so seelengefickt zu werden. Weil du sie auf ein Abenteuer mitnimmst, lassen sie sich fallen. Von daher geb ich euch recht, es gehören immer zwei dazu. Und neunzig Prozent von denen, die mit mir fremdgegangen sind, haben mir erst nach dem Sex gesagt, dass sie einen Freund haben. Weil, ganz ehrlich, als ob man danach fragt …

Denke, dass so etwas gerade für weniger Erfahrene etwas Lustiges ist, was das erste Gespräch auflockert. Da ich nun in festen Händen bin und nichts anderes plane, muss ich dieses Gadget einfach weitergeben.

Euer Hannes

**Max:** Mich hat er rumgekriegt. Ich bin beim Lesen der Geschichte direkt ein bisschen feucht geworden und würde mit ihm in die Kiste springen. Was ich positiv an der ganzen Pick-up-Nummer finde, ist, dass er von Anfang an ehrlich mit seinen »Opfern« umgeht und es ein Spiel für beide ist.

**Jakob:** Ich bin auch davon überzeugt, dass seine Masche funktioniert. Frauen aus ihrer Lebensrealität rauszuholen und gemeinsam eine neue Welt zu erschaffen, ist auch mein Mittel der Wahl. Es kommt natürlich auch immer auf den an, der sich dieses Werkzeugs ermächtigt. Ist er selbstbewusst genug, dass alles flutscht? Irgendwann schleift sich das aber ein. Das ist wie im Kampfsport, man hat seine fünf bis sechs besten Bewegungen, die man aus dem Effeff beherrscht und die den Gegner im Idealfall auf die Matte befördern.

**Max:** Ich habe diese Technik nie beherrscht. Ich kam mir dabei immer so vor, als würde ich mich auch selbst belügen.

**Jakob:** Das ist genau das Gefühl, das mich am Ende wegen meines kleinen Dating-Handwerkskoffers beschlich: dass ich mich das ein oder andere Mal selbst belogen habe. Denn jede Frau, die du mit Masche XY rumkriegst, ist auch immer eine Lüge dir selbst gegenüber. Ich weiß noch genau, wie ich mich manchmal selber gewundert habe, dass es so einfach ist und dass die Dame jetzt da mitmacht. Ich hatte den großen Masterplan. Beim Dating mit dem einzigen Ziel, eine Frau zu bimsen, ist es, als ob ein Teil von dir in der Ecke sitzt und das Ganze kommentiert und beurteilt. Es bekommt einen fahlen Beigeschmack. Du weißt, dass du der Frau was vorspielst, und die Siegerprämie für dein schönes Spiel sind zwei Hautlappen, die sich mehr oder weniger eng um deinen Schwanz stülpen. Ich bin den Frauen selten auf Augenhöhe begegnet, weil ich irgendwann schon wusste, welcher meiner Hütchenspielertricks am besten funktioniert. Lustig war's trotzdem und ein guter Boost fürs Ego.

**Max:** Ich hätte mir manchmal genau diese Abgebrühtheit gewünscht, um einfach mal simpel zum Stich zu kommen. Leider war ich dieser Technik nicht mächtig, und das Einzige, das mir blieb, war, die emotionale Karte zu spielen und dabei den Frauen das Gefühl zu geben, wir wären verbunden.

**Jakob:** Hannes spielt die lustige Karte. Geradezu ein Kleinkrimineller gegen deine Kartell-Strukturen.

**Max:** Genau so fühlte es sich auch an. Ich baute ein Netz aus emotionalen Verstrickungen auf, in dem die Frau sich irgendwann einfach hingeben musste, weil wir so »verbunden« waren. Hannes betreibt im Kern kein Seelenficken. Der essenzielle Unterschied hierbei ist, dass Hannes die Frau einlädt, mit ihm ein Spiel zu spielen, bei dem sie selbst entscheiden darf, ob sie mitspielen möchte. Gebimst wird am Ende, weil es lustig und spaßig ist. Der Seelenficker täuscht vor, der emotionale Hafen zu sein, den man schon lange auf hoher See gesucht hat. In dem Moment, wo du einem Seelenficker erlaubst, in dein Leben zu treten, wird die See von einem Unwetter heimgesucht, und der einzige sichere Ort ist dieser Hafen. Wenn die Frau nicht rechtzeitig versteht, dass es eben kein Spiel, sondern die Motivation des Seelenfickers ist, ist sie ihm ausgeliefert und kann nicht mehr einfach aussteigen.

**Jakob:** Die Krux am Seelenficken ist, dass die Frau spürt, dass der Mann ein hohes emotionales Verständnis hat, sonst wäre ihm das Seelenficken nicht möglich. Sie öffnet sich ihm, zeigt sich von ihrer verletzlichen Seite. Und der Seelenficker schlägt zu.

## Der Kompass zum Ankommen

**Jakob:** Ein Seelenficker ist meist ein ziemlich emotionaler Mensch, nur hält er seine schöne, verletzliche Seite gut unter Verschluss. Bei mir war es eigentlich immer sehr ähnlich, und von den Frauen habe ich oft zu hören bekommen: »Du wirkst etwas oberflächlich, aber man spürt, dass da noch mehr ist.« Die Frau ist der Bär, der weiß, dass der Honig im Baum stecken muss, wenn sie das von Bienen umschwirrte Astloch sieht. Mir war genau das klar, und ich spielte damit. Die Frauen wollten mich auf eine ganz sonderbare Weise retten: Das verlorene Schaf zurück in die emotionale Herde bringen. Frauen sind Hirten der Liebe.

**Max:** Da ich im Gegensatz zu dir des oberflächlichen Small Talks nicht mächtig bin, muss ich direkt mit der Tür ins Haus fallen. Meine Möglichkeiten, Frauen mit gewitzter Gesprächsführung zu bezirzen, sind so begrenzt, dass ich sofort auf die Karte der emotionalen Tiefe setzen muss. Bei mir fällt die Frau direkt in den überfüllten Honigkessel. Das führte in der Vergangenheit dazu, dass ich mich häufig mit mehreren Frauen emotional so verstrickt habe, dass ich am Ende nicht selten selbst in diesem Spinnennetz gefangen war. Eigentlich bleibt eine Spinne nicht an ihrem eigenen Netz kleben, ich leider schon.

**Jakob:** Ich dachte bisher immer, dass du die Emotionalität brauchst, weil alles andere dir zu oberflächlich ist. Dass du einfach immer nur krampfhaft versucht hast, mit einem Kreuzschraubenzieher Schlitzschrauben zu öffnen, war mir gar nicht bewusst.

**Max:** Ich habe mich selbst zum Seelenficker erzogen – aus der Unfähigkeit heraus, mit Frauen ein lockeres Gespräch zu führen. Interessant finde ich hierbei, dass ich es anfangs irgendwann mal ernst gemeint haben muss. Aber als ich spürte, dass diese Masche für mich gut funktioniert, habe ich einfach damit weitergemacht. Am Ende habe ich sie so perfektioniert, dass ich auf Anhieb erkennen konnte, ob eine Frau ein potenzielles Opfer für meine Seelenfickerei war. Denn man darf auch nicht vergessen: Nicht alle Frauen sind dafür empfänglich. Manche Frauen wissen sich ganz gut dagegen zu schützen.

**Jakob:** Das sind oft Frauen, die Ruhe und Geborgenheit in sich selbst gefunden haben. Genau diese Frauen finde ich mittlerweile unglaublich anziehend. Vielleicht, weil es für einen Seelenficker schwer ist, eine solche Frau zu »knacken«. Vielleicht, weil ich insgeheim weiß, dass eine solche Frau unabhängig von mir ist, ihr eigenes Glück nicht in mir sucht und sie für mich der Hafen ist, in den ich irgendwann einlaufen kann.

**Max:** Damit bist du in demselben Dilemma gefangen wie die Frauen, die sich immer wieder auf Seelenficker einlassen. Du gibst dich der Illusion hin, dein Seelenheil in einer Partnerschaft finden zu können und damit das Gefühl von Rastlosigkeit loszuwerden. Du suchst aus einem Mangel heraus. Aber du kannst nur in dir selbst ankommen.

**Jakob:** Also, ich glaube daran, dass ein anderer einem dabei zumindest behilflich sein kann.

**Max:** Das glaube ich auch. Aber diese Person darf nicht der Steuermann deines Schiffes sein, sondern nur dein Kompass, der dir eine Orientierung gibt, ohne das Ruder zu übernehmen. Eine Frau sollte nicht dein Polarstern sein, zu dem du blind hinsegelst. Damit ist dir am Ende nicht geholfen, und du läufst Gefahr, dich in dieser Frau zu verlieren. Du musst dein Steuermann bleiben und sie ihre eigene Steuerfrau – und vielleicht findet ihr gemeinsam Land oder eine Insel.

**Jakob:** Wie schön verklärend und romantisch es von mir ist, die Verantwortung für mein Glück einer Frau zu übergeben. Ich bin in dem Moment eigentlich nicht erwachsen. Das ist ähnlich wie mit der Religion, wo man die Eigenverantwortung ja auch in Teilen abgibt. Denn da ist immer noch etwas Mächtigeres: der Heilige Vater, der über unser Schicksal wacht. Ich glaubte und glaube ein Stück weit noch immer, dass in meinem Leben etwas kommen wird, das mir hilft, anzukommen und mein Glück zu finden, nämlich die eine Frau. Vielleicht gibt es sie ebenso wenig wie Gott, aber die Hoffnung stirbt ja schließlich zuletzt.

## Seelenficker de luxe

Hallo Max, hallo Jakob,

ich bin Ende zwanzig, verheiratet und habe eine Tochter. Beruflich arbeite ich im Bankenwesen. Nach außen hin wirkt mein Leben wie ein spießiges, sortiertes, durch und durch perfektes Familienleben. Aber tief im Inneren trage ich ein großes Geheimnis: Ich bin nämlich überhaupt nicht so unschuldig, wie all meine Freunde, meine Familie und vor allem mein Mann denken.

Bereits in meiner Ausbildung fing ich eine Affäre mit meinem damaligen Kollegen an. Ich war zwar zu diesem Zeitpunkt schon mit meinem Mann in einer Beziehung, jedoch hat mir von Anfang an das Sexleben mit ihm einfach nicht ausgereicht. Die Treffen mit meiner damaligen Affäre liefen so ab: Wir haben uns oft geschrieben und uns schon während der Arbeitszeit richtig hart aufgegeilt. So sehr, dass wir teilweise unsere Arbeit links liegen ließen, um uns zum Sex zu treffen. Oft fanden diese Treffen bei uns zu Hause statt, oder wir trieben es einfach wild im Auto. Am besten fand ich die Treffen, wenn einer von uns beiden auf Geschäftsreise war. Zufälligerweise musste zum gleichen Zeitpunkt immer der jeweils andere auch auf Geschäftsreise. Wir hatten somit Zeit, all unsere Fantasien und die körperliche Anziehung mehrere Tage im Hotel auszuleben. Die gegenseitige Sympathie war von Anfang an da, und die Zeit zusammen ließ uns alles um uns herum vergessen. Immer wenn so eine Geschäftsreise vorbei war, wussten wir beide, dass wir nun in den Alltag zurückkehren mussten. Er in seine und ich in meine Beziehung.

Die Beziehung zu meinem Mann war mir aber trotzdem sehr wichtig. Und dann kam der Moment, als er mir einen Heiratsantrag machte. Und plötzlich war auch der Kinderwunsch da. Von seiner Seite aus mehr als von meiner, weil er älter ist als ich, aber dennoch wollte ich es auch.

Die Affäre mit meinem Kollegen lief nebenbei immer weiter, auch wenn wir nicht mehr zusammenarbeiteten. Der Kontakt blieb, und unsere Treffen fanden ungefähr einmal im Monat statt.

Als ich die Pille absetzte, wurde ich mehrere Monate nicht von meinem Mann schwanger. Meine Affäre hatte ich auch schon sechs Monate nicht mehr gesehen, weil sein Arbeitspensum so hoch war. Doch als er sich dann plötzlich meldete, war meine Lust auf ihn sehr groß! Wir verhüteten nicht. Tief im Inneren wusste ich um die Gefahr, dachte mir aber, dass, wenn es mit meinem Mann nicht klappte, mit meiner Affäre sicherlich auch nichts passieren würde.

Vier Wochen später stellte ich jedoch fest: Ich war schwanger! Ich wollte das Baby zur Welt bringen und hoffen, dass es von meinem Mann wäre. Ich überraschte also meinen Mann mit dem positiven Schwangerschaftstest, erzählte es ein paar Wochen später auch meiner Affäre. Er fragte zwar, ob es sein könne, dass er der Vater sei, ich verneinte das jedoch. Neun Monate später kam meine bezaubernde Tochter auf die Welt. Und für mich war ab dem Moment, als ich sie sah, klar, dass es das Kind meiner Affäre sein musste.

Nun ist sie schon drei Jahre alt, und mein Mann denkt, er sei der Vater. Mit meiner Affäre habe ich immer noch Sex, zwar nicht mehr so regelmäßig wie früher, aber alle drei Monate klappt ein Zusammentreffen, in dem sich die aufgestaute Lust der letzten Wochen entlädt.

Die Beziehung zwischen meinem Mann und unserer Tochter ist super. Er kümmert sich so gut um sie, dass es mir das Herz brechen würde, wenn irgendwann einmal herauskommen sollte, dass er nicht der Vater ist. Ich will nichts zerstören, und die Liebe zwischen uns ist wirklich unbeschreiblich groß! Man denkt immer, dass man fremdgeht, wenn die Beziehung im Eimer ist ... Aber ganz im Gegenteil, meine Affäre hat mir dabei geholfen, weiterhin mit meinem Mann zusammenzubleiben, weil er so ein toller Mensch ist. Ich war nicht gezwungen, ihn zu verlassen, weil das Sexleben mich nicht erfüllt. Meine Affäre denkt genauso. Auch er hat eine tolle Frau, jedoch fehlt ihm genauso wie mir der erfüllende Sex. Und so hatten wir bis jetzt eine tolle Möglichkeit, das, was uns in unseren Beziehungen fehlt, miteinander auszuleben.

Klar frage ich mich oft, ob es beiden Männern gerecht wird, so zu handeln. Die Frage kann ich mir nicht beantworten. Meine Tochter kann natürlich am allerwenigsten etwas dafür. Wenn ich sie anschaue und dabei quasi in die Augen meiner Affäre blicke, bin ich auch ein bisschen stolz darauf, ein so tolles Ergebnis aus unserer Leidenschaft geschaffen zu haben. Es wird uns immer miteinander verbinden, auch wenn er bis jetzt noch nichts davon weiß. Er hat sie sogar schon mehrmals gesehen. Entweder erkennt er die Ähnlichkeit nicht oder sagt einfach nichts, obwohl er es weiß …

Und um noch mal auf eine eurer Podcast-Folgen zurückzukommen: Ihr sagtet, dass es die Königsdisziplin sei, eine schwangere Frau ins Bett zu bekommen, und dass so etwas wohl »eher selten vorkommt«. Oh doch, es ist möglich! Der Sex mit meiner Affäre war zu dem Zeitpunkt megageil, und er hat meine Kugel geliebt. Er stand sehr darauf, auch in meiner Schwangerschaft mit mir Sex zu haben. Also merkt euch, Fremdgehen geht immer ;-). Übrigens, um euch ein Zeitfenster zu nennen … Die Affäre läuft nun schon seit 2010!

Ich frage mich jetzt, was ihr von mir denkt. Vielleicht lasst ihr es mich ja mal wissen. Verurteilt mich bitte nicht, vielleicht kann man ja manches davon auch nachvollziehen …

Macht weiter so, Jungs ;-). Ich mag euch, und ihr mich hoffentlich auch noch. :D

Eure Christina

**Max:** Diese Mail macht mich vor allem sprachlos. Ich weiß nicht, ob ich fasziniert oder entsetzt bin. Dein Leben ist wie ein Unfall, der einerseits schrecklich ist, aber doch anziehend in seiner Außenwirkung. Du hast es geschafft, in deinem Leben zwei Welten zu vereinen, die eigentlich unvereinbar sind. Du lebst mit deiner Affäre nicht nur deine wildesten Sexfantasien aus, die in einer Beziehung und im Alltag manchmal auf der Strecke bleiben, sondern hast es auch geschafft, einen Teil aus dieser Traumwelt in deine »funktionierende« Partnerschaft zu integrieren. Vermutlich ist deine Tochter objektiv betrachtet in dem stabilen Familienkonstrukt mit deinem Ehemann sehr gut aufgehoben, vielleicht sogar besser, als es mit deiner Affäre möglich wäre. Wie du es dabei schaffst, nicht innerlich zu zerreißen, ist mir ein Rätsel.

**Jakob:** Dein Beispiel zeigt auf, wie viel von unserer Welt in unseren Köpfen kreiert wird. Die Realität bleibt immer dieselbe, aber sobald das Wissen über die Realität sich verschiebt, ändert sich das ganze Beziehungsgefüge.

**Max:** Jetzt komm mal wieder runter und lass uns mal bei den Tatsachen bleiben. Ich finde es eine logistische Meisterleistung, wie sie es schafft, eine Affäre während der Schwangerschaft zu führen. Nachdem ich diese Geschichte gehört habe, muss ich meine Einstellung dazu noch mal korrigieren. Die Affäre fand es anscheinend sehr geil, mit ihr in der Schwangerschaft zu schlafen. Vielleicht wusste er zu diesem Zeitpunkt auch unterbewusst schon um seine Vaterschaft.

**Jakob:** Und sie muss irgendwo gespürt haben, dass er der Vater ist. Oft ist das, was uns unterbewusst steuert und antreibt, viel größer und stärker, als uns klar ist. Es kann sein, dass es ein innerer Wunsch vor dir war, ein Kind mit deiner Affäre zu bekommen, weil du dich auf einer Ebene sehr verbunden mit ihm fühlst. Ein Kind besiegelt eine Verbindung, denn sie ist ein ganzes Leben nicht mehr auflösbar.

**Max:** Das Leben, das du führst, liegt fernab von meinen Moralvorstellungen. Nicht nur, dass du deinem Mann fremdgehst und mit deiner Affäre ein Kind gezeugt hast, das du auch noch in alter Kuckuckskind-Manier deinem Ehemann untergeschoben hast. Du bist scheinbar auch glücklich mit der Situation und mit dir im Reinen. Du scheinst nicht den Anspruch zu haben, irgendwas an der Situation zu ändern und reinen Tisch mit allen Beteiligten zu machen. In meiner Vorstellung war bisher Fremdgehen das Verwerflichste, das ich mir vorstellen konnte, aber du bringst es fertig, eine ganz neue Disziplin des Fremdgehens zu erschaffen.

**Jakob:** Ich möchte in dieser Situation kein moralisches Urteil über Richtig oder Falsch treffen. Um einen klareren Blick auf die Dinge zu gewinnen, kann es helfen, in die verschiedenen Rollen innerhalb des Beziehungsgefüges zu schlüpfen. Jede Rolle einmal einnehmen und schauen, wie sich die Person dabei fühlen könnte. Die Rolle deiner Affäre: Wie wird er sich fühlen, wenn er erfährt, dass es einen kleinen Menschen gibt, der seine Tochter ist und von dem er die ersten Entwicklungsjahre nicht mitbekommen hat? Wie würde es deinem Mann gehen, der glaubt, sein leibliches Kind großzuziehen? Und wahrscheinlich das Wichtigste: Wie wird es deiner Tochter mit der Nachricht ergehen, wenn sie einmal älter ist und die Wahrheit erfährt: Welches Verhältnis entsteht zu ihrem Vater und vor allem zu dir?

**Max:** Seelenficker de luxe.

# Seelenverwandt

**Jakob:** Seelenverwandtschaft – ich hatte noch nie das Glück. Vielleicht ist es aber auch Glück, dass ich es nie erlebt habe. Als wenn man einmal auf MDMA eine Party miterlebt hat und die nächsten Partys etwas dumpfer sind, nicht mehr in den Rausch der Endorphine gehüllt, so stelle ich mir jede Begegnung mit einer anderen Frau nach der Seelenverwandten vor.

**Max:** Im Gegensatz zu dir hatte ich in meinem Leben schon zweimal das Glück, eine Seelenverwandte zu treffen. Dabei muss ich vorweg sagen, dass es mich verstört hat, als ich einer zweiten über den Weg gelaufen bin. Ich war fest davon überzeugt gewesen, man treffe im Leben nur eine einzige.

**Jakob:** Ich dachte auch immer, dass es nur diesen einen Seelenverwandten gibt. Wie hast du gespürt, dass ihr tatsächlich seelenverwandt wart? Bei zwei Frauen habe ich mich nämlich auch gefragt, ob wir es vielleicht waren bzw. sind, aber wir sind nie in diese Schicht der Beziehung vorgedrungen.

**Max:** Bei meiner ersten Seelenverwandten hat sich dieses Gefühl sofort eingestellt. Ich konnte spüren, was mein Gegenüber fühlte. Es war ein bisschen wie eine Out-of-Body-Experience. Mein Wesen war so stark mit ihrem verbunden, dass ich das Gefühl hatte, ein Teil von ihr zu sein. Es fühlte sich ein bisschen an wie eine Superkraft zu wissen, was der andere denkt und fühlt, ohne dass Worte gesprochen werden. Wenn sie den Raum mit einem Lächeln betrat und augenscheinlich gut drauf war, wusste ich, wie es wirklich in ihrem Inneren aussah. Das zeigte sich dann entweder durch einen Schmerz in meiner Brust, wenn ihre vermeintliche Fröhlichkeit nur aufgesetzt war, oder eben durch meine Freude, wenn es ihr wirklich gut ging. Das führte auch dazu, dass wir uns dem anderen gegenüber immer extrem verletzlich fühlten, weil wir nicht die Möglichkeit hatten, eine Fassade aufrechtzuerhalten. Sich voreinander zu verstecken war nicht möglich.

**Jakob:** Also bei deiner ersten Seelenverwandten hast du von Anfang an gemerkt, dass ihr diese Verbindung habt. Wie war es bei der zweiten? Kam es mehr und mehr in Gesprächen heraus?

**Max:** Ja, bei meiner ersten war es, wie man so schön sagt, »Liebe auf den ersten Blick«. Wobei »Liebe« hier eigentlich nicht das richtige Wort ist. Es ist vielmehr ein sehr tiefes Gefühl von Verbundenheit. Ein Nach-Hause-Kommen an einen sehr schönen Ort. Bei meiner zweiten habe ich meinem Gefühl am Anfang nicht vertraut, weil ich es eigentlich nicht für möglich gehalten habe, dass es so etwas ein zweites Mal geben konnte. Erst nach einer gewissen Zeit habe ich es zulassen können.

**Jakob:** Ich komme mir vor wie ein emotionaler Krüppel, weil ich das auf dem Level noch nicht erlebt habe. Woran machst du fest, dass ihr wirklich seelenverwandt wart und es sich nicht nur um das intensive Gefühl der anfänglichen Verliebtheit handelte?

**Max:** Trügerische Falle, denn in Teilen war es das natürlich. Aber da ich in meinem Leben danach noch öfter verliebt war, kann ich dieses Gefühl ziemlich genau unterscheiden. Verliebtheit ist für mich etwas, das sich im Herzen oberflächlicher anfühlt und auch aus dem Schwanz kommt. Das Gefühl für eine Seelenverwandte ist nicht nur viel intensiver, sondern das Bedürfnis, mit dieser Person zu schlafen, bleibt vorerst aus. Sex ist nebensächlich und dient am Ende nur dazu, dass sich die gespürte Verbindung in der gelebten Beziehung manifestiert.

**Jakob:** Der Sex, den ich in der Vergangenheit hatte, war wohl eher der Versuch, eine nicht vorhandene Verbindung im Sex aufzubauen, aber ich bekomme schon eine Ahnung davon, was du erlebt hast. Wenn das so ein intensives Gefühl ist, besteht ja nie die Möglichkeit, sich innerlich vor dem Partner zurückzuziehen, weil das eigene emotionale Haus gläsern ist. Ein Bedürfnis, das ich immer wieder habe. Es gibt Dinge, die ich nicht immer gleich in jedem Moment teilen will. Vielleicht kommt das aber auch daher, dass ich bei einer Frau noch nie das Gefühl hatte, dass sie mich tief in ihrem Herzen versteht.

**Max:** Wenn ich mich hier so reden höre, kommt mir ein bisschen Kotze hoch. Ich erinnere mich selbst an einen Rosamunde-Pilcher-Roman. Um wieder etwas auf den Boden zu kommen, kann ich dir sagen, dass es nicht nur schöne Seiten hat, eine Seelenverwandte zu lieben. Dieses innige Gefühl der Verbindung kann auch schwer und belastend sein. Manchmal ist es *zu gut*. Es ist wie der perfekte Drogencocktail ohne Nebenwirkungen, aber trotzdem ein bisschen zu hoch dosiert. Stell dir vor, du bist auf einem Trip, der so intensiv ist, dass du es nicht aushältst, aber ihn auch nicht beenden kannst, weil es so gut ist und jeder Moment wahrhaftig ist. Diese Momente hast du mit einem Seelenverwandten ständig. Vielleicht bekommst du jetzt auch ein Gefühl dafür, wie es dann sein muss, wenn negative Momente und Gedanken aufkommen. Die gibt es natürlich auch, und sie erschütterten mich jedes Mal bis ins Mark. Ich war wie gelähmt und fast nicht mehr lebensfähig. Eine Seelenverwandte hat alle Macht über dich und kann dich verletzen, wie es kein anderer Mensch kann. Die Schwierigkeit dabei ist, dass sich das Gefühl am Ende noch potenziert, weil du den Schmerz doppelt spürst. In keiner Phase meines Lebens ging es mir so schlecht wie zu der Zeit, als ich mit meiner ersten Seelenverwandten zusammen war.

**Jakob:** Hä, das ist doch absolut paradox, willst du mich verarschen?

**Max:** Ich weiß, das ist schwer nachzuvollziehen, weil die Aussage in beide Richtungen funktioniert. Sie lautet ebenfalls: In keiner Phase meines Lebens war ich so glücklich und so erfüllt wie in der Zeit, die ich mit meinen Seelenverwandten verbringen durfte.

**Jakob:** Kennst du das Gefühl, dass man, wenn man den ganzen oberflächlichen Alltagsscheiß beiseiteschiebt, eigentlich nach einem Zuhause sucht? Nach einem Ort zum Ankommen. Hat man den mit einer Seelenverwandten gefunden?

**Max:** Ich würde es eher so beschreiben, dass man durch seine Seelenverwandte in einer Form zu sich findet, wie man es alleine nicht schaffen würde. Eine Seelenverwandte ist eine andere Seite von dir, die du dir selbst nicht aufzeigen kannst. Erinnerst du dich noch an den Satz, den du mir gesagt hast, als deine Tochter zur Welt gekommen ist? Dass da ein Ort in deinem Herzen für diesen einen kleinen Menschen reserviert war und du das irgendwo ganz tief im Unterbewusstsein gespürt hast? Ein bisschen ist es so, wenn eine Seelenverwandte in dein Leben tritt.

**Jakob:** Ich glaube, deswegen existiert auch meine Angst davor, eine Seelenverwandte zu finden. Wenn man diese Wirklichkeit, diese emotionale Verbindung einmal gelebt hat, muss es ganz anders sein, danach eine Beziehung zu einem Menschen einzugehen, der eben nicht die Seelenverwandte ist. Man kann sie lieben, man kann sie wertschätzen, aber es ist eben nicht dasselbe. Wie ist es für dich?

**Max:** Verstehe die Frage nicht …

**Jakob:** Es gab mal eine Zeit, da war das hier das ehrlichste Buch der Welt.

**Max:** Diese Zeit endet hier. Auf der einen Seite fühle ich mich meiner Freundin gegenüber komisch, hier näher darauf einzugehen. Auf der anderen Seite hat es einen Grund, warum ich mit ihr in einer Beziehung lebe und nicht mit einer meiner beiden Seelenverwandten, obwohl die Chance dazu da gewesen wäre. Es war am Ende eine bewusste Entscheidung. Eine Entscheidung, die von mir ausging. Gegen meine erste Seelenverwandte habe ich mich bewusst entschieden, weil sie mir unterm Strich mehr genommen als gegeben hat, in Form von Schmerz und depressiver Verstimmung. Wir konnten nicht miteinander, aber auch nicht ohne einander leben. Wenn wir es dann versucht haben, standen wir uns ständig selbst im Weg und waren nicht fähig zu einem normalen Zusammenleben. Alles war gebremst von der ständigen Thematik der innigen Verbindung, die unsere Beziehung ausmachte. Es gab irgendwann nichts anderes mehr. Keinen Alltag, keine Langeweile, nur Deep Talk. Wir haben uns unsere enge Verbindung kaputt geredet und sind ohne Leichtigkeit an die Sache herangegangen. Wir wollten immer wieder überprüfen, ob wir uns unserer Seelenverwandtschaft auch sicher sein konnten oder ob sie schwinden und wir sie irgendwann verlieren würden. Dieses ständige Überprüfen hat dazu geführt, dass ich am Ende überhaupt nichts mehr wusste.

**Jakob:** Es kommt mir vor, als hätte die Angst gesiegt. Glaubst du, mit der Reife und der Fähigkeit, für dich einzustehen, die du heute hast, wäre es anders gelaufen?

**Max:** Das ist eine Frage, die ich mir manchmal stelle, aber auf die ich keine Hundert-Prozent-Antwort habe.

## Was den Seelenficker daran hindert zu lieben

**Jakob:** Mir fällt es meistens viel leichter, über die Sorgen anderer Menschen zu reden. Deren Probleme in die kleinsten Einzelteile zu zerlegen und dann am Ende das Gefühl zu haben, sie zu verstehen. Bei mir selbst finde ich das ziemlich schwierig und anstrengend. Es ist, als ob ich nur ein einzelnes Rad in einem Uhrwerk bin, von dem ich die Zeit ablesen soll.

Und darum bleibe ich bei meinem größten Thema ratlos: Ich habe das Gefühl, nicht richtig lieben zu können. Damit meine ich nicht meine Familie und Freunde, sondern meine Freundin und Partnerin. Verliebt sein, das kenne ich genau. Verliebt war ich schon oft. In Paula, Luca, Laura, Anna und die ganzen anderen Frauen, deren Namen mit a endeten.

Das Konzert des Verliebens ist so laut, dass es selbst für mich unüberhörbar ist. Es erwischt mich selten, aber dann mit voller Wucht. Mit dem Verlieben ist es, als ob ein Vakuum-Sauger an meinen Kopf angeschlossen wird und ich danach wie Brandenburg bin – leer gefegt. Die Vernunft, die immer alles kaputt macht, zerredet und zerdenkt, hat endlich mal Pause.

Alles erscheint in der Zeit des Verliebtseins perfekt. Egal, ob man gerade zusammen die Bahn verpasst hat und anschließend in der Kälte wartet oder auf einer Scheißparty landet. Denn es gibt »uns«, und »wir« sind immer das Wichtigste. Zusammen sind wir immer zur richtigen Zeit am richtigen Ort. So stelle ich mir das Crackrauchen vor.

Manchmal wurde mein starkes Gefühl der Zuneigung von der Frau nicht erwidert. In diesen Momenten wurde in diesem leeren Raum meines Herzens ein Projektor aufgestellt, der alle meine kleinen bunten Wünsche auf die Leinwand brachte. Und da flackerte es in den schönsten Farben: mein Bild von Liebe. Morgens aufwachen, sich zu seiner Freundin drehen. Alles passt, wenn ich sie von hinten umarme. Der Urlaub zusammen, die Fahrt mit dem Auto ans Meer – alles fühlt sich schön an zu zweit. Ich reise gerne alleine, aber da gibt es immer eine Kleinigkeit, die ich vermisse. Jemanden, mit dem ich das Erlebnis teile und mit dem die Freude doppelt so groß wird. Jede Reise zu zweit fühlt sich an wie angekommen sein.

Je mehr sich die Person von mir entfernte, desto stärker wurden die Farben in meinem Film. Was am Ende blieb, war das bittere Gefühl von Leere, das viel größer war als am Anfang, weil ich für einen Moment ein Gefühl der Einheit empfunden hatte. Ich hatte gespürt, was hätte möglich sein können. Aus dem vagen Gefühl des Vermissens wurde eine scharfkantige Erinnerung, die jedes Mal, wenn ich sie anfasste, Wunden in meine Hände schnitt.

Es gab aber auch fast genauso viele Situationen, in

denen sich die Frau in mich zurückverliebte. So wie bei meiner letzten Ex-Freundin. Ich kann mich noch ganz genau erinnern, wie wir an einem frischen Sommertag zusammen auf dem Dach lagen und den ganzen Tag nichts machten. All die Bedürfnisse, die ich sonst hatte, waren in dieser Einheit aufgelöst.

Am Abend eines anderen Tages kamen wir angetrunken zusammen nach Hause und spielten uns gegenseitig Lieder auf der Gitarre vor. Oder unser erster gemeinsamer Urlaub in Schweden: wir zusammen im Bus, während das Gewitter versuchte, ihn in Einzelteile zu zerlegen. Wenn ich solche Sachen im Film sehe, muss ich fast kotzen, weil sie so klischeehaft sind, aber erlebt sind sie einfach nur schön.

Aber irgendwann wurde das Gefühl schwächer. Es ist wie bei einem vergessenen Kuchen. Alles zerbröselt irgendwann. Mit dem Gefühl ist es aber vielleicht auch wie mit einem Junkie auf seiner Lieblingsdroge: Man braucht immer mehr davon, um high zu werden.

Am Ende tat es natürlich stärker weh, wenn beide verliebt gewesen waren, man verlor viel mehr als bei einer kleinen Verliebtheit. Und zurück blieb das Gefühl: Jede Liebe, die ich kennenlerne, endet irgendwann. Liebe ist möglich, aber ich kann nichts daraus machen.

Klar ist, dass sich Liebe aus dem Verliebtsein entwickelt. Wenn also das große Konzert des Verliebtseins seinen letzten Akt spielt, setzen die Streicher ein, und mit ihnen kommt die Liebe in *piano*.

Bei mir endete das Konzert immer nach dem Verliebtsein. Seit ich mich erinnern kann. Bei all meinen Ex-Freundinnen. Deshalb dauerten Beziehungen bei mir meist höchstens ein Jahr. Vielleicht hatte ich deshalb auch viele Affären. Mit vielen Frauen, die in mich verliebt waren, und einigen, die mich wirklich liebten, aber nie umgekehrt. Eine komfortable Position, in der Frauen wie Bälle in einem Tennisspiel sind: Man geht sie nicht suchen, wenn sie über den Zaun fliegen. Aber ich wollte nicht mehr Tennis spielen, sondern die Liebe finden. Vielleicht weiß ich nur nicht, wie sich Liebe anfühlt, und kann sie nicht finden, weil ich nicht weiß, wonach ich suche. Vielleicht war aber auch bisher noch nicht die Richtige dabei. Ich weiß es nicht.

Die Quelle, die meine Art zu lieben ursprünglich und entscheidend geprägt hat, ist die Liebe zu meiner Mutter. Sie ist ein sehr liebevoller Mensch. Sie hat für meine zwei Schwestern und mich alles getan und liebt uns sehr. Ich hatte nie das Gefühl, nicht geliebt zu werden, aber im Nachhinein weiß ich, dass das Gefühl zu ihr immer ein unsicheres war. Meine Eltern trennten sich, als ich sechs Jahre alt war, und ab diesem Moment änderte sich alles. Alle haben sich bemüht, das Gefühl von Familie in dieser Zeit aufrechtzuerhalten. Doch unser Vater, unsere zweite zentrale Bezugsperson, war jetzt nur noch jedes vierte Wochenende da und eher für die aktive Freizeitgestaltung zuständig.

Ein paar Sachen weiß ich aus Erzählungen, an einige erinnere ich mich selbst. Zum Beispiel, wie ich mit sechs Jahren auf der Holztreppe unserer Doppelhaushälfte saß und meine Mutter sich neben mich setzte. Sie teilte oft ihre Erlebnisse mit uns Kindern, speziell mit mir. Auch die Trennung von meinem Vater und die Tatsache, dass da jetzt ein neuer Mann in ihrem Leben sei. Ich weiß nicht, warum ich so außer mir war, aber ich spuckte sie an und wollte nicht mehr, dass sie mich anfasste. Auf eine sonderbare Art und Weise hatte sie in meinem kindlichen Denken nicht nur meinen Vater, sondern die ganze Familie verraten.

Die Monate vergingen, und das Gefühl, einen Vater zu haben, verblasste immer mehr. Dafür hatte ich eine Mutter, die oft selber von der Situation ganz schön herausgefordert war. Eines Morgens sagte sie uns am Frühstückstisch, dass wir knapp bei Kasse seien und schauen müssten, wie wir über die Runden kämen. Ich wusste nicht wirklich, was das bedeutete, aber mir war klar, dass Sparen angesagt war. Nicht zu viel Marmelade aufs Brot, keine Markenjeans und 90er-Jahre-Trends, sondern die Klamotten von meiner größeren Schwester. Was blieb, war das Gefühl, jeden Monat aufs Neue pleitezugehen. Ich hatte in diesen Jahren einen immer wiederkehrenden Albtraum: Der Gerichtsvollzieher stand vor der Tür und wollte das Haus ausräumen. Aber was sollte er schon finden? Es gab in diesem Haus nichts von Wert. Was drohte dann? Das Gefängnis? Meine Schwestern schienen nicht so besorgt um unsere finanziellen Umstände zu sein und nutzten die wenigen Gelegenheiten, die es gab, um sich materielle Kinderwünsche zu erfüllen. Ich verzichtete dann meist, weil ich mich für das Wohl der Familie verantwortlich fühlte. Warum, kann ich nicht sagen. Das war schon immer so. Wenn ich doch mal Ja zu einem neuen Paar Sneakers, einer Jeans oder einem T-Shirt sagte, plagte mich sofort mein schlechtes Gewissen, weil ich eigentlich wusste, dass wir es uns nicht leisten konnten.

Das Verantwortungsgefühl, im Rahmen meiner begrenzten kindlichen Möglichkeiten für die Familie und das Wohl meiner Mutter zu sorgen, wuchs die Jahre über immer weiter. Ich wollte, dass es allen gut ging. Dass sie glücklich waren.

Als meine Mutter eines Nachmittags den Wunsch äußerte, dass sie einen kleinen Teich im Garten haben wollte, dauerte es keine 24 Stunden, und ich stand hüfttief in einem Erdloch im Garten. Ich hatte gleich nach der Schule angefangen, den Teich auszuheben. Ich wollte sie um jeden Preis glücklich machen, ich wollte, dass wir uns keine Sorgen mehr um unsere Existenz machen müssten, und fühlte mich dafür verantwortlich. Gleichzeitig verließ mich aber auch das Gefühl, ein unbekümmertes Kind zu sein, und die Liebe meiner Mutter gab mir immer weniger das Gefühl der Geborgenheit. In meiner kindlichen Wahrnehmung war meine Mutter nicht mehr Mutter, sondern ein hilfloses Kind. Bis heute hasse ich das: Wenn sich (m)eine Freundin von ihrer Umwelt dominieren lässt. Sich vorschreiben lässt, was das Beste für sie sei, und sich mit den Umständen zufriedengibt, ohne aktiv zu versuchen, diese in die Hand zu nehmen.

Von meiner Mutter fühlte ich mich geliebt, aber ich konnte diese Liebe nicht mehr unbekümmert annehmen. Es war, als ob sie nicht die Kraft hatte, mich aufzufangen. Wenn ein Satz im Nachhinein unser Verhältnis beschreiben kann, dann dieser: Meine Mutter war immer für mich da, konnte mir aber nicht helfen.

Die Umstände, in denen wir gelebt haben, haben sich natürlich in mir verankert, und sie prägen mich noch heute als erwachsener Mann. Ich kann mich generell schwer fallenlassen, vor allem bei Frauen, die ich für zu schwach halte, mich aufzufangen. Zu genau solchen Frauen fühle ich mich aber hingezogen. Das merke ich nie im Moment des Kennenlernens, sondern erst mit ein bisschen Abstand, meist wenn schon wieder Schluss ist. Dann wird mir klar, dass ich bei ihnen wieder mal an meinen alten Kindheitsthemen gescheitert bin. Es sind Frauen, die mir genauso hilflos erscheinen wie meine Mutter. Hier kann ich in meine sichere Rolle schlüpfen, die ich schon als Kind eingenommen habe.

Frauen, bei denen augenscheinlich alles in Ordnung ist, sind für mich am Anfang sehr anziehend, aber nach kurzer Zeit langweilig. Als ob es bei ihnen nichts zu tun gebe. Ich fühle mich wenig gefordert. Vielleicht ist das der Grund, warum ich mit ihnen meistens Affären geführt habe. Affären, in denen ich geliebt werden wollte, aber nicht zurückliebte. Lange dachte ich, das sei so, weil ich es nicht wollte. Heute denke ich, es lag daran, dass ich es nicht konnte.

Für meine Zukunft sehe ich ein paar Möglichkeiten: Entweder ich lasse mich auf eigenständige, starke Frauen ein und lerne, dass Liebe keinen Aktionismus braucht. Dass ich dafür nichts tun muss. Oder ich lerne, mich fallen zu lassen bei Frauen, denen ich instinktiv nicht zutraue, mich aufzufangen. Die Schutzmechanismen, die ich als Kind aufgebaut habe, hatten zu der Zeit ihre Berechtigung, aber können so langsam abgebaut werden.

Zum Schluss noch ein paar Worte zu meiner Mutter: Auch wenn der Text ihr gegenüber sehr kritisch erscheint, liebe ich sie sehr und weiß, dass sie immer ihr Bestes für uns getan hat. Aus dem, was wir zusammen durchlebt haben, sind auch tolle Eigenschaften erwachsen: Ich bin ein extrem selbstständiger und strebsamer Mensch geworden, der weiß, wie er seine Ziele und Träume verwirklicht.

Ich hoffe jedenfalls, dass ich irgendwann das Lied der Liebe hören kann.

## Fünf Unterschiede zwischen Seelenverwandten und Seelenfickern

1. Hinter den Fragen eines Seelenfickers stecken eigene Interessen. Die Fragen eines Seelenverwandten entspringen dem Moment.
2. Ein Seelenficker liebt es, wenn du ihn liebst. Ein Seelenverwandter liebt die Verbindung, die zwischen euch besteht.
3. Ein Seelenverwandter braucht dich zum Atmen, ein Seelenficker nimmt dir die Luft.
4. Ein Seelenverwandter möchte mit dir schlafen, ein Seelenficker will alles an dir ficken.
5. Ein Seelenverwandter will das Beste für dich. Ein Seelenficker das Beste für sich.

## Warum Männer manche Frauen einfach nur bumsen wollen

**Jakob:** Bei manchen Frauen ist mir schon innerhalb der ersten Sekunden des Gesprächs – man könnte sogar weiter gehen und sagen: beim ersten Anblick klar: Die Frau möchte ich nur bumsen. Beziehung ist da kein Thema. Warum kann man Bims-Frauen so schnell ausmachen? Und ist sie dann für alle Männer eine Bims-Frau? Oder sehen einige Männer in ihr doch die Beziehungsfrau?

**Max:** Ich glaube, es gibt Frauen, bei denen denkt jeder Mann sofort an das Eine und kommt gedanklich auch nicht über seinen erigierten Penis hinaus. Es ist sicher ein leidiges Thema für Bims-Frauen, weil sie irgendwann wissen, wie sie bei allen Männern ankommen. Sie wissen, dass sie immer nur das Stück Fleisch sind, das die Männer verspeisen wollen.

**Jakob:** Ich habe ein paar Frauen kennengelernt, da war direkt klar: Hier wird nur gebimst und nichts weiter. Manchmal war es etwas Äußerliches. Zum Beispiel habe ich mit einer Frau, die große, schöne Brüste hatte, etwas angefangen, obwohl sie nicht hundertprozentig mein Typ war. Das war mir gar nicht sofort klar. Bei anderen Frauen war es mehr die Art. Ich konnte mit diesen Frauen einfach nicht wirklich reden. Sie waren in einem so anderen sozialen Umfeld unterwegs, dass wir geistig nicht richtig zueinanderfinden konnten, körperlich aber ohne Probleme.

**Max:** Es ist schon faszinierend, wie sich Männer nur auf einen Aspekt bei einer Frau konzentrieren können, und das ausreichen kann, mit ihr schlafen zu wollen. Komischerweise scheinen große Brüste hier eine wesentliche Rolle zu spielen. Ich kenne das auch von mir. Ich habe den Satz »Die Frau hat so geile Brüste, die würde ich gerne mal bumsen« schon sehr oft von Freunden gehört. Manchmal kommt es mir so vor, als seien wir Männer auf der Straße wie im Supermarkt unterwegs und würden am liebsten alles einpacken, worauf wir gerade Bock haben. Vielleicht ist es als Frau gar nicht schlecht, nicht unbedingt in dieses Raster der männlichen Wahrnehmung zu fallen.

**Jakob:** Bei dieser einen Frau gab es ja definitiv Dinge, die mir auf optischer Ebene nicht gefallen haben. Aber sie hatte eben dieses besondere Paar Brüste, das ich unbedingt mal in den Händen halten wollte. Schon alleine wegen der Größe. Du kannst dir wirklich nicht vorstellen, wie groß ihre Brüste waren. Nimm die fünf Frauen, die ich davor hatte. Deren Brüste zusammen waren so groß wie bei der besagten Brustfrau. Damit hatte sie ein ganz schönes Päckchen zu tragen. Nicht nur gewichtstechnisch, sondern auch emotional. Sie wurde natürlich nicht nur von mir auf ihren Vorbau reduziert.

**Max:** Wie kann es so eine Frau schaffen, überhaupt in eine normale Kommunikation mit Männern zu kommen? Jeder Mann ist entweder verunsichert von so viel Brust oder spürt mit jeder Faser seines Körpers, dass er sie bumsen will. Irgendwann wird auch dieser Frau dämmern, dass es nahezu nicht möglich ist, mit Männern normal umzugehen. Was ist am Ende die Lösung für die Brustfrau? Muss sie ihr männliches Gegenstück finden? Den Schwanzmann?

**Jakob:** Irgendwann wird es einen Mann geben, der durch die große Brust hindurchschauen kann, direkt in ihr Herz. Mir ist das nicht gelungen. Es gibt da übrigens einen Widerspruch, den ich manchmal bemerke: Manche Frauen, die sich stark auf ihre primären und sekundären Geschlechtsmerkmale reduziert fühlen, bedienen genau das durch ihre Art. Von außen wirkt das manchmal auf mich, als ob es ihnen nichts ausmache oder sie es genau so wollen würden. Fast schon, als ob sie sich mit ihrer Situation abgefunden hätten – und um wieder die Kontrolle zu erlangen, fordern sie den Sex ein, damit sie der aktive, dominante Part sind. Vielleicht kennen sie es nicht anders.

**Max:** Das würde ja bedeuten, dass optisch attraktive Frauen sich ab einem bestimmten Punkt gar nicht mehr frei entscheiden könnten, sondern ihren eigenen äußeren Merkmalen ausgeliefert wären.

**Jakob:** Nein, auf keinen Fall – und es hat auch nicht unbedingt etwas mit Attraktivität zu tun, sondern mit primitiver sexueller Anziehung. Das sind zwei verschiedene Ebenen. Ich fand ihre Brüste nicht schön, sondern geil. Und ja, es kann eine gewisse Dynamik entstehen: Auf der einen Seite der Mann, der die Frau mehr als Objekt seiner Lust wahrnimmt, weniger als ganzes Wesen mit Gefühlen. Auf der anderen Seite die Frau, die durch die Reaktionen ihrer Umwelt nichts anderes mehr kennt und womöglich denkt, dass diese Art der Aufmerksamkeit immer noch besser ist als gar keine. Das könnte man mit einem Menschen vergleichen, der nicht weiß, dass es das Meer gibt, wie schön salzig die Luft schmeckt, wenn man vor der Brandung steht. Die Frau ahnt zwar, dass es da noch mehr gibt, aber es liegt außerhalb ihrer Erfahrungswelt.

**Max:** Ich glaube, du siehst die Sache zu einseitig. Die Frau wird doch in der Lage sein, Beziehungen außerhalb ihres eigenen Mikrokosmos »Aufmerksamkeit durch Äußerlichkeiten« zu finden. Ich kann mir einfach nicht vorstellen, dass ein Mann nicht mehr in ihr sucht als nur äußerliche Attraktivität. Du hast dich hier verrannt und erklärst dir deine Welt so, dass du mit gutem Gewissen dastehst.

**Jakob:** Ich habe überhaupt kein gutes Gewissen bei dem Thema. Ich glaube, diese Sache macht am Ende was mit beiden Seiten. Und um mal bei mir zu bleiben: Es hat nichts Positives mit mir gemacht. Ich bin ja nicht wirklich mit der Frau in Beziehung gegangen, und schon gar nicht auf Augenhöhe. So will ich nicht sein. Nicht mehr. Am Ende der horizontalen Begegnung habe ich mich schlecht gefühlt.

**Max:** Das freut mich für dich, dass du dadurch ein besserer Mensch geworden bist. Vermutlich geht dir der Wunsch, eine Frau mit dicken Brüsten direkt bumsen zu wollen, immer noch durch den Kopf, aber du wirst es nicht mehr nur aus dieser alleinigen Motivation heraus tun.

**Jakob:** Warte mal, bis *dir* die Frau über den Weg läuft.

## Franzi

**Max:** Wenn ich zurückblicke, bin ich froh, dass ich nicht mehr siebzehn bin. Es gibt eigentlich kein beschisseneres Alter für einen Jungen. Udo Jürgens trällerte nicht umsonst »Siebzehn Jahr, blondes Haar«. Denn das weibliche Idealbild im Kopf vieler Männer ist nun mal jung, gut aussehend und vielleicht ein bisschen naiv.

Jungs in diesem Alter wirken wie ein Stück Knete, das man in die Ecke geworfen hat. Als ich damals in den Bus stieg, wusste ich nicht, dass ich an diesem Tag meine zukünftige Seelenverwandte treffen würde. Ich wusste eigentlich noch gar nichts über Frauen.

Diese erste Begegnung brennt immer noch in mir wie das olympische Feuer. Sie stieg ebenfalls in den Bus, und weil wir uns irgendwann schon mal über den Weg gelaufen waren, setzte sie sich zu mir. Irgendwas stimmte nicht, als sie sich neben mich setzte, es fühlte sich an, als hätte sich meine Wahrnehmung in diesem Moment verschoben.

Ich wusste, als sie so neben mir saß und unsere Oberschenkel sich leicht berührten, dass sie genau das Gleiche spürte wie ich, aber keiner von uns traute sich, es anzusprechen. Natürlich nicht, wir waren ja noch viel zu jung, und außerdem fühlte es sich einfach zu seltsam an. Wir sprachen über belanglose Dinge, und sie musste viel zu schnell wieder aus dem Bus aussteigen. Was mich am meisten beeindruckte, war ihr süßlicher Geruch, der anderen vielleicht unangenehm aufgefallen wäre. Für mich war es so, als hätte ich schon vor meiner Geburt gewusst, wie meine Seelenverwandte riechen würde. Jetzt konnte ich diesen Geruch zum ersten Mal einsaugen. Die Bedeutung des Spruchs, dass man jemanden gut riechen kann, wurde mir hier olfaktorisch offenbart.

Als sie ausstieg, verabschiedeten wir uns ohne jegliche Form des Körperkontakts, aber trotzdem waren wir uns so nah, als hätten wir an Ort und Stelle Sex gehabt. Zu Hause angekommen wusste ich, dass sich etwas Grundlegendes in mir verändert hatte. Aber was es war, wusste ich zu diesem Zeitpunkt noch nicht. Ich dachte, ich sei einfach verliebt. Aber es war etwas anderes.

Zu dieser Zeit war ich Hardcore-Stoner. Da ich aber nie allein kiffte, rief ich einen meiner Jungs an und fragte, wo sie abhingen. Natürlich bei Nils, der ein ganzes Obergeschoss im Haus seiner Eltern für sich hatte. Also ging ich zu ihm, um mein soeben neu erfahrenes Gefühl im Dunst einer Bong zu vernebeln.

Die Tage vergingen, und ich fing langsam an, Franzi zu vergessen. Aber als ich wieder mal zu Nils ging und sein Zimmer betrat, saß da Franzi. Sie war sehr schlank, hatte lange blonde Haare, trug einen kurzen

Rock, und ihre stark ausgeprägte Oberweite ließ den Raum etwas kleiner wirken. All das übte jedoch gar keine Wirkung auf mich aus, denn was mich in diesem Moment ausschließlich vereinnahmte, war das Band, das sich soeben zwischen uns durch den Raum spannte. Wieder wusste ich, es ging ihr genauso.

Das Gefühl war so überwältigend, dass ich dachte, meine Trommelfelle würden wie bei zu viel Höhendruck platzen. Ich setzte mich an das andere Ende der Couch und ließ einen Platz zwischen uns frei. Wir redeten kein Wort, und keine fünf Minuten später kam einer meiner besten Freunde vorbei, setzte sich zwischen uns und verwickelte sie in ein Gespräch. Sie unterhielten sich angeregt, und ich platzte vor Eifersucht. Wieso redete sie mit ihm so angeregt und interessiert, wenn doch wir zusammengehörten? Ich hielt es nicht mehr aus und verabschiedete mich. Zu Hause angekommen, war ich wie gelähmt und wusste nichts mit mir anzufangen.

Die Tage vergingen, ich hörte nichts von Franzi und musste mich auf die Schule konzentrieren. Ich war im letzten Jahr vor dem Abitur, und das wollte bestanden werden. Meine Jungs und ich planten für die Winterferien einen Urlaub. Einer meiner Freunde hatte einen großzügigen Vater, der uns seinen VW-Bus lieh. Somit hatten wir samt unserer Skiausrüstung Platz für fünf Personen. Alles war geplant, und unserer Reise stand nichts mehr im Wege.

Dann kam das Unerwartete: Mein bester Freund hatte sich mit Franzi angefreundet und fragte stellvertretend für sie, ob sie nicht mitkommen könne. Seeleute wussten früher schon, wieso sie Frauen nicht auf ihre Schiffe mitnahmen: Frauen brachten Unglück. Naiv wie wir alle waren, ließen wir uns überzeugen, dass es eine gute Idee wäre, wenn Franzi mitkäme. Somit stand der Reise nun wirklich nichts mehr entgegen, und zwei Wochen später befanden wir uns in dem entsprechenden Skiort.

Auf der Fahrt dorthin nahm ich mir vor, Franzi davon zu überzeugen, dass es wohl das Beste wäre, wenn sie mit mir in einem Zimmer schlafen würde. Denn ich wusste, dass die Zimmeraufteilung darauf hinauslaufen würde, dass sich einer von uns mit ihr ein Zimmer teilen müsste. Mit gespaltener Zunge – scheinbar frei von irgendwelchen Hintergedanken – schaffte ich es, ihr den Gedanken schmackhaft zu machen. Mein bester Freund versuchte das Gleiche und war entsprechend sauer, als er von Franzi erfuhr, dass sie sich für mich entschieden hatte. Im Ort angekommen, bezogen wir unsere Zimmer. Unseres hatte leider getrennte Betten.

Der Urlaub an sich ist mir nur noch dunkel in Erinnerung, die einzigen hellen Momente, an die ich mich erinnere, sind die Abende, an denen ich alleine mit Franzi im Zimmer lag und wir Gespräche führten, die unserem Alter nicht angemessen waren. Ich war wie verzaubert von dieser Verbundenheit, und es stand für mich außer Frage, dass wir zusammenkommen würden. Körperlich lief nichts, aber das war auch nicht wichtig. Dafür würden wir noch genug

Zeit haben. Doch es kam anders als gedacht. Während der Urlaubswochen verstand sich mein bester Freund immer besser mit Franzi. Am Ende des Urlaubs waren sie ein Paar. Ich verstand die Welt nicht mehr und war zerfressen von Wut und Selbstmitleid. Wie konnte das passieren? Wieso hat sie sich gegen mich entschieden? Wie konnte das alles an mir vorbeigehen, war ich die ganze Zeit blind gewesen? Hatte ich mir das alles nur eingeredet?

Nach dem Urlaub versuchte ich Franzi zu meiden. Das war aber überhaupt nicht möglich, denn dadurch, dass sie mit meinem besten Kumpel zusammen war, liefen wir uns regelmäßig über den Weg. Komischerweise gab es in diesen Momenten immer wieder kurze Phasen der Ruhe zwischen uns. In denen konnten wir das Gefühl der Verbundenheit wieder spüren. Dann gab es niemanden außer uns. In diesen Momenten war sie nicht mit meinem Kumpel zusammen, und wir bewegten uns in einem Schwebezustand, in dem alles möglich ist. Diese Momente wurden aber immer dann zerrissen, wenn sie zu meinem Freund ins Auto stieg und ich alleine nach Hause fuhr.

Die Zeit verging, die Wochen reihten sich aneinander, und ich war einerseits frustriert, weil ich nicht mit meiner Seelenverwandten zusammen sein konnte. Aber auf der anderen Seite war ich in einer Art Zen-Zustand, weil ich das Glück haben durfte, meine Seelenverwandte kennengelernt zu haben.

Nach vielen Wochen, wenn nicht Monaten, kam es, wie es kommen musste: Franzi machte mit ihrem

Freund Schluss, und wir kamen eigentlich noch am selben Tag zusammen. Daran fühlte sich, so komisch es klingen mag, auch nichts falsch an.

Leider war die gemeinsame Zeit als Paar mit meiner Seelenverwandten nicht so, wie ich es mir ausgemalt hatte. Franzi hatte mehrere psychische Störungen, die ein gemeinsames Liebesleben nicht gerade unkompliziert machten. Wir waren nur ein halbes Jahr wirklich zusammen, und diese Zeit war mit die schlimmste Erfahrung, die ich in meinem bisherigen Leben machen musste.

Ich hatte zwar in Franzi den Deckel gefunden, der zu meinem Topf passte. Der Sex war, wenn sie es zulassen konnte, unbeschreiblich und fühlte sich nicht wie »schmutziges Ficken« an, sondern so, als würden zwei Körper ineinander verschmelzen, die schon immer zusammengehört hatten. Doch ihre Angst vor zu viel Nähe, ihre psychischen Störungen und ihr Bedürfnis nach Anerkennung von anderen Männern machten diese Zeit für mich zu einem Höllenritt. Ich verlor mich selbst und wurde zu einer leeren Hülle, die sich für die Beziehung immer mehr aufgeben musste, um diese Verbindung aufrechterhalten zu können.

Franzi nahm mit jedem Tag mehr von mir, weil sie selbst nichts zu geben hatte. Die kurzen Momente, in denen sie Liebe zulassen konnte, fühlten sich so an, als würde in der Sahara auf einmal ein Dschungel wuchern. Irgendwann erkannte ich, dass ich sprichwörtlich sterben würde, wenn ich mich nicht von ihr trennte, und somit beendete ich die Beziehung.

Franzi war von ihrer Borderline-Störung und ihrer Magersucht – im Wechsel mit Bulimie – ebenso zerstört. Das Letzte, was ich am Ende unserer Beziehung für sie tun konnte, war, sie in eine psychiatrische Klinik außerhalb Berlins zu fahren. Wir verabschiedeten uns unter Tränen. Danach hörte ich eine lange Zeit nichts von ihr.

Ich lebte auf, fing wieder an, richtig zu essen, machte regelmäßig Sport, traf mich mit Freunden und lernte eine neue Frau kennen, die mich in bis dahin nicht gekannte Höhen katapultierte: Katrin war das absolute Gegenteil von Franzi. Sie war unkompliziert, beinahe oberflächlich, sportlich, aß, worauf sie Lust hatte, und tiefe Gespräche musste ich mit ihr nicht führen.

Sie war mein Sprungbrett aus dem Elend. Meine erste Seelengefickte. Denn ich benutzte sie für meine Zwecke. Sie wusste es nicht, aber sie war meine Taschenlampe und half mir, aus dem dunklen Tunnel, in den mich Franzi geführt hatte, wieder rauszufinden. Mit ihr hatte ich viel Sex, bei dem es mir vor allem darum ging, meine Bedürfnisse zu befriedigen.

Zu Beginn unserer Beziehung ging ich noch einigermaßen auf sie ein, aber nach zwei Monaten kam es nicht selten vor, dass sie anfing zu weinen, wenn ich in ihr gekommen war. Warum, wusste ich nicht, und es war mir auch egal. Mir ging es gut. Aber irgendwann reichte mir die Beziehung mit Katrin nicht mehr aus, ich brauchte mehr – oder etwas anderes. An dem Tag, an dem ich mich entschied, mit ihr Schluss zu machen, starb eine gute Freundin von ihr bei einem

Autounfall. Auch das war mir egal, es ging mir ausschließlich um mich. Ich erinnere mich noch, als ob die ganze Sache nur einen Moment her wäre: Es war ein heißer Sommertag in Berlin. Ich fuhr mit dem Auto zu ihrer Wohnung, mit der Absicht, mit ihr Schluss zu machen. Sie dachte, ich käme, um Zeit mit ihr zu verbringen und sie zu trösten. Ich klingelte an ihrer Tür, die sie mir, in eine Decke gehüllt, mit verheulten Augen öffnete. Die gesamte Wohnung war verdunkelt, worüber ich mich innerlich aufregte, denn es war so ein schöner sonniger Tag. Ich setzte mich zu ihr aufs Bett, und als sie mich umarmen wollte, wies ich sie ab und teilte ihr mit, dass es aus sei zwischen uns.

Sie stand unter Schock, ganz sicher war es emotional einfach zu viel für sie, erst ihre Freundin und jetzt auch noch ihren Freund zu verlieren. Ich deutete ihr Schweigen als Akzeptanz meiner Trennung und verließ die Wohnung. Das Leben konnte weitergehen.

Ich genoss es, frei zu sein. Verabredete mich regelmäßig mit Frauen und machte, worauf ich Lust hatte. Die Jahre vergingen, bis ich eines Tages auf einer Party, organisiert von einem entfernten Bekannten, Franzi über den Weg lief. Da stand sie. Fast wie eine Heilige. Sie sah unfassbar gut aus, offensichtlich nicht mehr magersüchtig. Keine Spur mehr von dem Menschen, den ich vor Jahren in die Klinik gefahren hatte. Wir beide waren erwachsen, und es war, als ob wir uns in einem neuen Leben begegneten. Als sich unsere Blicke trafen, war es wieder da, dieses Gefühl, das nie wirklich weg gewesen war. Ein unsichtbares

Band, das von einem Ende des Raumes von mir zu ihr reichte und spürbar in der Luft hing. Es fühlte sich so an, als könnte ich es anfassen, und das tat ich auch. Ich nahm das Band in die Hand und zog Franzi zu mir, bis wir uns hautnah gegenüberstanden. Ich weiß nicht mehr, was wir gesagt haben, und trotzdem habe ich das Gefühl, als wüsste ich es. Jedes Wort hatte ein Gewicht, das ich immer noch spüre, während ich diese Zeilen schreibe. Im Laufe des Gesprächs erfuhr ich, dass sie mittlerweile verlobt war. Ich hörte diesen Satz zwar, aber er hatte für mich keine Relevanz. Es spielte keine Rolle, ob sie sich bürgerlichen Kriterien oder gesellschaftlichen Normen unterworfen hatte. Wir beide wussten, dass wir zusammengehörten.

Der Abend endete so, wie es enden musste. Wir landeten bei mir zu Hause im Bett. Keiner von uns hatte ein schlechtes Gewissen. In unserem naiven Mikrokosmos gab es keine moralischen Richtlinien, an die man sich halten musste. Ihr Verlobter würde verstehen, dass es kein Fremdgehen war, wenn er nachempfinden konnte, was wir füreinander fühlten. Wir machten uns die Welt, wie sie uns gefiel, und glaubten in dieser Nacht daran, dass wir am nächsten Morgen aufwachen und von nun an gemeinsam den Rest unseres Lebens verbringen würden.

Als wir am nächsten Tag eng umschlungen aufwachten, bekam die makellose Fassade langsam Risse, und uns wurde bewusst, dass es nicht so einfach werden würde, wie es uns in der Weichzeichnung der letzten Nacht erschienen war. Zusätzlich war ich zu der Zeit immer noch auf meinem Egotrip. Das, gepaart mit der aufkommenden Angst, wieder bis ins Mark von meiner Seelenverwandten verletzt zu werden, führte dazu, dass ich eine Rolle gegenüber Franzi einnahm und ein doppeltes Spiel mit ihr spielte. Sie kam all meinen Bedürfnissen gerade recht, ihr Aussehen und ihr Körper waren für mich perfekt, und es machte unfassbar viel Spaß, mit ihr Sex zu haben. Zusätzlich befriedigte sie in mir das Bedürfnis nach einer tiefen, innigen Verbindung. Beides wollte ich haben, aber einlassen darauf wollte ich mich nicht. Also gaukelte ich ihr vor, dass wir zusammengehörten, dass ich für immer mit ihr zusammen sein wollte, weil es sich mit niemandem so anfühlte wie mit ihr.

Das stimmte auch, ich wollte all das mit ihr, aber ich war nicht bereit dazu, zumindest nicht zu diesem Zeitpunkt. Weil ich ihr das aber nicht sagen wollte, unter anderem weil ich dann auf den geilen, innigen und intimen Sex hätte verzichten müssen, ließ ich sie in dem Glauben, ich würde es auch so meinen.

Sie räumte in der Zwischenzeit in ihrem Leben auf, führte ein offenes Gespräch mit ihrem Verlobten, teilte ihm mit, dass die Hochzeit abgesagt sei und sie sich trennen werde. Das war keine Angelegenheit, die von heute auf morgen erledigt werden konnte, und verschaffte mir somit Zeit, mich mit Franzi im Zwischenstadium zu bewegen und ihr glaubhaft zu machen, dass ich mich voll und ganz für sie entscheiden würde, wenn alle Schritte erledigt wären.

Es kam der Tag, an dem alles gesagt und von ihrer

Seite alles geklärt war. Franzi ist fast sprichwörtlich dem Bräutigam vor dem Altar abgehauen. Als es nur noch an mir lag, sie mit offenen Armen in meinem Leben aufzunehmen, wies ich sie von mir. Ich redete mich mit fadenscheinigen Sätzen wie »Ich brauche noch etwas Zeit« oder »Ich glaube, ich will mich doch noch nicht so fest binden, sondern noch ein bisschen mein eigenes Ding machen« aus der Situation heraus. Damit zerstörte ich für den Moment ihr Leben. Sie hat für mich alles aufgegeben, alles auf eine Karte gesetzt, sich komplett auf ihr Gefühl und ihr Herz verlassen, nur um dann von mir zurückgewiesen zu werden. Ich habe mich ihr entzogen. Bis heute kann ich keine Antwort darauf geben, wieso genau ich mich so verhalten habe. Eigentlich war für mich alles klar, sie war die Liebe meines Lebens. Aber sie durfte es nicht sein. War es Rache? War ich zu feige, zu mir selbst zu stehen und mir einzugestehen, dass mich jemand für das liebte, was ich war? Oder war ich bloß darauf aus, jemanden bis in die letzte Faser zu besitzen, nur um ihn dann am Ende, wenn ich ihn haben konnte, nicht mehr haben zu wollen?

Ich glaube, die Antwort darauf liegt in mir begraben. Für Franzi und für mich hat die Geschichte ein Happy End, wenn auch kein gemeinsames. Jeder führt das Leben, das er sich ausgesucht hat. Franzi lebt heute glücklich mit ihrem Lebensgefährten irgendwo im Norden Deutschlands. Ich liebe meine Freundin und meine beiden Kinder und führe das Leben, das ich mir immer gewünscht habe.

## Mira I – Egoisten leiden am schlimmsten

**Jakob:** Ein karger Raum mit abgehängten Decken. 70er-Jahre-Charme. Die Tür öffnete sich zaghaft. Sie war die Probandin und ich der Versuchsleiter, ein Setting wie aus einem schlechten Dialog-Porno.

Ich stellte ihr die erste Frage, und mit ihrer Antwort explodierte eine Bombe in mir, die meine lange verschütteten Wünsche und Träume freilegte. Sie erzählte von ihrer letzten Südafrika-Reise, und ich musste an meine denken: Surfen, Kiten, Küstenstraßen, gutes Essen, die flimmernde Sonne und der Strand. Auf Roadtrips sein und alles, was zu Hause auf einen wartet, im Fahrtwind vergessen. Es ist, als ob man in dieser Zeit ein neues Leben anfängt.

Diese Frau war wunderschön. Große weiße Zähne. Wie ich auf Zähne stehe. Ihre Zähne hätte ich beim ersten Anblick geheiratet. Sie war gebräunt und ich der Eisbär nach dem Winter. Alles an ihr führte mir vor Augen, was ich mir schon viel zu lange nicht mehr erlaubt hatte: sorglos das Leben zu genießen, statt ehrgeizig und bissig zu schuften.

Zwei Tage später schickte ich ihr eine Mail und fragte ganz beiläufig, ob die Geschichte von Südafrika, von der sie mir im Experiment erzählt hatte, wahr sei. Am nächsten Tag öffnete ich erwartungsvoll mein Postfach. Nichts außer den üblichen Penis-Enlargement-Mails und denen, die versprachen, mich über Nacht zum Millionär zu machen. Mit jedem Tag stieg die Aufregung. Tag drei, und noch immer keine Rückmeldung. Tag sechs: Ich öffnete meine Mails, und ganz oben war eine Antwort von ihr. Etwas nervös, was mich nach der langen Zeit für eine Mail erwarten würde, klickte ich auf »Öffnen«. Am Anfang stolperten meine Augen hastig über die Buchstaben, nur um zu sehen, ob die Nachricht grundsätzlich positiv oder negativ war.

Ihre Mail spiegelte förmlich die von mir initiierte Small-Talk-Leichtigkeit. Sie fragte, ob ich denn bei allen Probandinnen so viel Interesse in der Nachbereitung der Datenerhebung zeige. Tatsächlich war sie nicht die einzige, aber fast. Es gab nur eine weitere. Dating war für mich in dieser Zeit wie die Formel 1 für Mercedes. Man setzt nicht auf einen einzigen Fahrer. Aber trotzdem startete Mira auf meiner Poleposition. Und ich wollte eh mit dem Parallel-Dating aufhören, weil ich spürte, dass es mich daran hinderte, mich zu verlieben. Ich wollte mich ganz auf eine Frau einlassen, auch wenn es mich unsicher und nervös machte. Ein Experiment, das ich bereit war einzugehen.

Die offene Art, in der ihre E-Mail formuliert war, machte mir Mut für den nächsten Schritt. Doch so einfach war es nicht. Bei den meisten Frauen ergibt sich alles ganz natürlich, aber sobald mir eine Frau schon sehr früh etwas bedeutet, werde ich unsicher und zerdenke jede meiner Handlungen.

Nach ein paar Umformulierungen konnte ich endlich den »Senden«-Knopf meines E-Mail-Programms betätigen.

Dieses Mal kam die Antwort schneller, und ein paar Risse in der Fassade meines Selbstvertrauens wurden mit ihrer positiven Rückmeldung verputzt.

Ich wollte nicht zu sehr vorpreschen bei unserem ersten Date – wie jemand, der einen Strauß rote Rosen mitbringt. Deshalb wählte ich meine Dating-Routinerunde mit ihren bekannten, bewährten Stationen. Wir trafen uns am U-Bahnhof. Ich holte sie ab. Fünf Minuten zu spät. Ich bin immer lieber der, der den anderen warten lässt, als selber zu warten. Ich mag es einfach nicht, wenn jemand anders auf mich zuläuft, während ich an Ort und Stelle fixiert bin. Wie eine Kugel, die auf mich zurollt. Ich schieße lieber selbst.

Dann ging es weiter zum Späti, um Weggetränke einzukaufen. Vielleicht konnte ich an der Wahl der Getränke schon festmachen, welchen Charakter sie hatte. Mira griff beherzt nach zwei Bieren und ließ kurz die Traumvorstellung einer Eierlegenden Wollmilchfreundin aufblitzen. Bester Kumpel mit Brüsten und Po. Ein Mensch, der einen versteht, bei dem man nicht das Gefühl hat, sich in irgendeiner Art verstellen zu müssen, und mit dem man gerne schläft.

Als Nächstes ging es in den Park, um einen unverbindlichen Spaziergang zu machen. Zusammen laufen hat einen großen Vorteil, finde ich: Man ist in

Bewegung, und diese unangenehmen Gesprächspausen, die mit unbekannten Personen entstehen können, fallen weniger auf, wenn man beim Spazierengehen seine Blicke schweifen lässt, als wenn man sich in einem Café gegenübersitzt.

Ich merke beim gemeinsamen Laufen immer recht schnell, ob jemand mir menschlich liegt und ob ich den gemeinsamen Abend weiter fortführen möchte. Bei Mira wusste ich es, bevor wir einen Fuß in den Park gesetzt hatten. Es war wie einen Neuwagen zum TÜV zu fahren. Natürlich erhielt sie die Prüfplakette, um die nächsten Jahre auf den Irrwegen meines Lebens umherzufahren.

Die Gespräche mit ihr waren leicht und fließend, und trotzdem blitzte hier und da auf, was noch in ihr verborgen war. Eine Andeutung der Tiefe ihrer Gedanken, die eine Ernsthaftigkeit hatten, wie ich sie bei vielen Frauen vermisste oder gar nicht erst weiter erforschte, weil die Frau mich nicht genügend interessierte. Mira machte sich zum Beispiel Gedanken darüber, wie Menschen in der Zukunft besser zusammenleben könnten. Über solche Themen hatte ich mit den Frauen, die ich vorher gedatet hatte, selten gesprochen. Klar beschäftigten sie sich auch mit Dingen, die über den lackierten Fingernagelrand hinausragten, aber eben nicht in der Tiefe, wie ich sie bei Mira erahnte. Aber all das war nichts für die leicht beschwipste Stimmung an diesem ersten Date, sondern ein Geschenk, das ich nicht gleich auspacken wollte.

Wenn Dates gut liefen, fragte ich meistens die Frau,

nachdem ich die Laufrunde so gelenkt hatte, dass wir nur noch einen Steinwurf von meiner Wohnung entfernt waren, ob sie noch auf einen Drink hochkommen wolle. Mit Mira lief es aus meiner Sicht sehr gut. Ich fragte also, und sie willigte ein. Ich hatte tatsächlich keinen Hintergedanken, ich wollte sie einfach in meine Wohnung mitnehmen, um kurz die Illusion zu erzeugen, wir wären schon zusammen, und zu schauen, wie es sich anfühlte. Es gibt eigentlich nichts Intimeres als die eigene Wohnung. Die Bastion des Rückzugs in der Hektik der Welt. Der Ort, wo man stille Stunden verbringt. Die Wohnung erzählt Geschichten von dem, der in ihr lebt.

Mira hörte sich nun die Geschichte meiner Wohnung an, und ein Bier später saßen wir auf meiner Couch. Sie hatte es sich halb liegend auf dem L-Stück bequem gemacht, und ich hatte mich mit ausgebreiteten Armen neben sie gesetzt. Eine Frau, die sich nicht wohlfühlt, würde sich nicht hinlegen, dachte ich bei mir. Es sei denn, ihr ist schlecht. Mira war nicht schlecht. Dort lag sie nun zwanzig Zentimeter von mir entfernt.

Ich beugte mich zu ihr rüber, gab ihr einen leichten Kuss auf den Hals, fast schon wie zufällig, ein Versehen beim Aufstehen, und als ich anhand ihrer Körperreaktion sehen konnte, dass es ihr gefiel, bewegte ich mich mit langsamen Kussschritten Richtung Mund vor, bis sich unsere Lippen das erste Mal berührten.

Ich erschrak innerlich ein bisschen, denn das Küssen mit ihr hatte ich mir anders vorgestellt. Es war schön, aber trotzdem war es, als ob zwei Elemente nicht hundertprozentig zusammenpassten. Doch irgendwie war das bei ihr nicht so wichtig. Es ging schon da um mehr als reine Körperlichkeiten, und das Küssen würde schon noch gut werden. Wir hatten ja Zeit. Gebumst würde heute nicht mehr, das spürte ich, und das wollte ich auch nicht. Aber ich war neugierig, wie sich ihr Körper anfühlte. Ich legte mich über sie, ohne dabei ihren Körper zu berühren, stützte mich mit meinem Knie zwischen ihren Beinen ab und schob meinen rechten Arm um ihre Hüfte. Den anderen stützte ich über ihrem Kopf auf. Ich ließ mich langsam runter und konnte ihren Körper an meinem fühlen. Obwohl die Bewegung von mir ausging, war es, als ob ihr Körper zuerst meinen berührte. Zuerst ihre Hüfte, dann ihre kleinen spitzen Brüste. Bei jeder anderen Frau hätte ich sie innerlich als Mäusefäuste degradiert, bei ihr war es ein Teil von dem, was ich einfach nur schön fand.

Wir lagen noch eine ganze Weile so auf der Couch, bis sie losmusste. Ich brachte sie zum U-Bahnhof, und die Verabschiedung war wie im Film. Wir küssten uns ein letztes Mal, und wir harmonierten nun schon deutlich besser dabei. Ein letzter Blick, der verriet, dass das trotz des gewöhnlichen Ablaufs für uns beide kein gewöhnliches Date gewesen war.

Als die U-Bahn-Tür zuging, hätte ich einen Luftsprung machen können. Alles fühlte sich gut an, ich spürte das Adrenalin in jeder Faser meines Körpers. Ich war wie weggeballert. Ein schöner, aber auch gefährlicher Zustand. Rausch ist gefährlich, weil man immer mehr will und irgendwo der Kater und, noch schlimmer, die Normalität des Lebens wartet.

Beschwingt und leicht taumelnd ging ich nach Hause. Mir kam es so vor, als hätte ich die ganze Zeit ein Lächeln auf den Lippen, mit dem ich wohl an diesem Abend auch eingeschlafen sein muss.

Sie schrieb mir am nächsten Tag, dass sie das Treffen schön fand und dass wir es doch gerne wiederholen können. Eigentlich ist es strategisch clever, den Krug des Dating-Orts an den anderen weiterzureichen. Denn als Gastgeber kann man eigentlich nie im gleichen Maße die Party genießen wie die Gäste. Aber das nahm ich in Kauf. Ich wollte nichts dem Zufall überlassen und fragte sie, ob wir mit dem Boot rausfahren wollten. Ich kannte die Wirkung eines milden Sommerabends, wenn die Stadt um einen herum im Abendlicht schimmerte.

Wie in einem schlechten Film hatte ich sogar eine Flasche Sekt eingepackt. Wenn ich das jetzt selbst so lese, kommt es mir kurz hoch, aber ich war verstrahlt, und in der Strahlung sind solche Momente wunderschön. Natürlich nur, wenn man sich darauf einlassen kann. Das Boot war wie eine kleine Couch, die ruhig auf dem See lag. Wir hatten es uns auf ihr gemütlich gemacht und tranken den Sekt aus der Flasche. Die Abendstimmung, die warme Luft, das spiegelglatte Waser, die weite Sicht bis zu den Bäumen am Waldrand – alle äußeren Bedingungen waren perfekt. Aber irgendwie wirkte die Stimmung etwas distanzierter als beim letzten Treffen. Nicht von meiner Seite aus, sondern von ihrer. Ich bin in solchen Momenten wie ein verängstigtes Reh, das darum weiß, dass auf der Lichtung der Jäger wartet. Wir küssten uns, doch auch das war distanzierter als bei unserem ersten Date. Ich hatte auch nicht das Gefühl, dass es richtig war, meinen Arm um sie zu legen. Irgendwann fuhren wir in den Hafen, und das Gefühl von Trennung lag im Fahrtwind, obwohl wir gar nicht zusammen waren.

Wir trafen uns noch ein paarmal und machten lustige Sachen, aber irgendwie begleitete uns seit dem Tag auf dem Boot diese merkwürdige Endzeitstimmung. Eines Abends saßen wieder auf meiner Couch und beobachteten durch das französische Fenster die Stadt unter uns, bis sie anfing zu reden: »Ich will dir etwas sagen.« Schon allein diese Worte waren wie eine Rasierklinge, die mir die ersten Cuts ins Herz schnitt. Ich wusste sofort Bescheid. »Ich war nicht ganz ehrlich zu dir«, fuhr sie fort.

*Das ist völlig in Ordnung,* wollte es aus mir heraussprudeln, *wir können ja das, was war, einfach vergessen und genau hier einen Neuanfang machen.* Ich war das Kind, das nicht wollte, dass das Türmchen aus Holzklötzen einstürzte, aus dem sie immer wieder Bausteine herauszog. Es war nicht stabil, aber für mich wunderschön.

»Irgendwie tut sich bei mir emotional nichts, wenn wir uns sehen«, sagte sie mir mit einem traurigen, aber auch erleichterten Blick. Sie habe die ganze Zeit parallel einen anderen Typen gedatet, der eigentlich nur was Loses wollte, aber irgendwie sei das Lose dann doch fester geworden. Eigentlich sonst meine Methode, aber dieses Mal waren die Rollen vertauscht.

Sie zog kräftig, und der Turm stürzte ein. Ich drückte das aufkommende Gefühl weg, als würde ich rückwärts in ein tiefes schwarzes Loch fallen, dankte ihr für die Aufrichtigkeit und wünschte ihr viel Glück bei dem, was jetzt für sie kommen würde.

In Wahrheit wünschte ich ihr einen Scheiß. Wie krass dieses Gefühl war. Ich hatte in einer Illusion gelebt, die trügerische Ruhe hätte ich schon viel früher bemerken müssen, aber die Verliebtheit hatte mich blind gemacht.

Es war meine gerechte Strafe, dachte ich mir. Eine Strafe, die mich spüren lassen sollte, wie sich diese Seite der Medaille anfühlte. Zu oft hatte ich diese Nummer bei anderen Frauen abgezogen und nie ernsthaft einen Gedanken daran verschwendet, wie es der Frau damit gehen könnte. Im Schmerz war ich nicht nur bei mir, sondern auch bei den Frauen meiner Vergangenheit.

Der Sommer war in diesen frühen Herbsttagen noch einmal zurückgekehrt und hatte ein paar Tage über dreißig Grad gebracht. Normalerweise ein willkommenes Geschenk. In meiner Wohnung war es brütend heiß, und ich wünschte mir den Regen auch außen, der mich innerlich flutete. Ich lag auf dem Dielenboden und fühlte mich, als würde der Schmerz mein Inneres zerreißen. Warum war es so heftig für mich? Wir kannten uns doch erst ein paar Wochen. Diese Gedanken wurden immer wieder durchzogen von Heulkrämpfen, die meinen ganzen Körper erschütterten. Ich war mir vor mir selbst peinlich. Der coole Macker, der dort winselnd am Boden lag.

Meine Mutter rief kurz an. Ich versuchte, mir meinen Schmerz nicht anmerken zu lassen. Kurze Zeit später kam allerdings von ihr eine WhatsApp-Nachricht, ob ich nicht doch mal so ein tolles homöopathisches Mittel gegen Traurigkeit ausprobieren wolle. Selbst Crack hätte mich wahrscheinlich nicht eine Sekunde aus dieser Stimmung herausziehen können. Ich wollte in meiner Trauer versinken, und die Frage nach dem Warum war das Blei, das mich in die Tiefe zog. Warum war sie nicht von Anfang an ehrlich gewesen? Warum war ich selbst den Frauen gegenüber nie ehrlich? Warum beschäftigte mich das überhaupt so krass? Ich hatte die Frau nur ein paarmal gesehen. Meine Trauer wurde von Wut durchschnitten. Auf sie, auf mich und meine Dummheit und meine Weichei-Art. Was war ich für ein Schlappschwanz. Kein Wunder, dachte ich. So einen Schlappschwanz will auch keiner.

Ein weiterer Heulkrampf durchzog meinen Körper und wusch die Gedanken weg und ließ mich wieder rückwärtsfallen. Mit ihr war viel mehr gestorben als der Anfang einer möglichen Beziehung. Mit ihr hatte sich die Karotte in Luft aufgelöst, die ich Esel die ganzen Jahre verfolgt hatte. Der Traum von einer Seelenverwandten, die mich aufhören ließ, dieses beschissene

Dating Game aus Alkohol, Party und unverbindlichem Sex zu spielen. Dieser Traum war zerplatzt, und ich war am Dielenboden zerstört.

Was eine Trennung von dieser Frau wohl mit mir gemacht hätte, wären wir zwei Jahre zusammen gewesen? Ich hätte wahrscheinlich die Sinnhaftigkeit meiner ganzen Existenz angezweifelt. Vielleicht auch gar nichts, weil meine Illusion von Beziehung niemals mit irgendeiner Frau Realität werden kann. Der Zweifel blieb.

Die Tage und Wochen vergingen. Ich rappelte mich langsam auf und setzte meinen entgleisten Zug wieder aufs gewohnte Streckennetz. Zuerst tröstete ich mich mit einer alten Bekannten. Alles in meinem neuen alten Leben hatte einen fahlen Beigeschmack. Ich traf Frauen. Wir hatten Spaß.

Als ich einmal eine Frau von hinten bumste, kam das Gefühl, das mich in aller Heftigkeit auf den Dielen zerissen hatte, auf einmal wieder hoch. Ich dachte an Mira. Mir flossen die Tränen runter, während mein schlaffer Schwanz wie konditioniert weiter den Bewegungen meines Beckens folgte. Ich brach ab und drehte mich weg. Zu viel Stress bei der Arbeit, war meine unglaubwürdige Begründung.

Die Traumfrau gibt es nur im Traum, hatte ich mir bisher immer gesagt, aber jetzt war ich mir nicht mehr so sicher. Ich lenkte mich weiter ab, und die Gedanken an sie wurden weniger. Nicht in ihrer Intensität, aber in ihrer Häufigkeit.

Schließlich hatte ich meinen alten Weg wiedergefunden. Mit einem befreundeten Kollegen ging ich auf eine dieser Medienpartys, wo die Gesprächsdauer durch die Anzahl der Sprossen auf der Karriereleiter definiert wird, die ich mithilfe meines Gegenübers aufsteigen kann. Wir verließen den Ort, der die Leere in mir spiegelte, und suchten einen hoffungsvolleren auf. Eine Studentenparty. Ich sprach eine hübsche brünette Studentin an, die im vierten Semester Kunst studierte. Es war lustig mit ihr, wir lachten, holten uns noch ein paar Gläser Bowle, von der ich genau wusste, dass die Studenten dafür die allerbilligsten Fusel zusammengekippt hatten, um diesen Zaubertrank mit Kopfschmerzgarantie zu brauen.

Auf einmal sah ich im Augenwinkel einen Schatten und wusste, dass der Abend für mich gelaufen war. Es war, als ob jemand Steine auf meine Schienen legte, während ich mit 200 in den Bahnhof brettern wollte. Mira tat das mit einem aufrichtigen Lächeln auf den Lippen, als sie mich antippte und zur Begrüßung umarmte. Wie ein Gelähmter, der sich beim Stehen plötzlich daran erinnerte, dass er das gar nicht kann, sackte alles in mir zusammen. Meine brünette Bekanntschaft erkannte sofort an meinem Blick auf Mira, dass sie nur ein Trostpflaster für diejenige war, die nun vor uns stand. Nach einem kurzen Small Talk wünschte ich Mira einen schönen Abend. Ihrer würde sicherlich schön werden, meiner ganz bestimmt nicht. Aus dem Augenwinkel sah ich, dass sie eine Bierbank ansteuerte, auf der ein Typ sie erwartete und sie auf seinen Schoß zog. Meine braunhaarige Studentin bemerkte, dass ich schon lange nicht mehr bei der Sache war, und versuchte mich mit der Frage nach einem neuen Getränk wieder auf Trab zu bringen, aber ich musste die beiden einfach weiter beobachten, obwohl ich wusste, dass es ein Fehler war. Das war nun der Typ, den sie mir vorgezogen hatte. Falls er es war. Verstehen konnte ich es nicht, hatte ich doch immer gedacht, dass ich der Geilste war. Sie hatte die Decke meiner Überheblichkeit gelüftet und die darunterliegenden Zweifel bloßgelegt.

Ich schluckte das bittere Gefühl runter und begab meinen schlaffen Körper in die Hände meiner Studentenbekanntschaft. Wir tranken, wir küssten uns, wir landeten im Bett. Alles hätte schön und aufregend sein können. Aber stattdessen war alles dumpf und fad. Wahrscheinlich verletzte ich an diesem Abend wieder eine Frau. Aber meine Gedanken waren bei Mira und bei meinem Schmerz. Egoisten leiden am schlimmsten. Und sie haben es verdient.

Zwei Jahre Funkstille. Jeder lebte sein Leben, und Mira tauchte immer mal wieder in meinen Gedanken auf. Jedes Mal erweckte sie in meiner Vorstellung den Traum von einem anderen Leben. Gab es sie wirklich, diese eine Frau, oder gab es nur meine Illusion?

Dann kam die WhatsApp-Nachricht.

## Mira II – Das wahre Arschloch steckt ganz tief

**Jakob:** Es ist ein kalter, klarer Februartag. Die Sonne schneidet sich durch den blauen Himmel, um auf meinem Körper ihre Energie abzugeben. Ich liege ohne T-Shirt auf der großen Couch in meinem Wohnzimmer. Auf mir schläft meine kleine Tochter. Sie ist jetzt eine Woche alt. Ihr Atem geht doppelt so schnell wie meiner. Sie ist die Hi-Hat und ich die Snare. Zusammen schlagen wir den Takt des Lebens. Ein Gefühl, dem keine Beschreibung gerecht wird. Alles ist perfekt. Ich döse ein.

Das Vibrieren meines Handys weckt mich. Süchtig nach jedem kleinen Dopaminstoß, greife ich reflexartig danach und sehe die Absenderin. Mich durchfährt ein komisches Gefühl, wie die sanfte Erinnerung daran, irgendwo einmal falsch abgebogen zu sein. Mira schreibt, und hinter meinen Frontallappen bricht der Synapsenkrieg aus. Alte Erinnerungen werden wach. Unsere Affäre vor zwei Jahren mit ihrem für mich so schmerzhaften Ende. Ich wortwörtlich am Dielenboden zerstört in meiner Wohnung. Woher kamen all die Tränen? Es waren so viele, dass mir das vor mir selbst peinlich war. In diesem Moment hätte ich gerne den Pausenknopf meines Lebens gedrückt und erst dann wieder den Playknopf, wenn die Beziehung zwischen Mira und ihrem Typen vorbei war. Dann hätten wir da weitermachen können, wo wir aufgehört hatten. (Wenn ich meine Gedanken von damals jetzt aufschreibe, wirken sie wie ziemlich kranker Scheiß, aber so war es.)

Mein Daumen zögert kurz über dem Display wie die letzte Instanz meines Gewissens, das weiß, dass ich diese Nachricht noch nicht einmal lesen sollte. »Hi, wie geht es dir? Wollen wir uns mal wiedersehen? Hoffe, es läuft.« Nicht überrascht von dem harmlosen Geplänkel, lege ich das Handy wieder weg. Dass gerade eine ganze Menge läuft – Freundin und Kind –, davon weiß sie nichts. Unsere Leben hatten schon immer wenig Überschneidungen.

Das Gedankenkarussell nimmt Fahrt auf und zieht seine steten Runden in meinem Kopf. Ich entschließe mich, nicht zu antworten. Warum auch? Mit welcher Intention? Und was sollte ich schreiben: »Ja, läuft alles bei mir. Bin grade Vater geworden, und die Kleine liegt hier auf meinem Bauch und schläft.« Das Kettenkarussell wird langsamer und kommt durch meine Müdigkeit zum Stehen. Ich döse wieder weg.

Im Traum, hinter der Tür des Bewusstseins, lebe ich für einen Moment ein neues Leben. Ein Leben mit Mira. Wir fahren übers Wochenende zusammen weg und besuchen ihre Eltern. Das erste Mal. Solche Momente haben meist etwas Merkwürdiges an sich, aber diese erste Begegnung ist besonders schwierig. Sie empfangen mich freundlich, doch eine große Portion Skepsis schiebt sich mit durch die Eingangstür: Welcher Penner verlässt schon seine Freundin kurz nach der Geburt des gemeinsamen Kindes? So einen will man nicht für seine Tochter. Ich fühle mich ansonsten sehr wohl in dieser spießigen Umgebung, zusammengehalten von gepflegten Vorgärten und in der Sonne geparkten glänzenden Kombis.

Ein seltsames Weinen durchdringt die Ruhe. Es kommt von weit her, doch ich kann das Geräusch nicht orten. Als ich aufwache, kapiere ich, dass es meine Tochter ist. Sie hat wohl Hunger und muss gestillt werden. Ich nehme sie auf den Arm und trage sie eine Etage hinunter zur Mama.

Dann bin ich wieder an meinem Handy, auf das ich gefühlt den halben Tag nicht mehr geschaut habe. In Wahrheit waren es siebzehn Minuten. Meine Augen bleiben an der Nachricht hängen, und wie ferngesteuert schreibe ich mit derselben Unverbindlichkeit zurück: »Hi, grad viel zu tun, beruflich und so. Es geht mir gut. Hoffe, dir auch«. Ende. Nichts dabei, und trotzdem fühle ich mich schon jetzt, als ob ich meiner Freundin fremdgegangen wäre.

Vibration. »Schön, dann melde dich einfach, wenn du Zeit und Lust hast.« Zeit wird in diesem Fall durch die Lust definiert, und meine Antwort kenne ich schon jetzt. Als ob mein Gewissen sich durchs Abwarten austricksen ließe, schreibe ich nicht zurück. Jedenfalls nicht gleich. Ich döse erst mal wieder weg.

Ich stehe vor einer hippen Craft-Beer-Manufaktur in Berlin-Neukölln. Wo früher in einer alten, verrauchten Spelunke Herrengedecke aufgetischt wurden, wird heute dunkles Edelherb gezapft. Ich mag Veränderungen.

Da kommt sie. Tatsächlich habe ich keine sexuelle Intention bei diesem Treffen. Ich will nur sichergehen, dass ich keine Gefühle mehr für sie habe, und danach wieder friedlich mein Leben leben.

Da ist er wieder: dieser leichte Gang, als liefe sie auf Federn. Dieses Sprunghafte, Unkontrollierbare, das sich in jeder ihrer Bewegungen widerspiegelt. Vielleicht war es das, was mich so an ihr faszinierte. Ich wollte alles kontrollieren, und als es mir missglückte, hat sie mich kontrolliert.

Die zwei vergangenen Jahre fühlen sich eher wie ein langes Wochenende an, wir sind uns sofort wieder vertraut. Wir lachen, bringen uns auf den neusten Stand. Sie erzählt mir, dass ihre Beziehung zu Ende gegangen sei, was ich gehofft und geahnt habe. Ich erzähle ihr von meiner Freundin. Meine Augen sind dabei auf ihrem Gesicht, und ich versuche, in ihrem Gesicht eine Regung zu erkennen, sehe aber nichts. Das kleine, gerade auf die Welt gekommene Detail lasse ich aus. Die Dosis macht das Gift.

Irgendwann unterbricht sie die Unterhaltung und sagt mir, dass sie die erste Nachricht, die ich ihr damals schrieb, nie gelöscht habe und immer aufbewahren werde. Die Regung, die ich bei ihr nicht entdecken konnte, spüre ich nun in meinem Gesicht. Mit jedem Bier schauen wir uns länger in die Augen, und vielleicht werden die Konversationen tatsächlich tiefsinniger, oder wir sinken einfach nur durch das Gewicht des Bieres zum Meeresgrund. Alles fühlt sich gut an, zur richtigen Zeit am richtigen Ort, wie vor zwei Jahren. Obwohl ich den größten Teil meines Gewissens schon ausgepinkelt habe, wird mir diese Intimität zu gefährlich. Kurz vor dem sechsten Bier sage ich ihr, ich müsse nach Hause, weil ich morgen beruflich viel zu tun hätte. Wir sind mittlerweile so gut mit Alkohol gefüllt wie die kleine Brauerei selbst. Ich will auf mein Fahrrad steigen, um nach Hause zu fahren. Nach Hause zu meiner Freundin. Nach Hause zu meiner Tochter. Und dann fragt sie, ob ich sie noch ein Stück bringen könne.

Gemeinsam gleiten wir auf dem Fahrrad lautlos in die Dunkelheit der Straßen. Sie sitzt auf dem Sattel, hält sich an meinen Schultern fest und umklammert mit ihren Beinen meine Hüfte. Es fühlt sich wie eine laue Sommernacht an, mitten im Winter. Am U-Bahnhof Görlitzer Park angekommen, drehe ich mich um, um ihr vom Sattel zu helfen. Die Verfänglichkeit dieser Position hätte mich fünf Bier früher sicherlich am Umdrehen gehindert, doch jetzt ist sie da, auf meinem Sattel, ihre Beine immer noch um meine Hüfte, und ich halte sie, damit wir nicht umkippen. Sie gibt mir einen Kuss auf die Wange – und genau jetzt wäre der Zeitpunkt zum Wegdrehen gewesen. Aber ich drehe mein Gesicht zu ihr, und in dem Moment, als sich unsere Lippen berühren sollten, schrecke ich auf.

Mein Atem geht schnell. Ich liege auf meiner Couch.

Ein Schweißtropfen läuft mir von der Stirn ins Ohr. Meine Tochter liegt auf meiner Brust, meine Freundin muss sie nach dem Stillen wieder zu mir gebracht haben, während ich schlief, und Hi-Hat und Snare schlagen die gleiche Frequenz. Ich atme auf. Mein Leben ist hier. Für heute und jetzt.

# Lina

**Max:** Diese Seelenficker-Story ist eigentlich gar keine richtige. Sie beschreibt eher eine Phase in meinem Leben, in der ich vor allem mir selbst der Nächste war. Ich war ein schwarzes Loch, und wer in meiner Nähe war und sich auf mich einließ, wurde gnadenlos davon verschluckt.

Die Geschichte beginnt in meiner Studentenzeit. Im ersten Kurs, den ich besuchte, sah ich eine Frau, die mich äußerlich sofort ansprach. Ihr Name war Lina. In den ersten Gesprächen stellte sich allerdings ziemlich schnell heraus, dass wir beide nichts voneinander wollten. Eigentlich kamen wir uns auch freundschaftlich nicht näher. Wir waren uns vielmehr darüber einig, dass wir einander nicht leiden konnten. Somit gingen wir uns die ersten zwei Semester gänzlich aus dem Weg. Wir kamen auch aus völlig unterschiedlichen Welten. Sie war musikalisch, konnte singen wie eine Göttin, war aufgedreht und extrovertiert und machte keinen Sport. Ich war damals fast jeden Tag im Fitnessstudio und kam immer demonstrativ mit einer Sporttasche in die Uni. Ich war hart trainiert, introvertiert, und Musik hörte ich nur in Form von Berliner Untergrund-Rap. Ich war eher an kleinen blonden Püppchen interessiert als an einer rassigen Südländerin, wie sie es war.

Wir studierten also komplett aneinander vorbei, bis wir eines Tages vom Dozenten in Gruppen eingeteilt wurden und ich mit Lina in derselben landete. Ich hatte sie ja schon attraktiv gefunden, als ich sie das erste Mal gesehen hatte. Aber erst jetzt sah ich wirklich, was für ein schönes Gesicht sie hatte. Es heißt ja, die Symmetrie eines Gesichtes bestimme objektiv die Attraktivität eines Menschen. Ihre Gesichtshälften kamen mir exakt identisch vor. Obwohl sie nicht mein Typ war, faszinierte mich diese nahezu perfekte Symmetrie ihrer Gesichtszüge. Ein hübsches Gesicht konnte natürlich nicht über unsere Unterschiede hinweghelfen. Wir konnten uns nach wie vor nicht wirklich leiden, aber daraus entwickelte sich ein Spiel aus kleinen Wortgefechten, bei denen sich keiner von uns zurücknahm. Dieses verbale Duell startete erst harmlos und ging irgendwann immer mehr ans Eingemachte. Wir bewegten uns dabei eigentlich nie unter der Gürtellinie, sondern schafften es, den anderen immer aus seiner emotionalen Reserve zu locken und genau da zu treffen, wo es wehtat.

Diese ständigen Reibereien führten bei uns beiden vorerst dazu, dass wir uns noch weniger ausstehen konnten, aber mit jeder kleinen Verletzung bekam auch der Schutzpanzer, den wir uns aufgebaut hatten, einige Risse. Wenn es jemand schafft, einen immer und immer wieder zu treffen, scheint er auch ein Gespür für den anderen zu haben. Nach außen konnten wir uns weiterhin nicht leiden, und wir wären auch nie näher in Kontakt gekommen, wenn wir nicht wegen dieser Gruppenarbeit unsere Handynummern hätten austauschen müssen. Ich weiß heute nicht mehr, wer die erste Nachricht schrieb, ich weiß nur, dass mich mein Prepaid-Handy ab diesem Moment fast in den finanziellen Ruin getrieben hätte. Wir schickten uns SMS, die gefühlt mehrere DIN-A4-Seiten lang waren. Wie konnten Unterhaltungen per SMS so intensiv und deep sein? Irgendwann dämmerte es mir. Ich war auf eine »Fast«-Seelenverwandte gestoßen. Das ist für mich eine Frau, die all das in mir auslöst, was eine Seelenverwandte auch tut, aber der gegenüber ich mich nicht komplett öffnen kann oder will. Wir blieben also weiter in regem Kontakt, aber keiner an der Uni durfte etwas davon wissen. Offiziell hassten wir uns nämlich nach wie vor.

Diesen Zustand mussten wir auch wahren, weil wir beide zu der Zeit vergeben waren. Ich war seit ein paar Monaten mit einer blonden Tussi zusammen und Lina schon seit Längerem mit ihrem Freund. Sie war als Deutschtürkin zwar eigentlich nicht in dem traditionellen Beziehungsmuster gefangen, aber trotzdem kam für sie ein Flirt mit einem anderen Mann nicht infrage, auch nicht im Ansatz. Heute weiß ich, dass sie auch deshalb mit mir von Anfang an dieses »Ich hasse dich«-Spiel gespielt hat. Trotz unserer Beziehungen kamen wir uns immer näher, und aus zweideutigen Nachrichten wurden schnell eindeutige.

Wir waren uns einig, dass wir irgendwie mehr füreinander empfanden, aber es traute sich keiner von uns, aus seiner Beziehung auszubrechen. Trotzdem wollte ich den ersten Schritt machen und mich von meiner Freundin trennen. Ich war nie gut darin gewesen, Beziehungen zu beenden, und als ich endlich allen Mut zusammengenommen hatte und es meiner Freundin sagen wollte, klingelte ihr Telefon. Mein Vorhaben, mich von ihr zu trennen, zerplatzte wie ein Ballon in dem Moment, als ihr Gesichtsausdruck ganz traurig wurde. Sie fing an zu heulen und fiel mir in die Arme. Ihre Lieblingsoma war gestorben. Hätte ich in dieser Situation mit ihr Schluss machen sollen? Ein Teil von mir dachte, lieber geballtes Übel, als häppchenweise Gift serviert zu bekommen. Wenn ich mich jetzt von ihr trennte, wäre es doch nur das kleinere Übel. Nichts gegen den Tod der Lieblingsoma.

Ich brachte es nicht übers Herz. Und weil meine Freundin so auf mich baute, saß ich zwei Wochen später in irgendeiner Dorfkirche in Brandenburg neben meiner heulenden Freundin, während die Oma in einem Sarg von vier Männern herausgetragen wurde. Reden wurden gehalten, und eine der Töchter betonte, was ihre Mutter doch für eine Frohnatur gewesen sei. Nun wurde es skurril. Um das Andenken ihrer Mutter zu wahren, wünschte sich die Tochter »Hakuna Matata« aus dem *König der Löwen*-Soundtrack. Ich wollte meinen Ohren nicht trauen, doch keine zehn Sekunden später fingen Timon und Pumbaa an, die ersten Zeilen zu trällern. Hier saß ich also neben meiner trauernden Freundin, umgeben von alten Leuten, die vermutlich nicht mal wussten, um welches Lied es sich hier handelte, und musste mir unter größter Anstrengung ein breites Grinsen verkneifen.

»Hakuna Matata«, alles in bester Ordnung, dachte ich, als wir abends im Haus der Oma die Rückfahrt nach Berlin planten, und beinahe hätte ich es doch noch geschafft, wieder mal den Preis für den schlechtesten Freund aller Zeiten zu gewinnen, wie damals, als ich mit Katrin Schluss gemacht hatte, kurz nachdem ihre beste Freundin gestorben war. Meine Freundin fragte mich nämlich beiläufig, ob wir zu ihr oder mir fahren sollten, und ich zögerte etwas zu lange, weil ich eigentlich allein sein wollte. Sie schien zu spüren, was eigentlich los war, und fragte mich, ob ich sie nach so einem Tag wirklich allein lassen wollen würde. Wir beide wussten, dass ihre eigentliche Frage war, ob ich mich nach so einem Tag wirklich von ihr trennen würde. Weil aber ihre gesamte Familie um uns versammelt war, verkniff sie sich die Frage. Nach einem kurzen Zögern sagte ich, dass wir am besten zu ihr fahren sollten.

Obwohl ich mir fest vorgenommen hatte, mit ihr Schluss zu machen, schaffte ich es vorerst nicht. Parallel kamen meine »Fast«-Seelenverwandte und ich uns immer näher, und der Druck, mich von meiner aktuellen Beziehung zu verabschieden, stieg. Es kam der Tag, an dem ich mich mit drei Kommilitoninnen in einer Cocktailbar verabredete. Eine von ihnen war Lina, meine heimliche Affäre. In meiner Fantasie lag ich am Ende des Abends betrunken mit allen drei Frauen im Bett. Netflix und Chill, aber ohne Netflix.

Vor dem Cocktailabend beendete ich meine aktuelle Beziehung per Telefon. Das hatte ich eigentlich gar nicht so geplant, aber meine Freundin rief mich an und wollte wissen, was ich heute Abend noch vorhätte. Nach längerem Rumgedruckse erzählte ich ihr, dass ich heute Abend ein Date mit drei Frauen haben würde. Sie regte sich natürlich darüber auf und schrie mich am Telefon an. Ich hörte mir an, was sie zu sagen hatte, ohne einen Kommentar dazu abzugeben. Am Ende des Gesprächs wollte sie wissen, ob ich denn nichts dazu zu sagen hätte. Als ich weiter nichts von mir gab, fragte sie mich, ob ich gerade per Telefon unsere Beziehung beendete. Ich erwiderte das mit einem knappen »Ja«, woraufhin sie auflegte und ich somit ein freier Mann war. Der Abend mit den drei Frauen endete natürlich nicht so, wie ich ihn mir vorher ausgemalt hatte. Aber ich hatte zum ersten Mal die Möglichkeit, Lina meine Gefühle offenzulegen, ohne ein schlechtes Gewissen haben zu müssen. Sie fühlte sich mit der Situation überfordert, denn sie war weiterhin gefangen in ihrer eigenen Beziehung.

Meine Beziehung war beendet, und ich erhoffte mir, dass Lina sich ebenso von ihrem Freund trennen würde. Leider war sie noch nicht so weit. In der Zwischenzeit blieben wir in regem SMS-Kontakt, und dadurch, dass ich nicht mehr gebunden war, fühlte sie sich nicht nur unter Druck gesetzt, sondern hatte stärker als zuvor das Gefühl, etwas Verbotenes zu tun. Als wir beide in Beziehungen gewesen waren, hatten wir uns in der Affärendynamik auf Augenhöhe bewegt. Beide hatten wir uns moralisch nicht sauber verhalten, aber dadurch hatte es sich auch wieder aufgehoben. Wir hatten uns eine kleine Parallelwelt geschaffen, in der alles erlaubt gewesen war, solange man die Regeln eingehalten hatte. Die Grundfesten dieser Parallelwelt waren unsere Beziehungen gewesen. Diese hatten uns davor geschützt, sich zu stark auf den anderen einzulassen. Da ich aber nun frei war, musste ich mich nicht mehr zurückhalten und zeigte Lina offen meine Gefühle. Sie war mir in dieser Zeit phasenweise sehr nah und dann wieder über längere Zeiträume hinweg kalt und abweisend. Auch für mich wurde dieses Hin und Her immer unerträglicher, sodass ich kurz davor war, den Kontakt komplett abzubrechen. Als ob das so einfach möglich gewesen wäre.

Nach einer gefühlten Ewigkeit beendete sie schließlich ihre Beziehung. Jetzt konnten wir endlich zusammenkommen und miteinander glücklich werden. Aber auch das war zu naiv von mir gedacht. Sie brauchte Zeit. Viel Zeit, um sich endgültig von dem Alten loszulösen, um etwas Neues anzufangen. Ich fühlte mich hingehalten, war aber emotional abhängig von Lina und dem intensiven Gefühl, das entstand, wenn sie es zulassen konnte.

Irgendwann schaffte ich es, das Eis zu brechen, und durfte sogar bei ihr übernachten. In dieser Nacht schliefen wir miteinander. Der Sex war okay, aber irgendwas an ihr störte mich. Ich war noch zu verblendet von meinen Gefühlen zu ihr, um wahrzunehmen, was es war. Ich bekam aber auch erst mal gar nicht die Möglichkeit, noch mal mit ihr zu schlafen. Denn obwohl sie in dieser Nacht nicht genug bekommen konnte, wollte sie danach erst mal nichts mehr von mir wissen. Sie ignorierte mich, und ich kam nicht an sie ran.

Ich gab nicht auf und versuchte immer wieder, Nähe zu Lina aufzubauen. Irgendwann erzählte sie mir, was eigentlich los war: Ihre Mutter war seit Längerem sehr krank, sie hatte Krebs und schwebte seit Kurzem in Lebensgefahr. Ich verstand nicht, wieso sie das nicht mit mir hatte teilen wollen. Ich wollte doch für sie da sein, vor allem in schlechten Zeiten. Aber sie schloss mich aus diesem Teil ihres Lebens aus – vorerst. Mit der Zeit ließ sie mich näher an sich heran, und ich durfte ab und zu Zeit mit ihr verbringen. In dieser gesamten Phase hatten wir keinen Sex. Einerseits verstand ich zwar, dass sie aufgrund der schlimmen Lage ihrer Mutter keine Lust auf Sex hatte, und hielt mich zurück. Aber es war schwer für mich auszuhalten. Ich wollte trotzdem mit ihr schlafen und versuchte immer wieder, sie davon zu überzeugen.

Es kam der Tag, an dem Linas Mutter starb. Sie hielt mich in ihrem Trauerprozess komplett auf Abstand. Wir hatten immer weniger Kontakt, und für mehrere Wochen sah ich sie überhaupt nicht mehr. Ich hatte schon fast mit ihr abgeschlossen, als sie eines Tages wieder in die Uni kam. Sie war wie ausgewechselt. Eigentlich hatte ich gedacht, der Tod ihrer Mutter hätte sie als Mensch gebrochen, und sie wäre jetzt nur noch ein Schatten ihrer selbst. Aber sie wirkte auf mich wie jemand, der mit sich im Reinen war. Sie hatte ihren Frieden mit sich gefunden und den Tod ihrer Mutter akzeptiert. Ihre Ausstrahlung war so positiv, dass ich mich nicht dagegen wehren konnte. Das Beste aber war, dass sie mir gegenüber unglaublich aufgeschlossen war. So war sie noch nie zu mir gewesen. Jede Begegnung mit ihr war wie eine Eroberung gewesen, ich hatte immer das Gefühl gehabt, ich müsste um ihre Aufmerksamkeit kämpfen. All das war wie weggeblasen. Wir lernten uns in dieser Zeit noch mal besser kennen, und sie wollte sich ganz auf mich einlassen. Sie wirkte gleichzeitig stark und verletzlich.

Ich traute dem Frieden nicht so recht und hielt mich etwas bedeckt. Aber Lina wollte mich, sie erzählte mir, dass sie mich schon die ganze Zeit gewollt habe, es aber nie so richtig habe zulassen können. Jetzt könne sie es. Sie kämpfte richtig um mich. Eines Abends stand sie vor meiner Tür. Wir fielen sofort übereinander her, zogen uns aus und schliefen miteinander. Der Sex war wie das letzte Mal – okay. Dieses Mal wusste ich, was nicht stimmte: Es passte körperlich einfach nicht, wir harmonierten für meine Begriffe überhaupt nicht. Mein Verstand sagte Ja, aber es war wie zwei negativ gepolte Magnete, die mit Gewalt zusammengedrückt wurden. Ich wollte Abstand.

Ich war über mich selbst erschrocken, wieso solch oberflächliche Dinge ausschlaggebend dafür waren, dass ich mit Lina nicht zusammen sein wollte. Die Gefühlsebene war so intensiv, wie ich es nur mit einer Frau vorher erlebt hatte, und wir fühlten uns wie Seelenverwandte. Trotzdem endete für mich an diesem Abend unsere Beziehung. Ich schickte sie unter einem Vorwand nach Hause und meldete mich nicht mehr bei ihr. Sie dagegen meldete sich jeden Tag, wollte mit mir reden, wollte natürlich verstehen, was los war. Aber ich brachte es nicht übers Herz, ihr die Wahrheit zu sagen. Ich war zu entsetzt von mir selbst: Verließ ich tatsächlich diese Frau, mit der ich mich so verbunden fühlte, aufgrund von Körperlichkeiten? Ich dachte, wenn ich sie ignorierte, würde ich uns beiden einen Gefallen tun. Irgendwann hasste sie mich dafür. Erzählte ihren Freundinnen, was für ein Arschloch ich doch sei – aber es war mir lieber als die Wahrheit, die an ihrem Eindruck von mir sowieso nichts verändert hätte.

Heute weiß ich, dass ich im Unrecht war. Die Wahrheit wäre hart und für sie vielleicht im ersten Moment unverständlich gewesen, aber sie hätte sie trotzdem verdient gehabt.

Viele, viele Jahre später schrieb ich Lina auf Facebook an. Die Unterhaltung verlief sehr positiv, und ich dachte, sie hätte mir verziehen, es vielleicht sogar verstanden. Bis sich alles auf einmal in eine sehr düstere Richtung entwickelte. Sie schrieb, ich hätte sie damals so stark verletzt und heruntergezogen, weil sie einfach nicht verstanden hätte, warum ich sie aus dem Nichts links liegen gelassen hätte, dass sie mehrere Monate Therapie gebraucht hätte, um das wieder aufzuarbeiten. Sie käme jetzt zum Glück wieder mit ihrem Leben klar. Mir blieb nicht die Möglichkeit, auf ihre lange letzte Nachricht zu antworten, da sie mich danach sofort blockierte.

## Elf Fragen an einen Seelenficker

1. Was ist dir im Leben wichtig?
2. Welche Person hat dir den größten Beziehungsschmerz zugefügt?
3. Was hat sie gemacht?
4. Wer ist im Moment die wichtigste Person in deinem Leben und warum?
5. Warum verbringen wir beide Zeit miteinander?
6. Willst du mal eine Familie gründen?
7. Würdest du mich deiner Familie vorstellen?
8. Wie denkst du von dir selbst?
9. Was ist eine Eigenschaft, die du an dir magst?
10. Was ist eine Eigenschaft, die du an dir hasst?
11. Liebst du mich?

# Wenn sich ein Seelenficker im Spiegel erkennt

Hallo Max, hallo Jakob,

ich bin 23, hauptberuflich BWL-Studentin, nebenberuflich Seelenfickerin.

Ich bin kurz vor Ende meines Studiums und seit fast sechs Jahren in einer monogamen Beziehung. Einer einseitig monogamen Beziehung, jedoch dazu später mehr.

Zuerst zum Leben vor meiner Beziehung. Ich bin ohne Vater aufgewachsen und habe sehr früh viel Erfahrung mit Gewalt, Missbrauch, Vergewaltigung, Abtreibung und Ähnlichem gemacht. Mein Leben war bis zu dem Zeitpunkt, als ich meinen Freund kennenlernte, sehr davon geprägt, dass mir nahestehende männliche Personen sehr schlimme Dinge antaten. Dadurch, dass ich nie eine männliche Bezugsperson hatte, war das Vertrauen in das andere Geschlecht quasi nicht vorhanden. Ich führte schon früh Beziehungen, hatte schon früh Sex und machte früh Erfahrungen mit Alkohol und Drogen. Man kann aber nicht sagen, dass ich aus schlechten familiären Verhältnissen komme – dem Schein nach eine heile Familie, doch wie so oft passiert hinter verschlossener Tür etwas ganz anderes.

Ich war sechzehn, als ich meinen jetzigen Freund im Internet kennenlernte. Wir haben uns relativ schnell getroffen, oft verabredet, angefangen miteinander zu schlafen, bis hierhin alles normal. Mit der Zeit bekam ich ein merkwürdiges Gefühl ihm gegenüber, das ich nicht einordnen konnte. Anfangs dachte ich, dieses Gefühl rühre daher, dass er anders sei. Dass ich ihm vertrauen könne und dass er ein guter Mann sei. Dass er echte Gefühle haben könne, dass er gut zu mir sei, dass er mir nicht wehtun werde, weder körperlich noch seelisch.

Ich verliebte mich zum ersten Mal. Er ließ mich fliegen. Er brachte nicht nur meine Hände zum Schwitzen und mein Herz zum Rasen, er schenkte mir auch das Lächeln wieder, das ich verloren hatte. Er brachte mein Herz zum Lachen und gab meiner Seele einen Platz zum Ruhen.

Ich fühlte mich leicht wie noch nie, bis zu dem Tag nach 1,5 Jahren, an dem ich erfuhr, dass er neben mir eine andere Freundin hatte. Nein, ich korrigiere, dass er eine Freundin hatte und ich seine »sidebitch« war. Nach einem unendlichen Kampf traf ich die wohl schlechteste Entscheidung meines Lebens und verzieh ihm. Ich stand damals kurz vor dem Abitur und konnte die Vorstellung nicht ertragen, dass der erste Mann in meinem Leben, dem ich vertraut hatte, der gut zu mir gewesen war, nicht mehr bei mir sein sollte.

Er verließ seine Freundin, wir waren nun ein echtes Paar, ein gebrochenes, aber doch ein echtes Paar. Ich war so verliebt, dass ich das Auslandsjahr, das ich nach dem Abitur unbedingt hatte machen wollen, sausen ließ. So sehr verliebt, dass ich alle meine Träume in seinen Armen begraben habe, nur um diesen Mann weiterhin in meinem Leben zu haben. Ich habe alles gegeben und gekämpft, gemacht und getan. Ich war der Motor in der Beziehung und er die Bremse.

Ich habe immer kämpfen müssen: um aus meiner Familie rauszukommen, die Schule abzuschließen, ein Studium anzufangen, einen guten Praktikumsplatz zu bekommen. Seit ich vierzehn bin, arbeite ich nebenbei. Mittlerweile bin ich nicht mal fertig mit dem Studium und habe schon diverse Job-Angebote. Nicht weil ich superschlau oder supergut oder superkompetent bin, sondern weil ich kämpfe, so wie ich es mein Leben lang getan habe. Für ein halbwegs friedliches Zuhause, für meine Beziehung, für mein Studium, für meinen Job. Ich war schon häufig und lange in therapeutischer Behandlung und habe nun erkannt, was wirklich mein Problem ist.

Ich habe nach euren Podcast-Folgen oft lange nachdenken, weinen und mich beruhigen müssen. Diverse Psychologen haben bei mir Bindungsängste, dann wieder Verlustängste, dann wieder gestörte Vertrauensverhältnisse diagnostiziert. Ich bin ein sehr selbstbewusster Mensch, extrovertiert, nicht unattraktiv und würde mir selber eine gewisse Wirkung auf Männer zuschreiben (empirisch erprobt). Ich würde auch sagen, ich bin ein bisschen über dem Durchschnitt intelligent und habe eine gute Selbsteinschätzung und Selbstwahrnehmung. Was ich allerdings nicht besitze, ist Selbstwertgefühl. Ich glaube, ich habe nicht unbedingt irgendwelche Ängste oder gar wirklich psychische Probleme, ich glaube nur, ich bin anders gemacht worden als andere. Ich spreche hier von echten Traumata aus meiner Jugend, die ich mehr oder minder ganz gut verarbeitet habe.

Dann kam mein Freund, der mich im Gegensatz zu allen anderen Männern zuvor nicht physisch, sondern psychisch misshandelt hat. Das habe ich lange Zeit nicht sehen können. Durch seine abfälligen Kommentare über mein Äußeres fühlte ich mich geehrt, dass ich mit solch einem attraktiven Mann zusammen sein durfte. Verächtliche Bemerkungen über mich im Freundes- und Familienkreis bewirkten, dass ich froh war, dass dieser Mann trotzdem bei mir war. Und so weiter. Leider erkennt man psychischen Missbrauch erst, wenn es zu spät ist.

Zu der Zeit habe ich meine eigene Abwertung nicht wahrhaben wollen und mir die Bestätigung woanders geholt. Nicht nur mein Freund ist fremdgegangen, ich ebenso. Und ich tue es nach wie vor. Mein Freund weiß bis heute nichts davon. Ich gehe nicht fremd, weil ich es ihm heimzahlen will, sondern weil ich mich geschätzt fühlen will. Ich gehe auch nicht fremd in dem Sinne, dass ich einfach wegflexe, was mir gefällt. Nein, ich suche mir ein Opfer, ich finde seine Schwäche, bringe ihn dazu, einen Seelenstriptease vor mir hinzulegen, tue alles, damit dieser Mensch sich in mich verliebt. Dabei bin ich ehrlich. Die Männer wissen, dass ich einen Freund habe, und ich schaffe es trotzdem, dass sie sich auf mich fixieren. Ich ziehe alle Register, nur um dieses Knistern zu fühlen, diese Magie in der Luft, bevor man sich das erste Mal küsst. Diese Aufregung, bevor man sich das erste Mal berührt. Ich tue alles, damit dieser Mensch das Zentrum seines Lebens ein Stückchen in meine Richtung verschiebt. Und dann, genau dann, wenn ich merke, ich habe diese Person an dem Punkt, an dem seine Gedanken um mich kreisen, sobald sein Herz pocht, wenn nur mein Name fällt, genau dann zerstöre ich alles, was ich Wochen und Monate aufgebaut habe. Ich bin eine Seelenfickerin. Ich hole mir das bei anderen Männern, was ich von meinem Freund nicht bekomme: das Gefühl, geliebt zu werden, geschätzt zu werden, und dass jemand stolz auf mich ist.

Dieses Verlangen danach, dass jemand stolz auf mich ist, rührt wahrscheinlich daher, dass meine Mutter selten da war. Sie hat viel gearbeitet und noch mehr gekämpft als ich. Sie ist mein Vorbild und die Stärke in Person. Ich wünschte immer, ich wäre so stark wie sie. Vielleicht bin ich deshalb so fokussiert darauf, eine unabhängige, selbstständige Frau zu sein, zu der alle aufsehen und auf die alle stolz sind. Und trotzdem kann ich mich nicht von meinem Freund trennen. Es geht nicht. Es geht einfach nicht.

Ich habe im Laufe der Jahre alle Toxic People aus meinem Leben entfernt: Freunde, Bekannte, Familienmitglieder. Alles, was nicht gut für mich war, habe ich hinter mir gelassen. Ich habe nun ein stabiles soziales Umfeld, das mich liebt und unterstützt und mir Kraft gibt. Das letzte bisschen aus meiner Vergangenheit und die letzte Person, die mir nicht guttut, ist mein Freund. Nur leider schaffe ich es nicht, mich von ihm zu trennen.

Irgendwann vor circa einem Jahr habe ich erkannt, dass ich keine Kraft mehr habe zu kämpfen. Ich habe damit aufgehört und angefangen, genau das zu tun, was ich will und was mich glücklich macht. Als mein Freund merkte, dass sich etwas verändert hat, fing er an, von der Bremse zu steigen und auch mal der Motor zu sein. Er hat sich Mühe gegeben, er gibt sich immer noch unglaublich viel Mühe.

Er tut heute alles, was ich damals wollte. Ich habe nun das, worum ich jahrelang gekämpft habe – und jetzt? Jetzt will ich es nicht mehr. Es macht mich nicht glücklich, und all das, was ich damals wollte, brauche ich nun nicht mehr. Ich habe das ihm gegenüber auch ausgesprochen und versucht, mich von ihm zu trennen. Aber er hat mich konditioniert und mit dem jahrelangen Runtermachen unglaublich fest an sich gebunden.

Ich glaube, ich brauche hier eine objektive Meinung. Denn ich glaube, dass ich ihn liebe. Nicht so sehr wie am Anfang, allerdings glaube ich, dass es Liebe ist. Vielleicht denke ich das aber auch nur, weil er mich so an sich gebunden hat. Ich habe versucht, eine Beziehungspause einzulegen, und er hat mich angeweint, im wahrsten Sinne des Wortes. Er hat mich damit an sich gekettet, und sollte ich diese Ketten doch sprengen, dann gibt es kein Zurück. Und es ist keineswegs so, dass ich all diese Themen (bis auf die anderen Männer) nicht angesprochen hätte. Wir haben oft darüber geredet, und er liebt mich jetzt mehr als früher. Schon witzig, wenn man bedenkt, dass meine Liebe über Jahre für uns beide ausgereicht hat, weil er mich weniger geliebt hat als ich ihn. Und nun ist es umgekehrt.

Werde ich jemals eine monogame Beziehung führen können? Bin ich ein kranker Mensch?

Aktuell habe ich auch wieder einen »zweiten Freund«, das ist doch absolut krank.

**Jakob:** Krank oder nicht – wer sind wir, das zu beurteilen? Du bist sehr selbstreflektiert und hast die Steine deines Lebens schon oft gewendet und daruntergeguckt. Was ich erstaunlich finde und teilweise auch bei mir selbst feststelle: Das Leid, das man erfahren hat, fügt man nicht selten anderen Menschen zu, um bei sich eine vermeintliche Linderung herbeizurufen. Doch, und daran glaube ich fest, lindert das immer nur die Symptome und beseitigt nie die Ursache.

**Max:** Deine Geschichte erinnert mich ein Stück weit an eine Beziehung, in der ich Ähnliches erlebt habe. Nicht in der ganzen Dramatik, aber das Gefühl, sich seine Selbstbestätigung bei anderen Menschen zu holen und dabei seinen Partner zu verletzen, kenne ich sehr gut. Interessant finde ich dabei, dass du es schaffst, ein Ventil für den psychischen Missbrauch zu finden und trotzdem mit deinem Freund zusammenzubleiben. Bei mir war es so, dass ich mein Ego mit Selbstbestätigung durch andere Frauen nach und nach wieder aufbauen musste, nachdem ich mich von meiner Seelenfickerin getrennt hatte. Ich glaube, es ist nichts Verwerfliches daran, sich in deiner Situation anderen Männern hinzugeben, um sich einfach wieder ein bisschen als Frau fühlen zu können. Was ich allerdings schwer nachvollziehen kann, ist, warum du ihm das bei diesem Rachespiel nicht vor die Nase hältst. Vermutlich spielt die Angst, ihn zu verlieren, eine große Rolle, vielleicht leidest du ein bisschen unter dem Stockholm-Syndrom.

**Jakob:** Was ich viel wichtiger finde, als bei anderen zu gucken, die man eh nicht ändern kann, ist bei sich selbst zu schauen. Zu einem solchen Verhältnis gehören immer zwei: einer, der ausnutzt, und ein anderer, der sich ausnutzen lässt. Ein Teil von dir wollte nach der schmerzhaften Erfahrung mit deinem Freund nicht mehr die Ausgenutzte sein und hat sich für Schutzmaßnahmen entschieden: mit anderen Menschen ein ähnliches Spiel spielen. Jetzt bist du in der vermeintlich mächtigen Position, und die Männer, die du kennenlernst, begeben sich auf das Drahtseil der Liebe, das du sozusagen über den Grand Canyon spannst.

**Max:** Du hast gelernt, den aktiven Part des Seelenfickers zu spielen, und diese Rolle geradezu perfektioniert. Ich finde es schon sehr faszinierend, wie du beschreibst, wie offen du mit deinen Liebhabern deine Beziehungssituation kommunizierst und es schaffst, dass sie sich in dich verlieben, nur um sie dann fallen zu lassen. Du hast gelernt, das Muster, das dein Freund auf dich angewendet hat, umzudrehen und auf deine Liebhaber zu projizieren. Trotzdem weißt du, dass du am Ende wieder zurückkehren wirst zu deinem Seelenficker. Du bewegst dich in einem Teufelskreis und findest immer wieder Menschen, die es mit sich machen lassen. Wie Jakob schon sagte, es gehören immer zwei dazu.

**Jakob:** Die Frage ist immer: Wer will man sein? Wie will man mit anderen Menschen umgehen? Und im

Moment stützt dein Verhalten ja noch dein angeschlagenes Selbstwertgefühl. Wenn du wirklich im Kern wissen möchtest, wie es sich anfühlt, und du dich aus deiner Situation befreien willst, wäre es spannend, auf diese Krücken zu verzichten. Wer bist du, wenn sowohl die Unterdrückung deines Freundes als auch die Bestätigung anderer Männer ausbleibt?

**Max:** Das ist eine interessante Perspektive. Ich glaube, es würde dir sehr schwerfallen, dich zu spüren und deine Grenzen wahrzunehmen. Bisher musstest du das ja nicht selbst herausfinden, da dir der Referenzrahmen immer von außen gegeben wurde. Dein Freund hat dich abgewertet, aber durch deine Liebschaften hast du einen Weg gefunden, dich aufzuwerten.

**Jakob:** Das wird der schwierigste Schritt von allen. Wenn wir uns nicht mehr von außen definieren lassen. Das ist auch mein Weg. Schritt für Schritt in die Unabhängigkeit.

**Max:** Du fragst am Ende deiner Mail, ob du ein kranker Mensch bist und ob du jemals eine monogame Beziehung führen wirst. Du denkst zu stark in den Strukturen »richtig« und »falsch« oder »Was entspricht der Norm?«. Es ist wichtig, dass du versuchst, für dich herauszufinden, was dein eigener Weg ist, was du Gutes für dich tun kannst und mit welchem Verhalten du am Ende glücklich wirst. Du bist der Experte deiner eigenen Themen, und den Anfang macht man immer, indem man sich selbst reflektiert.

**Jakob:** Die Veränderung hat begonnen, und keiner kann sie mehr aufhalten. Du brauchst nur noch etwas Zeit.

## Elf Fragen eines Seelenfickers

1. Wann war dir das letzte Mal etwas unangenehm vor mir?
2. Was war das?
3. Wie ist die Beziehung zu deinen Eltern?
4. Bist du ein Herz- oder Kopfmensch?
5. Wenn wir zusammen einen Urlaub verbringen würden, wo würde es hingehen?
6. Kannst du dir eine Zukunft mit mir vorstellen?
7. Spürst du die Verbindung zwischen uns auch?
8. Der Sex mit dir fühlt sich so besonders und intensiv an, geht dir das auch so?
9. Ich glaube, ich tue dir nicht gut, sollten wir uns nicht lieber trennen?
10. Das wird zu intensiv. Hast du nicht auch Angst, auf die Schnauze zu fliegen?
11. Liebst du mich?

# Janine

**Max:** Ich war trainiert und fühlte mich wie aus Stahl, als ich Janine kennenlernte. Sie entsprach nicht wirklich meinen körperlichen Traumvorstellungen. Aber sie war ausgestattet mit einem hübschen Gesicht und den größten und schönsten Brüsten, die ich bisher je hatte sehen dürfen. Zudem war sie sportlich. Bloß war ihr Becken für meine Begriffe viel zu breit, für mich stimmten die Proportionen irgendwie nicht. Es war nicht so, dass ihre Figur dadurch unattraktiv wirkte, aber sie entsprach eben nicht meinem Idealbild.

Janine und ich verstanden uns von Anfang an sehr gut, wir hatten den gleichen Humor, führten tiefe Gespräche. Uns verband eine extrem starke körperliche Anziehung, bloß mit ihrem breiten Becken konnte ich mich einfach nicht anfreunden. Da ich das ihr gegenüber nie zugegeben hatte, missdeutete sie mein Zögern als reizvolles Spiel.

Wir näherten uns an, um uns dann wieder voneinander zu entfernen. Dabei wurde es immer sehr körperlich. Noch heute spüre ich, wie sich ihre riesigen Brüste von hinten an meinen Rücken pressen, wenn sie mir »nur mal eben über die Schulter schauen«

wollte. Nichts war uns zu absurd. Ich fragte sie einmal, ob sie mit ihren riesigen Brüsten den Bleistifttest bestehen könne. Ich konnte mir das nicht vorstellen. Also nahm sie ohne Zögern meinen Bleistift, hob ihr T-Shirt, zog ihren BH aus und legte sich den Stift unter die Brüste. Dort blieb er auch, weil keine Frau mit dieser Oberweite den Bleistifttest bestehen kann. Aber für mich war der Test trotzdem bestanden. Ich bekam meinen Bleistift schließlich mit einem anzüglichen Grinsen zurück.

Janine und ich sahen uns jeden Tag in der Uni, aber es blieb vorerst bei den Anzüglichkeiten. Es vergingen mehrere Wochen, und in der Zeit waren wir »friends without benefits«. Ich lernte eine Frau kennen, mit der ich eine Weile eine langweilige Affäre führte.

Janine blieb weiter für mich interessant, aber ihr breites Becken war für mich wie eine unüberwindbare Mauer. Ich verstand mich selbst nicht: Wieso war mir dieses äußere Merkmal so wichtig? Was hinderte mich daran, darüber hinwegzusehen, wenn doch alles andere passte? Wir trieben weiter unsere Spielchen und waren richtig gute Freunde geworden. Als Freunde verabredeten wir uns auch immer mal wieder zum Lernen. Natürlich in der jeweiligen Wohnung des anderen. Nachdem wir uns länger nicht getroffen hatten, besuchte mich Janine, damit wir zusammen für eine Klausur lernen konnten. Der Stoff war trocken, und so unterbrachen wir unsere Lernsession mit einem Film. Wir saßen nebeneinander auf der Couch, und Janine sagte, ich solle sie in den Arm nehmen.

Das war nichts Besonderes, wir hatten schon oft als Freunde Arm in Arm nebeneinandergesessen, ohne dass etwas passiert war. Aber diesmal wollte sie direkt in meine Hose. Sie packte meinen Schwanz aus und lutschte, was das Zeug hielt. Dann pausierte sie kurz und holte ihre Riesenbrüste heraus. Ich war wie geblendet. Sie waren nicht nur groß, sondern standen perfekt. Sie zog meine Beine unter sich und presste meinen Schwanz zwischen ihre Brüste. Das war das geilste Brustbimsen meines Lebens. Am Ende wollte sie sogar noch, dass ich auf ihren Brüsten komme. Ich kam mir vor wie in einem Porno. In dem Moment ärgerte ich mich ein bisschen, dass ich mir dieses Erlebnis so lange vorenthalten hatte. Danach zog sie sich wieder an, und wir verbrachten den Rest des Tages auf der Couch.

Die nächsten Tage in der Uni waren seltsam. Keiner von uns traute sich, eindeutige Schritte zu wagen, die auf eine Beziehung oder Affäre hinausliefen. Es blieb also alles beim Alten, nur dass wir uns ab und zu entkleideten und sie es mir wie beim ersten Mal besorgte. Irgendwann wurde mir das aber zu wenig, und ich wollte sie ganz. Ich legte es, als sie wieder bei mir war und ihre Brust-Routine abziehen wollte, darauf an und zog sie mit aufs Bett. Ich zog erst sie und dann mich aus. Wieder fiel mir ihr breites Becken auf, und ich war erstaunt, wie groß ihres im Verhältnis zu meinem war.

Ich hatte mal eine sehr zierliche Freundin. Ich liebte es, wenn sie auf meinem Rücken lag und ich sie zwar spüren konnte, aber es sich nicht schwer anfühlte. Bei Janine wusste ich sofort, dass sie mich förmlich erdrücken würde und ich dieses Federgefühl mit ihr nicht haben konnte. Janine und ich machten im Bett das, was man wohl Vorspiel nennt. Als ich schließlich in sie eindringen wollte, ging das nicht. Es war etwas verwirrend für mich, aber sie war zu eng. Für mich war das völlig paradox. Wie konnte jemand mit so einem breiten, ausladenden Becken so eng sein?

Ich versuchte es ein paar Male vorsichtig, aber mir schmierte ziemlich schnell die Lanze ab. Als ich zu Janine aufsah, sah ich, dass sie Tränen in den Augen hatte. Am liebsten hätte ich die Augen verdreht und »Bitte keine Psycho-Bitch« gemurmelt. Aber ich sparte es mir, legte mich neben sie und nahm sie in den Arm. Und während wir kuschelnd nebeneinanderlagen, erzählte sie mir, dass sie als Kind in einem Ferienlager von einem älteren Jungen vergewaltigt worden war. Er sei so rücksichtslos gewesen, dass er bei ihr unten herum etwas kaputt gemacht habe. Seitdem sei sie so eng und extrem sensibel, und mit jemandem zu schlafen sei immer ein langer Prozess des Vertrauens für sie.

Für mich machte auf einmal alles einen Sinn. Ihr gesamtes übersexualisiertes Verhalten, dieses Spiel von Nähe und Distanz und am Ende die routinierten Blas- und Tittenfick-Einheiten. Das alles diente ihr dazu, Nähe so weit zuzulassen, wie sie es konnte. Auf sexueller Ebene alles zu bekommen, ohne den letzten Schritt wagen zu müssen, der für sie so angstbesetzt war.

Wir schliefen in dieser Nacht nicht miteinander, und auch in keiner weiteren Nacht. Es kam nicht mehr dazu. Ich hatte schon zu viele Frauen gekannt, bei denen sich sexuelle Probleme aufgrund von Missbrauchserfahrungen in der Vergangenheit eingestellt hatten. Ich war nicht stark genug, um das wieder in mein Leben aufzunehmen.

Über diese Nacht sprachen wir auch nicht noch einmal. Es blieb bei diesem einen Versuch. Unsere Beziehung verlief rückläufig und schlich sich aus wie die Muskeln eines Extremsportlers, der sie nach seiner Karriere langsam abtrainieren muss.

Wir trafen uns immer seltener, zur Blas-Routine kam es kaum noch. Wir verfielen wieder in das anzügliche Spiel der sexuellen Anziehung, bis auch das abgeflacht war. Irgendwann wechselten wir nur ab und zu ein Wort miteinander und verloren uns dann ganz aus den Augen. Heute habe ich keinen Kontakt mehr zu Janine. Ich weiß aber, dass ihr Körper inzwischen ganz anders aussieht als damals. Janine ist heute Bodybuilderin und Fitnesstrainerin. Ich wünsche ihr, dass dieser neue Bezug zu ihrem Körper ihr geholfen hat, über ihr Trauma hinwegzukommen.

## Ist Seelenverwandtschaft lebbar?

In einem Gespräch mit einem Freund, der so wie ich das Glück hatte, seine Seelenverwandte kennenlernen zu dürfen, kam die Frage auf, ob es Seelenverwandtschaft wirklich gibt oder ob wir sie uns nur einreden.

Ein purer Zufall hatte uns überhaupt zum Thema gebracht. Ohne voneinander viel zu wissen, kamen wir ziemlich schnell auf Frauen und unsere Verflossenen zu sprechen. Als er mir von seiner letzten Freundin erzählte, die er bis heute noch nicht vergessen habe und an die er jeden Tag denken müsse, obwohl sie schon drei Jahre getrennt voneinander seien, wusste ich, dass wir beide Ähnliches erlebt hatten. Mir war bis dato noch niemand begegnet, der auch solche Erfahrungen gemacht hatte.

Seine Beziehung zu seiner Ex-Freundin war ebenso wie meine zu Franzi geprägt von extrem intensiven Hochgefühlen, mit allem, was dazugehörte: diese Verbundenheit, die einem das Gefühl gab, man wäre mit der anderen Person verschmolzen, unfassbar intensive Gespräche, die nie ein Ende zu finden schienen, und Sex, der nicht von dieser Welt war. Seine Geschichte klang zu gut, um wahr zu sein. Ich musste auch nicht lange nachhaken, um die dunkle Seite der Story zu entdecken.

Seine Seelenverwandte war wie Franzi sehr labil. Während meine erste Seelenverwandte ihre Borderline-Struktur nach innen gekehrt und ihren Körper durch Bulimie, Magersucht und selbstverletzendes Verhalten hatte zerstören wollen, hatte seine genau das gegenteilige Verhalten an den Tag gelegt und vor allem ihrer Umwelt das Leben zur Hölle gemacht. Sie hatte während ihrer Beziehung regelmäßig Wutausbrüche gehabt und damit gedroht, sich umzubringen. Sie hatte ebenso wie Franzi gleichzeitig mit mehreren Männern angebandelt, nur um immer wieder zu ihm zurückzukommen und um Vergebung zu bitten. Am Ende ist es auch nicht so wichtig, ob sich der Partner selbst zerstört oder seine Umwelt in den Abgrund reißt. Man wird sehr schnell co-abhängig, wenn man in den Sog eines solchen Menschen gerät.

Wir beide waren uns einig, dass die Beziehung zu unserer Seelenverwandten die intensivste Erfahrung war, die wir bisher erleben durften. Nüchtern betrachtet ist es auch kein Wunder, eine wildere Achterbahnfahrt der Gefühle als mit einer hochgradig verstrahlten Borderlinerin kann es eigentlich nicht geben. Gepaart mit dem eigenen Helfersyndrom, das bei uns beiden vor allem in dieser Zeit stark ausgeprägt gewesen war, hatten wir und diese Frauen uns geradezu magnetisch angezogen. Doch vielleicht war das Gefühl, das diese Frauen in uns ausgelöst hatten, einfach nur in uns selbst entstanden? Was wäre, wenn die große Sehnsucht in uns nach einer Frau, die etwas ganz tief in uns bewegte, vielleicht sogar verletzte, uns offener für eine Frau hatte werden lassen, die krasse Erfahrungen gemacht hatte?

Mittlerweile glaube ich, dass dem Wunsch nach einer so intensiven Verbindung die eigene Selbstverliebtheit zugrunde liegt. Dieses Bedürfnis, dass sich jemand anders gänzlich in einem verliert und dabei sich selbst aufgibt, ist eigentlich der tiefe Wunsch, dass eine andere Person einen so liebt, wie man sich selbst gerne lieben würde. Man braucht jemanden, der einem bestätigt, vollkommen zu sein, so wie man ist, weil man in sich selbst dieses Gefühl nicht vorfindet.

Mein Kumpel und ich stellten uns die Frage, wieso gerade psychisch gebrochene Frauen in uns dieses Gefühl der Seelenverwandtschaft auslösten. Wir haben es uns folgendermaßen erklärt: Wenn eine Frau psychisch so labil ist, dass sie keinerlei eigenes Selbstwertgefühl hat, sucht sie sich jemanden, in den sie sich sozusagen einpflanzen kann, und ernährt sich von seiner Liebe. Der Mann, der in diesem Bild der Wirt ist, gibt all seine Liebe, um die leere Hülle der Frau auszufüllen. Dieses Geben und Nehmen erzeugt in beiden das Gefühl, komplett zu sein, also sich nur mit dem anderen als ganzer Mensch wahrnehmen zu können. Daher erklärt sich auch, warum sich beide nur in der Anwesenheit des anderen lebendig fühlen. Aber anstelle einer Symbiose, in der sich beide gegenseitig befruchten und am Ende zu einem besser funktionierenden Gesamtsystem werden, schaden sie sich. Beide brauchen einander, ohne dem anderen Kraft zu geben. Sie entziehen sich Lebens- und Liebesenergie.

Aber wenn sie für einen kurzen Zeitraum getrennt sind, wird das Gefühl, ohne den anderen nicht sein zu können, so stark, dass alles versucht werden muss, wieder beieinander zu sein. Wenn sie aber zu viel Zeit miteinander verbringen, überfrisst sich der eine an der Liebe und dem Gefühl der Verbundenheit und wird versuchen, sich loszureißen, da er sonst Gefahr läuft, in zu viel Liebe zu ersticken. Dabei wendet er alle Mittel an, die an der dunkelsten Stelle seines Charakters verborgen liegen. Im Fall des Borderliners wäre das zum Beispiel Flirten vor den Augen des Partners, Beleidigungen, verbale und handgreifliche Ausraster, Fremdgehen, bis hin zu selbstverletzenden Handlungen und Äußerungen darüber, dem eigenen Leben ein Ende zu setzen. Durch dieses extreme Verhalten gelingt es, sich wieder etwas Freiraum von dem liebesbedürftigen Partner zu verschaffen. Ist genügend Raum vorhanden, setzt die Sehnsucht ein, und das ganze Spiel geht von vorne los.

Während des Gesprächs waren sich mein Kumpel und ich einig, dass wir ein sehr düsteres Bild der Seelenverwandtschaft zeichneten. Aber für uns war es erstaunlich, wie viele Parallelen wir bei unseren ehemaligen Partnerinnen entdeckten und welche Handlungsmuster wir und unsere Partnerinnen angewendet hatten, um uns immer wieder diesem Gefühl der

Verbindung hingeben zu können. Der Weg aus diesem Teufelskreis war für uns beide die radikale Trennung von diesen Frauen – und wir sind bis heute froh, dieser Hölle der Emotionen entkommen zu sein. Wir sind uns aber auch einig, dass diese Phase unseres Lebens die intensivste gewesen ist, die wir bisher erleben durften. Im Negativen wie im Positiven.

## Fragen und Antworten für zwischendurch

Wie spreche ich bei meinem Freund am besten an, dass ich glaube, dass er fremdgeht?

**Jakob:** Am besten nutzt man einen unbewachten Moment, kapert das Handy des Freundes und schafft Klarheit. Eine gesunde Vertrauensbasis baut meist auf einem Fundament der Kontrolle auf.

**Max:** Wieso überhaupt überprüfen? Freu dich, denn jetzt hast du die Legitimation, selbst fremdzugehen. Er hat doch sicher einen besten Freund, oder?

Wie verdreht eine Frau den Männern den Kopf?

**Jakob:** Im Durchschnitt haben Frauen etwas weniger Kraft als Männer. Es ist daher wichtig, einen Überraschungsmoment abzupassen. Einen Moment der Entspannung und Ahnungslosigkeit. Die Hand dann aufs Kinn legen und mit der anderen Hand fest an den Hinterkopf greifen. Ein kurzer Ruck, und schon ist der Mann für die nächsten Tage willenlos.

**Max:** Bitte passe die kalte Zeit des Jahres ab. So hast du länger etwas von ihm.

?! Was halten Männer von Nacktfotos?

**Jakob:** Was hältst du von einem geschenkten »Around the World«-Ticket? Nichts? Ich auch nicht. Absolut gar nichts.

**Max:** Ich würde niemals Nacktfotos von einer Frau akzeptieren. Das liegt unter meiner Würde. Frauen gehört ein Altar gebaut, und Sex ist nur zum Kinderkriegen da.

?! Wann ist es Verliebtsein, und wann ist es eine Art von Abhängigkeit?

**Jakob:** Verliebt ist, nur mal kurz zu probieren, und alles fühlt sich leicht an. Abhängigkeit ist, wenn du deinen besten Freund beklaust und ihm sagst, dass du Geld gebraucht hast, um deiner Mutter etwas zum Geburtstag zu kaufen. Der Lederriemen am Arm hat deine Venen für die Nadel gut sichtbar gemacht. Du stichst rein und döst weg und vergisst sofort, wen du beklaut hast.

**Max:** Es sollte von Anfang an ein klares Missverhältnis im Grad der Verliebtheit geben. Nur wenn einer den anderen mehr liebt, kann der andere davon profitieren. Wie sonst soll der Geliebte sein Ego aufpolieren?

?

Warum meldet sich jemand nach X-Jahren plötzlich wieder?

!

**Jakob:** Weil seine Erinnerung an die Person die Ecke eines Billardtisches ist. Hier kann man schnell einlochen.

**Max:** Vermutlich hat er nach langer Abstinenz und mehreren Monaten im katholischen Mönchskloster erkannt, dass du seine einzige wahre Liebe bist und er für immer mit dir zusammen sein will. Du kannst dein Leben, wie du es bis hierhin kanntest, über Bord werfen, all deine romantischen Vorstellungen werden von nun an erfüllt. Reitet zusammen in den Sonnenuntergang und führt ein Leben in Liebe und ewiger Glückseligkeit.

?

Wie wirkt sich bei Männern die Beziehung zu ihrer Mutter aus?

!

**Max:** Ich denke, bei dieser Frage sind wir Experten. Die Beziehung zu meiner Mutter hat mich so stark geprägt, dass selbst meine Berufswahl dadurch beeinflusst wurde. Bis zum heutigen Tage bin ich hin- und hergerissen, was die Beziehung mit mir gemacht hat und wie viel Positives und Negatives ich daraus ziehen kann.

**Jakob:** Definitiv prägt die Beziehung zur Mutter den erwachsenen Mann. Meine Mutter hat immer sehr viel mit mir geredet und mich zum Nachdenken angeregt, und siehe da, ich habe mich zu einem verschlossenen und verschwiegenen Typ entwickelt. Aber Spaß beiseite. Ich denke, den Menschen, denen man am häufigsten in den ersten Lebensmonaten und Jahren ausgesetzt ist, prägen einen am meisten. Für uns war es unsere Mutter. Eine stabile und gesunde Beziehung zur Mutter macht in der Regel einen stabileren Beziehungspartner aus einem Mann. Und umgekehrt.

Liebe Beste Freundinnen,

es geht um meinen Freund und mich. Wir sind jetzt zwei Jahre zusammen, und es läuft nach wie vor in jeder Hinsicht – außer im Bett. Ich kann nicht mal genau sagen, woran es liegt, irgendwas hat sich verändert. Ich habe manchmal das Gefühl, dass wir sexuell nicht mehr auf einer Wellenlänge sind. Wobei es eigentlich auch nicht um den Sex selbst geht, sondern mehr um das Initiieren. Mein Problem ist, dass ich jedes Mal das Gefühl habe, er hätte keinen Bock auf mich. Ich fange an, wie man eben so anfängt, und bei ihm passiert dann auch was, aber er selbst geht einfach rein gar nicht auf mich ein, bis ich mir dann irgendwann zu doof vorkomme und aufhöre. Woran er dann aber auch nichts ändert.

Ich muss dazu sagen, dass das in den ersten eineinhalb Jahren ganz anders war. Ich persönlich würde es mal »normal« nennen. Wir hatten jedes Mal, wenn wir uns gesehen haben, Sex und waren am Vorspiel auch gleichermaßen beteiligt.

Mittlerweile ist es entweder so, dass er anfängt (aber deutlich seltener als ich), und dann läuft es auch, oder eben ich, und dann läuft es gar nicht.

Ich habe ehrlich gesagt wegen der Thematik in letzter Zeit schon die ein oder andere Träne vergossen, und ich weiß echt nicht, wen ich sonst fragen sollte, was zum Teufel mit ihm los ist. Ich habe eigentlich überhaupt nicht das Gefühl, dass er mich nicht mehr anziehend findet, und in jedem anderen Bereich läuft es mit ihm besser denn je.

Vielleicht könnt ihr mir ja helfen.

Eure Lilli

**Jakob:** Liebe Lilli, Sex ist für viele Menschen ein bedeutendes Thema in der Partnerschaft. Sex erlebe ich neben Gesprächen und gemeinsamen Erlebnissen als sehr wichtigen Bestandteil der Verbindung zwischen zwei Menschen. Und den gibt es für mich in etlichen Varianten: vom kurzen Quickie über den entladenden Sex nach einem Streit bis hin zum langen Vorspielsex, und natürlich gibt es die Routinenummer, wenn man den anderen gut kennt. Fetische und andere Präferenzen mal außen vor gelassen.

Dass Sex nach der ersten großen Verliebtheit einen anderen Stellenwert bekommt und andere Sachen in der Beziehung in den Vordergrund rücken, ist aus rein biologischer Sicht völlig normal.

Ich kann aber gut verstehen, dass du dir mehr Initiative von deinem Freund wünschst. Schön, dass dich viele andere Sachen in eurer Beziehung erfüllen. Das ist eine gute Basis.

Das Leben ist nicht selten ein Chemielabor, in dem du verschiedene Flüssigkeiten zusammengießt und schaust, was dabei rauskommt.

1. Darüber zu reden ist gut, kann ihn aber unter Druck setzen, à la: »Meine Freundin wünscht sich mehr Sex, und ich muss es ihr jetzt besorgen«, was kontraproduktiv wirken kann. Was du immer machen kannst, ist über deine Wünsche zu reden, ohne ihm dabei Vorwürfe zu machen. Das bringt erst mal Entspannung auf beiden Seiten und dann hoffentlich wieder mehr Spannung.

2. Es gibt noch ein paar klassische Praktiken, wie man Männer geil macht, ohne dass sie es bewusst merken. Damit wird das aufregende Eroberungsspiel wieder lebendig. Necke ihn zum Beispiel immer mal wieder, aber leite damit keinen Sex ein. Mach ihn an. Wenn er ankommt, auch wenn es aus deiner Sicht selten ist, weise ihn ruhig mal zurück. Hört sich nach einem blöden Spiel an, kann aber wahre Wunder bewirken.

3. In einer längeren Beziehung wandelt sich die Motivation zum Sex nicht selten. Aus Geilheitssex wird Liebessex. Man schläft miteinander, weil man sich mit dem Partner verbunden fühlen will. Mir per-

sönlich fiel es jahrelang schwer, mich mit dem Partner beim Sex wirklich verbunden zu fühlen, und das tut es noch immer manchmal. Das kann man aber üben. Hört sich anstrengender an, als es ist. Für den Mann gilt: Beim Sex merken, dass es ein krasses Geschenk ist, das die Frau einem in dem Moment macht. Sich nicht nur auf Brüste, Arsch und Muschi zu fixieren, sondern den ganzen Körper wahrzunehmen und dem anderen beim Sex in die Augen zu gucken.

4. Eine Übung aus dem tantrischen Sex ist, dass die Frau jedes Mal möglichst zum Orgasmus kommt, aber der Mann nicht. Nicht selten ist es ja auch das Ziel der Frau, den Mann zum Kommen zu bringen, und es ist ein merkwürdiges Gefühl, wenn er das nicht tut. Es steigert aber die Lust des Mannes auf die Frau enorm, wenn er gerade nicht zum Höhepunkt kommt. Ihr könnt das vorher besprechen, oder du sagst einfach, nachdem du gekommen bist: Beim nächsten Mal geht es weiter …

Vielleicht spricht dich ja etwas davon an, und du probierst es einfach mal aus. Wir freuen uns auf deine Nachricht, wie es gelaufen ist.

Lieber Max, lieber Jakob,

warum zweifelt man nach einer Trennung oft direkt seine Entscheidung an und sieht nur noch die guten Seiten der Beziehung?

LG

Matze

**Jakob:** Das ist ein ganz normaler Prozess im Gehirn. Es ist darauf ausgelegt, uns an emotionale Dinge aus der Vergangenheit zu erinnern. Nimm neunzig Prozent deiner Erinnerungen. Sie sind immer mit starken positiven und negativen Emotionen behaftet. Es sind Momente, in denen du große Freude oder große Trauer verspürt hast. Bei psychisch gesunden Menschen tendiert das Gehirn dazu, den Fokus auf die positiven Momente zu legen.

**Max:** Wie verkopft du immer bist. Antworte doch mal mit dem Herzen. Ich sehe das ein bisschen anders, bzw. ich will mal versuchen, die analytische Perspektive zu verlassen. Ich denke, es hat vor allem mit der Angst, allein zu sein, zu tun. Kurz nach der Trennung sieht man erst mal eine lange Durststrecke mit unbefriedigten Bedürfnissen vor sich. Dann doch lieber wieder schnell zum Hörer greifen und die Versöhnung mit der Ex einleiten.

**Jakob:** Wirklich mit dem Herzen angeschaut hast du dir die Sache auch nicht. Aber ich sehe das ähnlich. Nach einer Trennung spürt man das Alleisein natürlich viel krasser, weil man ja aus einer Zweisamkeit kommt und das Alleinsein nicht mehr gewohnt ist. Aus diesem vermeintlichen Mangel heraus konzentriert man sich dann auf die positiven Sachen in der Beziehung. Die negativen haben ja in einem den Wunsch wachsen lassen, alleine zu sein.

**Max:** Es kann helfen, sich von den negativen Gefühlen der Trennung abzulenken, sich mit Freunden und Familie zu treffen, um emotional aufgefangen zu werden. Vielleicht machst du den guten alten »Liebe ich meine Ex noch?«-Test und holst dir einen runter. Vermisst du sie danach immer noch, kannst du ja mal darüber nachdenken, sie oder ihn anzurufen.

**Jakob:** Und am Ende zählt die gute alte Kosten-Nutzen-Analyse in Sachen Beziehung: Ist man ohne Partner glücklicher als mit oder nicht? Die darf man allerdings erst sechs Monate nach Ende der Beziehung aufstellen.

# Beziehungen –
# meistens ohne Sahne

# Warum es so wichtig ist, die Wahrheit zu sagen

**Max:** Darum. So einfach könnte die Antwort eigentlich lauten, und damit wäre alles gesagt. So einfach ist es aber dann doch nicht. Die Wahrheit zu sagen, ist einer der wesentlichen Bausteine unserer Kommunikation und gleichzeitig auch eine der größten Hürden. Es gibt am Tag viele Situationen, in denen eine kleine Lüge scheinbar vieles vereinfacht. Die Lügen sind immer schneller bei der Hand. Aber auf lange Sicht schadet man sich selbst und nimmt die Lügen in sein Wesen mit auf.

**Jakob:** Puh, so viele kleine Notlügen, die ich schon benutzt habe … Nichts Großes, Fundamentales, würde ich jetzt sagen. Bin ich nun ein Wesen, das nur noch von seinen Lügen zusammengehalten wird? Und wo fangen Lügen überhaupt an? Gestern kam meine Freundin zu mir rein und war nicht wirklich gut drauf. Da kam die Klassiker-Frage, ob ich sie noch genauso körperlich attraktiv finde wie vor der Schwangerschaft. Ausschließlich körperlich betrachtet würde ich sagen: Nein. Aber ich habe es natürlich nicht gesagt. In ihrem Wesen zieht sie mich jetzt sogar noch mehr an, durch die Liebe, die sie unserem Kind gibt. Ist es nun eine Lüge zu sagen, dass ich sie körperlich immer noch genauso attraktiv finde? Und was macht diese Lüge mit mir?

**Max:** Ich finde es schade, dass du dich nicht getraut hast, es genau so auszusprechen. Wer weiß, vielleicht hätte sie genau diese Worte von dir gebraucht. Ich war natürlich in der gleichen Situation und habe den Weg des Edelmannes – oder besser gesagt, des geringsten Widerstands – gewählt. Natürlich ist der Körper einer Frau nach der Schwangerschaft nicht mehr das, was sich der Mann, und natürlich auch die Frau selbst, als Idealbild vorstellt. Das weiß jede Frau in dieser Situation. Die Frage, ob du sie noch attraktiv findest, impliziert den Wunsch, dass du ihr sagst, warum du sie liebst. Eben genau deine Worte von vorhin. Nur hätten diese deiner Freundin gehört.

**Jakob:** Manchmal fehlt mir die Übung zur Wahrheit, es genau in dieser Situation so zu erkennen und einfach rauszuhauen, was los ist. Und das, obwohl ich glaube, dass Frauen gerade in einer Beziehung jede Lüge mit ihrem Unterbewusstsein »riechen« und lieber eine harte Wahrheit als eine weichgespülte Lüge hören. Genau dann wissen sie, woran sie sind.

**Max:** Ich glaube, du überschätzt die Frauenwelt und dichtest Frauen Fähigkeiten an, die sie nicht besitzen. Das Gefühl, dass eine Lüge als solche enttarnt wird, kommt aus dir heraus. Wenn du deine Lüge nicht mit tiefer Überzeugung als Wahrheit rüberbringst, hat jeder Mensch die Möglichkeit, sie zu entlarven. Du hast keine Chance, deine Muskeln im Gesicht, die für die Mikromimik zuständig sind, unter Kontrolle zu bringen. Ich denke, da liegt auch das Geheimnis begraben. Ein wirklich guter Lügner glaubt an seine eigenen Lügen. Hier besteht auch die größte Gefahr, wenn die Lügen schleichend zu deiner eigenen Wahrheit werden.

**Jakob:** Was meinst du damit?

**Max:** Wenn deine Kommunikation hauptsächlich aus Lügen besteht, wird sich deine Persönlichkeit entsprechend verändern. Du verlierst den Zugang zu dir selbst und zu deiner eigenen Identität. Deine innere Stimme wird leiser. Woher weißt du am Ende, wer du bist, wenn du dich nur noch selbst belügst?

**Jakob:** Zum Glück hält sich mein Körper noch mit anderen Dingen als Lügen zusammen. Für mich verändern Lügen ganz einfach das Verhältnis zu einer Person, weil du bei der Äußerung einer Lüge nie wirklich in Beziehung zu der Person trittst. Auch die kleinen Lügen zwischendurch beeinträchtigen letztlich die fundamentale Wahrheit zwischen zwei Menschen. Ich habe das bei mir in der Vergangenheit schon oft bemerkt. Ich habe immer antizipiert, wie meine Freundin auf die Wahrheit reagieren würde, ohne ihr die Chance zu lassen, selbst zu reagieren. Die Beziehung besteht dann immer mehr aus Annahmen über das Verhalten der anderen Person und nicht aus Realitäten. Die Annahmen über die Reaktion haben mich zur Lüge verleitet, weil ich glaubte, die Reaktion nicht aushalten zu können. Oder weil ich einfach nicht wollte. Es ist letztlich egoistisch motiviert, und man schützt sein Gegenüber nicht.

**Max:** Ich glaube, es ist wichtig, sich immer wieder mit dieser Situation auseinanderzusetzen, sich immer zu vergegenwärtigen, wann man warum lügt, und sich zu reflektieren. Wenn man es dann noch schafft, offen darüber mit seiner Freundin im Gespräch zu bleiben, wird die Pinocchio-Nase irgendwann wieder auf Normalgröße zurückgehen.

# Warum es besser ist, keine Freundin zu haben

**Jakob:** Ich habe soeben eine zornige Nachricht von meiner Freundin bekommen, warum ich denn nicht erreichbar sei. Ich war am See und hatte drei Stunden nicht auf mein Handy geschaut. Wut stieg in mir auf und das Gefühl, mich in der Leibeigenschaft zu befinden. Drei Stunden? Ihr Ernst?

**Max:** Ich kenne das nur zu gut. Ich bin abends unterwegs, amüsiere mich mit Freunden, habe eine gute Zeit, aber die wird regelmäßig von Nachrichten meiner Freundin unterbrochen. Belanglose Fragen wie »Habt ihr eine gute Zeit?« durchschneiden den Flow von ausgelassenen Momenten, die ohnehin ein rares Gut sind. Irgendwann antworte ich einfach nicht mehr. Erst dann wird der Abend richtig angenehm. Meine Freundin ist für diese Zeit vergessen, und ich bin in meiner kleinen Welt, in der sie für ein paar Stunden nicht existiert.

**Jakob:** Die »bewusst inszenierte Nichtexistenz der Partnerschaft« kenne ich auch sehr gut. Nicht wenn ich irgendwo einen gelötet habe und mein Kopf einer

Brache gleicht, sondern wenn ich einfach eine richtig gute Zeit habe, zum Beispiel beim Wakeboarden oder mit Freunden. Oft schrecke ich dann auf und frage mich, wie ich meine Beziehung vergessen konnte. In dem Moment, für diese Stunden, bin ich wieder ganz für mich. Ein schöner Geschmack von Freiheit. Und dann erinnere ich mich wieder an die Zeit vor der Beziehung, in der ich mir Vertrautheit und einen Partner gewünscht habe, mit dem ich diese glücklichen Momente teilen wollte. Die Freiheit wird einem erst so richtig bewusst, wenn man sie nicht mehr hat.

**Max:** Wenn ich nach so einem Abend nach Hause zurückkomme, verfalle ich nicht gleich wieder in eine harmonische leichte Stimmung oder denke, wie schön es doch ist, in einer Beziehung zu sein. Das stellt sich erst am nächsten Tag wieder ein. Vor allem, wenn ich beim Betreten der Wohnung schon spüre, dass ihr der ganze Abend nicht geschmeckt hat. Das Beste, was mir dann passieren kann, ist, dass sie schon schläft oder so tut, als würde sie schlafen. Ich lege mich dann leise daneben und hoffe, dass der Sturm bis zum nächsten Tag wieder abgeflaut ist. Wenn sie noch wach ist, hagelt es Vorwürfe. Bei mir macht sich Unverständnis breit, und ich mache dicht.

**Jakob:** Bevor ich in einer Beziehung war, konnte ich meine Zeit generell frei einteilen. Manchmal war ich beruflich in einer anderen Stadt, und wenn die Termine länger gingen als geplant, entschloss ich mich spontan, noch eine Nacht im Hotel zu bleiben und den Abend in mich aufzusaugen. Heute weiß ich, dass ich zu Hause erwartet werde. Glaubst du, diese Erwartungshaltung geht generell mehr von Frauen aus als von Männern?

**Max:** Frauen brauchen in Beziehungen genauso ihre Freiheiten wie Männer, aber ich erlebe es bei vielen Männern, dass das Bedürfnis nach Freiheit über dem Harmoniebedürfnis steht. Nicht bei allen, aber die werden dann zu frustrierten Duckmäusern, wenn die Freundin die Peitsche der schlechten Laune knallen lässt, und sie parieren. Das Komische ist: Wenn die Domina im Haus siegt, verlässt sie ihren gedemütigten Freier. Eigentlich ein typisches Seelenficker-Verhalten. Das taucht immer wieder in den unterschiedlichsten Gewändern auf.

**Jakob:** Manchmal habe ich das Gefühl, dass es wie bei Kindern ist, die immer wieder testen, wo die Grenze liegt. Wie sehr kann ich ihn biegen? Und wenn ich ihn verbogen habe, ist er uninteressant.

**Max:** Viele Männer denken, sie müssten sich an ihre Partnerin anpassen und ihr hörig werden. Ihr jeden Wunsch von den Lippen ablesen und immer nur gemeinsam Entscheidungen treffen. Anfänglich denken auch die Frauen, sie würden das wollen, und suchen das in einem Mann. Bis sie das gebrochene Weichei vor sich haben, das ihnen nichts mehr entgegenzusetzen hat. Ein Mann muss gerade in einer Beziehung bei sich bleiben und einen gesunden Mittelweg aus Kompromissen in der Partnerschaft und egoistischer Haltung finden. Dasselbe gilt natürlich auch für die Frau.

**Jakob:** Frauen hassen und lieben Dinge, die sie nicht kontrollieren können. Genauso wie Männer. Denk an die spannendsten Frauen, die du in deinem Leben getroffen hast – bei mir waren es immer Frauen, die sich nicht kontrollieren und manipulieren ließen. Sie haben einfach ihr Ding gemacht.

Das in der Beziehung am Leben zu halten ist eine tägliche Herausforderung für mich. Ganz klar meine Grenzen zu ziehen, fällt mir oft schwer, aber ich stelle fest, wenn ich es auf eine klare und liebevolle Weise versuche, kommt das gut bei meiner Freundin an. Das gelingt mir aber nicht immer, und darum verfallen wir oft in Streitereien. Es ist manchmal so ermüdend. So ermüdend, dass es die Lust an der Beziehung auffrisst und ich mir die diskussionsfreie Zeit vor der Beziehung zurückwünsche.

**Max:** Gerade diese Streitereien sind es, die einer Beziehung jegliche Energie entziehen. Ich weiß während dieser Streits manchmal nicht, wie wir in diese Lage geraten konnten. Was ist passiert, dass ich verbittert vor meiner Freundin stehe und wir uns gegenseitig Beleidigungen an den Kopf werfen? So hatte ich mir eine romantische Beziehung nicht vorgestellt. In meinen Gedanken war die einzige Existenzberechtigung von Streits der Versöhnungssex. Den gibt es aber schon lange nicht mehr, weil keiner nach einem Streit Bock auf den anderen hat. Ich frage mich in solchen Situationen: Wieso tue ich mir das an? Wäre ich Single, gäbe es das nicht, und alles wäre perfekt.

**Jakob:** Und wärst du Single, gäbe es wieder andere Dinge, die du dir wünschen würdest oder die nicht nach deiner Vorstellung verlaufen würden. Es ist nicht immer die Realität, die uns runterdrückt, sondern unser Umgang damit. Fangen wir an, anders auf die Realität zu reagieren, verändert sie sich. Obwohl ich das weiß, fällt es mir oft schwer.

**Max:** Dessen bin ich mir bewusst – und trotzdem fühle ich mich manchmal wie gefangen in diesem Szenario. Ich würde gerne ausbrechen aus meiner Beziehung und zum guten alten Singleleben zurückkehren, aber sobald sich dieser Gedanke manifestiert, erinnere ich mich an das Gefühl der Einsamkeit und Leere, das mich da umgeben hat.

**Jakob:** Ist das Benzin deiner Beziehung die Vermeidung von Einsamkeit und Leere?

**Max:** Schachmatt.

**Jakob:** Wirklich?

**Max:** Nein, ich glaube, ich bin reflektiert genug, um zu erkennen, dass es nur ein Wunsch ist, der sich manifestiert, und nicht die Realität, die ich leben will. Wenn ich mir mein Leben anschaue, dann weiß ich, dass ich mir genau dieses Leben immer gewünscht habe. Trotzdem haben diese Gedanken ihren Platz und ihre Berechtigung zu existieren. Wir bewegen uns zwischen Wunschvorstellung und Realität. Wir wollen immer mehr, als möglich ist. Vielleicht macht uns das aus: immer an der Grenze des eigenen Lebens entlangzugehen und zu schauen, wie es auf der anderen Seite aussieht, um letztlich doch zu erkennen, dass man mit dem, was man hat, glücklich ist.

## Warum Frauen mehr Nähe brauchen als Männer

**Jakob:** Mir fällt in Beziehungen immer wieder auf, dass ich die ersten neun bis zwölf Monate megaverkuschelt bin und das dann meistens abflacht. Von den anfänglichen zwölf Umarmungen, fünfzig Küssen und vier Stunden Umschlungen-Daliegen bei jedem Treffen reduziert es sich immer mehr. Ich bin dann zwar nach wie vor noch ein Mensch, dem Körperkontakt wichtig ist, aber die Lust darauf ist nicht mehr so groß wie am Anfang.

**Max:** Vier Stunden kuscheln? Wenn ich das lese, muss ich direkt brechen. Ich hoffe, du hast bewusst übertrieben und nicht wirklich mit deiner Freundin vier Stunden lang gekuschelt? Als ich noch keine langjährige Beziehung hatte, habe ich auch immer gedacht, dass ich ein total verkuschelter Typ sei. Ich war, so dachte ich, eine Tropenpflanze in der Wüste der körperlichen Distanz. Heute weiß ich, dass ich ein Kaktus bin. Nach sieben Jahren Beziehung kann ich sagen, dass ich im Bett und auf der Couch froh über meinen Freiraum bin und sich die Kuschelattentate meiner Freundin anfühlen, als würde mir ein guter Kumpel beherzt an meinen Schwanz fassen. Dementsprechend zucke ich weg wie eine Maus vor dem Giftbiss einer Schlange. Bei mir hat sich ein Sättigungsgefühl der körperlichen Nähe eingestellt. Im Gegensatz zu meiner Freundin überkommt mich selten bis nie das Bedürfnis, innig und verschlungen zu kuscheln.

**Jakob:** Im ersten Jahr gab es Tage, da sind meine Freundin und ich nicht aus dem Bett gekommen, weil wir entweder wie Kletten gekuschelt oder gebimst haben. Noch heute mag ich es sehr, umarmt zu werden oder zu kuscheln. Das ist bei mir nicht ganz so extrem wie bei dir, aber ich brauche es nicht mehr so wie am Anfang. Es ist wie der Ruf der Einsamkeit, der irgendwann aus dem Wald schallte und seinen Weg durch die Häuserschluchten der Großstadt in mein Ohr fand.

**Max:** Natürlich kenne ich diese Phase auch, und selbst jetzt gibt es ab und an Momente, in denen ich meine Freundin im Arm halte. Aber länger als ein paar Minuten halte ich es meistens kaum aus. Wenn ich mit Kumpels darüber rede, berichten sie mir Ähnliches. Brauchen Männer nach einer gewissen Zeit nicht mehr das Gefühl der körperlichen Nähe?

**Jakob:** Schon komisch: Du sprichst von »aushalten«, als ob so eine Umarmung deiner Freundin einen Überdruck in deinem Körper erzeugt, der dich früher oder später zum Platzen bringt.

**Max:** Ich denke, dieses Gefühl hat bei mir den Ursprung, auch mal allein sein zu wollen. Durch mein Familienleben mit zwei Kindern gibt es nur noch selten Momente, in denen ich die Worte »All by myself« trällern kann. Ich habe immer das Gefühl, emotional nie ganz abschalten zu können, sondern bin randvoll mit Zwischenmenschlichkeit. Darüber habe ich mich letztens mit einem Kumpel unterhalten, der schon sehr lange Single ist. Er meinte, es sei traurig, so lange allein sein zu müssen. Ich war da ganz anderer Meinung. Alleinsein ist ein Segen und das teuerste Gut, das wir haben. Vielleicht hole ich mir nicht mehr gerne Kuscheleinheiten ab, weil ich emotional satt bin.

**Jakob:** Glaubst du, es käme wieder, wenn du mal zwei, drei Wochen Abstand hättest?

**Max:** Ich denke schon. Wer kennt nicht den Spruch »Man will immer das, was man gerade nicht haben kann«?

**Jakob:** Ja, ja, das Gras auf der anderen Seite und das gute alte Lieblingsgericht, dessen man irgendwann überdrüssig wird. Irgendwie schade, weil ein Teil von mir genau diese innige Zweisamkeit vermisst – aber mehr den Gedanken daran als das körperliche Gefühl. Warum, glaubst du, brauchst du weniger körperliche Nähe als deine Freundin? Ist es für sie ein Beweis dafür, dass du sie noch körperlich attraktiv findest, und umgekehrt sagt dir der ernüchternde Blick in den Spiegel, dass keine Frau der Welt dir jemals wieder dieses Gefühl, begehrt zu werden, geben kann?

**Max:** Meine Freundin will hart kuscheln. Vielleicht ist sie kein Maßstab. Ich glaube aber, nicht nur sie braucht es, in den Arm genommen zu werden. Bei all meinen Freundinnen gab es dieses Missverhältnis. Ich habe immer die Erfahrung gemacht, dass es eine ganze Weile gedauert hat, bis die Frau sich ganz bei mir anlehnen konnte und inniges Kuscheln zugelassen hat. Ich dagegen habe es am Anfang stark forciert, und wenn ich es dann bekommen habe, war ich dessen schnell überdrüssig, so richtig schön seelenfickermäßig. Die Frauen dagegen wollten erst dann so richtig loslegen, sowohl mit Kuscheln als auch mit Sex. Als ob sie spürten, dass ich mich schon wieder entfernte, und sie mich im Klammergriff ihrer emotionalen Abhängigkeit festhalten wollten – den ich ja letztlich dadurch erzeugt habe, dass ich in der Anfangsphase die körperliche Nähe so stark eingefordert habe.

**Jakob:** Ist das Ganze letzten Endes eine Frage der Sozialisation? In dem stereotypen Geschlechterbild, mit dem die meisten von uns mehr oder weniger aufgewachsen sind, wurden Mädchen mehr umarmt und geknuddelt als Jungen. Wenn du die Netto-Umarmungen von Mädchen und Jungen unserer Generation in den ersten vierzehn Jahren gegenüberstellen würdest, wäre es sicher ein 3-zu-1-Verhältnis. Jetzt könnte man sagen, vielleicht wollten die Jungen auch weniger umarmt werden. Vielleicht lernten sie auch implizit durch das Vorbild ihrer Väter, die das wiederum von ihren Vätern mitbekommen hatten.

**Max:** Von dir wird hier ein Klischeebild bedient, und man könnte demnach auch die Gegenthese aufstellen, dass Männer eigentlich mehr kuscheln wollen, weil sie in der Kindheit zu wenig umarmt wurden. Ich glaube, es liegt wohl eher daran, dass Männer genetisch bedingt darauf aus sind, immer neue Weibchen zu begatten. Demnach braucht ein Mann einfach immer wieder neue Reize, neue Frauen, die ihm einen warmen, weichen Busen anbieten.

**Jakob:** Genau, und Frauen müssen sicherstellen, dass ihre Brut ernährt wird, und deshalb sind sie verkuschelter. Mit unserem heutigen evolutionären Stand gehe ich davon aus, dass wir uns zumindest in Ansätzen von einer proklamierten genetischen Determinierung lösen. Die Frage ist am Ende: Wie kann man einen schönen und gesunden Mittelweg finden? Wie kann ich die Lust am Kuscheln in der Partnerschaft aufrechterhalten? Ab und an in die Wildnis auszuwandern, das kann es doch nicht sein.

**Max:** Für mich sehe ich derzeit keine Lösung für das Problem. Ich habe keinen Leidensdruck, da ich nicht unter Kuschelentzug leide. Dank meiner beiden Kinder bin ich mit emotionaler Nähe genügend versorgt.

Ich müsste mich verstellen, um auf das Bedürfnis meiner Freundin einzugehen. Heißt das jetzt, ich muss ihr zuliebe über meinen Ego-Schatten springen, nur damit der Beziehungssegen nicht schiefhängt?

**Jakob:** Ich glaube, das ist losgelöst davon, ob es Kinder in der Beziehung gibt oder nicht. Die Tatsache, dass es ein Geschenk ist, dass sich jemand dazu entschlossen hat, seine Lebenszeit mit dir zu verbringen – das Kostbarste, was es gibt –, sollte vielleicht ab und an als Kuschelmotivation reichen. Schon komisch, dass man sich dazu gerade erziehen muss wie zu gesunder Ernährung und Sport.

**Max:** Trotzdem glaube ich, dass es aus freien Stücken passieren muss. Da liegt für mich auch der Ursprung des Übels. Es muss sich für mich wieder natürlich einstellen, dass ich Lust bekomme, körperliche Nähe zu meiner Freundin aufzubauen. Dankbarkeit für die gegenseitig verschwendete Lebenszeit ist ein denkbar schlechter Motor, sich Kuscheleinheiten aufzuzwingen.

**Jakob:** Ich würde gerne positiv enden, habe aber keine Lösung für das Dilemma.

## NoFap – Wenn die Hand das Schwert nicht anfassen darf

**Jakob:** Ich probiere gerade etwas aus, das für Menschen vor hundert Jahren wahrscheinlich das Normalste der Welt war: der totale Verzicht auf Pornos, Selbstbefriedigung und Sex – kurz NoFap. Einen Monat lang. Eine harte Probe, gerade im Frühjahr, wenn mit dem Steigen der Temperatur die Röcke immer kürzer werden. Hier nicht zumindest ab und zu die Schlange zu würgen ist wirklich mehr als ungewohnt.

**Max:** Kein Sex für nur einen Monat wäre in meinen langen Durststrecken als Single ein Segen gewesen. Aber sich selbst gar nicht anfassen zu dürfen ist für mich schon sehr befremdlich. Ich glaube, zu meinen Hochzeiten habe ich mir so oft einen runtergeholt, wie andere sich die Hände waschen. Es war das Normalste der Welt. Auch heute koche ich mir täglich mein eigenes Süppchen. Das hat sich so etabliert und mir bisher nie geschadet.

**Jakob:** Ich habe das Gefühl, dass wir in unserer Gesellschaft übersexualisiert sind und dass gerade Pornos viel kaputt machen. Kaputt im Sinne der Art und

Weise, wie wir Frauen wahrnehmen und mit ihnen umgehen. Speziell in der Sexualität. In manchen Pornos passieren Sachen, die vor dem Anschauen der Filmchen so weit entfernt von meinen sexuellen Fantasien lagen wie Australien von Berlin. Und danach wusste ich eben, dass es sie gibt, und konnte mir bei einigen Dingen zumindest vorstellen, sie mal auszuprobieren. Zum Beispiel wird in neunzig Prozent der Pornos ein absolut unausgewogenes Dominanzverhältnis zwischen Mann und Frau gezeigt: Eine Frau ist eigentlich nur das Samenauffangbecken für den Mann. Ob ich jetzt aufgrund meines Pornokonsums gleich der Frau einen Fuß in den Nacken stellen muss, während ich sie von hinten durchhämmere, bezweifle ich, aber es macht auf jeden Fall was mit der Art und Weise, wie ich mit Frauen in Kontakt bin. Und ich will eben ausprobieren, was der Verzicht auf Pornos & Co. mit mir macht und ob er vielleicht meine Sicht auf die Welt verändert.

**Max:** Ich bin etwas irritiert. Ich habe schon oft erlebt, wie du neue Dinge ausprobiert hast. Bisher lag deine Motivation aber immer in deinem eigenen Vorteil begründet. Dass du jetzt etwas durchziehst, um unserer übersexualisierten Gesellschaft und frauenverachtenden Pornos entgegenzuwirken, verwundert mich. Ist es nicht so, dass NoFap vor allem dir selbst helfen soll?

**Jakob:** Ich verstecke mich oft dahinter, dass man am großen Ganzen eh nichts ändern kann, aber Überraschung: Die Gesellschaft besteht aus einzelnen Mitgliedern, und eines davon bin ich. Wahrscheinlich das einzige, an dem ich umgehend etwas ändern kann. Darum wäre alles andere eine faule Ausrede. Und du hast recht, ich bin ein Stück weit egozentrisch veranlagt – und vielleicht ist der Antrieb auch hier wieder egozentrischer Natur. Ich will nicht unbedingt sehen, wie sich die Sexualität unserer Gesellschaft verändert, das wäre ein schöner Nebenaspekt. Ich will sehen, wie sich meine eigene Sexualität verändert. Sex ist auch für mich immer mehr zur Erledigung einer Sache geworden. Wenn beide gekommen sind, war das Maximalziel erreicht. Wenn nur einer gekommen ist – und das war meistens ich –, waren schon zumindest 95 Prozent erfüllt. Aber der Sex wurde immer leerer und unbefriedigender. Wie auf hungrigen Magen Süßigkeiten zu essen. Ich habe gemerkt, dass es da noch was anderes in mir gibt, das bei dieser Art des Sex nicht angesprochen wird.

**Max:** Sorry, ich bin gerade fast eingeschlafen. Meine Aufmerksamkeit wurde geweckt, als es um Pornos und Masturbieren ging, aber jetzt redest du schon wieder von innigem Sex, der wertvoll für beide sein soll. Vermutlich soll das Ganze mit einer Massage starten. Das Gute bei NoFap ist ja, dass gar nichts mehr bei dir angesprochen wird, denn wie du ja schon erwähnt hast, geht es bei NoFap nicht nur darum, sich keinen mehr runterzuholen, sondern sich von jeder Art der Sexualität zu befreien.

**Jakob:** Ein Zölibat sozusagen? Dürfen Priester eigentlich masturbieren? Was stellen sie sich vor? Jesus?

**Max:** Geheiligt werde dein Samen. Amen. – Ich kann NoFap nicht ganz nachvollziehen. Meines Wissens ist es so, dass masturbieren einen positiven Einfluss auf den Körper hat. Das merke ich zumindest immer bei mir. Ich fühle mich danach entspannter und wohler. Wieso sollte ich damit aufhören, nur damit ich durch die Veränderung der Pornobranche zu einer besseren Welt beitrage und meine Freundin mehr vom Sex hat? Das sehe ich nicht ein.

**Jakob:** Das könnte ein sehr guter Beweggrund sein, aber es wird vor allem etwas in dir verändern. Einmal, wie du die Welt wahrnimmst, und zum anderen, wie du in der Welt agierst. Ich bin zum Beispiel seitdem besser gelaunt, wacher, habe mehr Antrieb. Das ist wirklich krass, und dabei war ich davor ja schon kein Hardcore-Porno-Konsument. Wie ist es bei Leuten, die mehrmals täglich im Pornosumpf versinken?

**Max:** Falls du auf mich anspielst, kann ich nur sagen, dass ich selbst den Unterschied nicht kenne, da ich ja nie wirklich aufgehört habe, Pornos zu konsumieren bzw. zu masturbieren. Wenn ich dich jetzt aber so reden höre, sollte ich vielleicht doch mal überlegen, ob ich das auch mal für mich probieren sollte, denn ich bin zugegebenermaßen kein Mensch, der vor Energie strotzt.

**Jakob:** Und NoFap sollte immer nur ein Intervall sein. Wie das Fasten. Danach schmeckt das Essen wieder besser. Obwohl ich für mich entschieden habe, dauerhaft auf Pornos zu verzichten. Natürlich nicht auf Sex.

**Max:** Amen.

## 21 random Fragen für zwischendurch

1. Hat sich dein Leben schon mal radikal verändert? Was ist passiert?
2. Wenn du zwischen blind und taub wählen müsstest: Was würdest du nehmen, und warum?
3. Was verspürst du öfter: Dankbarkeit oder Neid?
4. Schon mal was gestohlen (außer Herzen)?
5. Was würdest du machen, wenn Geld dabei keine Rolle spielen würde?
6. Wärst du gerne berühmt? Warum?
7. Wenn Menschen dir immer die Wahrheit sagen müssten: Wem würdest du welche Frage stellen?
8. Fällt es dir schwer, um Hilfe zu bitten?
9. Wenn dir jemand die Zukunft voraussagen könnte, würdest du sie wissen wollen?
10. Welche Droge hätte das höchste Abhängigkeitsrisiko für dich?

11. Bist du eher Risikovermeider oder Abenteuersucher?

12. Welche dieser beiden Möglichkeiten würdest du wählen: In deinem jetzigen Job halb so viel arbeiten beim gleichen Gehalt oder genauso viel arbeiten wie jetzt bei doppeltem Gehalt?

13. Nackt baden gehen: Ja oder nein?

14. Stört es dich, wenn Menschen über dich lachen?

15. Zwei Freunde von dir sind ein Paar. Einer geht dem anderen fremd (nicht mit dir): Würdest du es verraten?

16. Welches Leben präferierst du: »die ICE-Verbindung Berlin–München« oder »die Wilde Maus auf dem Dom«?

17. Wenn du vier Wochen Urlaub machen könntest, ohne dass Geld dabei eine Rolle spielt: Wohin würde es gehen?

18. Würdest du deinen Penis oder deine Vagina eher kleiner oder größer zaubern?

19. Sagst du oft Dinge aus Höflichkeit?

20. Wenn du dir eine Superkraft aussuchen könntest, welche würdest du wählen?

21. Wenn du heute sterben müsstest: Was würdest du wem noch gerne sagen?

# Wenn der Schein trügt

Lieber Max, lieber Jakob,

endlich habe ich mich dazu durchgerungen, euch zu schreiben – ich will das schon sehr lange machen. Ihr begleitet mich inzwischen seit Monaten und seid wirklich wie ein Ladegerät, wenn es mir nicht so gut geht, und wie ein zusätzlicher Boost, wenn es gut läuft.

Mein Name ist Romina, ich bin 28 Jahre alt und arbeite im Medienbereich. Mein beruflicher Werdegang war in den letzten Jahren vermutlich das, was andere eine »steile Karriere« nennen. In der Grundschule und auch als Teenager war ich das hässliche Entlein, hatte Übergewicht und kein Selbstvertrauen, andere schienen mir stets besser zu sein, und egal, was ich machte, für mich war es nie gut genug: Stets war ich in mich gekehrt und nachdenklich.

Aus dem Wunsch heraus, endlich irgendwo dazuzugehören, begann ich Sport zu treiben, ich nahm über die Jahre ab. Mit 22 passte mein Spiegelbild plötzlich nicht mehr zu meinem Innenleben. Ich sah nicht nur gut aus, sondern verdiente auch gut und begann eine schöne Beziehung, die bis heute hält. Er liebt wirklich mich und meinen Charakter. Durch ihn habe ich gelernt, dass wahre Liebe nicht an Bedingungen geknüpft ist.

Nun zu meinem Problem: Leider gelingt es mir außerhalb meiner Beziehung nach wie vor nicht, zu mir selbst zu stehen. Das Mädchen in mir will noch immer aus tiefstem Herzen gemocht werden. Ich tue alles dafür, um ja niemanden vor den Kopf zu stoßen. In meinem männerdominierten Job bin ich deshalb schon unglaublich oft in Situationen gekommen, für die ich mich zutiefst schäme. Flirts, die ich nur aus Höflichkeit mitmache, weil ich mich scheue, den Abteilungsleiter zurückzuweisen, bis hin zu übergriffigen Vorfällen auf Weihnachtsfeiern etc.

Irgendwann, wenn es längst viel zu spät ist, komme ich dann meistens doch mit einem zögerlichen »Hey, bitte sei mir nicht böse, es tut mir leid, so will ich das nicht…« um die Ecke und ernte dafür meist Verachtung und sexistische Worte. Also im Endeffekt doch wieder genau das, was ich so sehr fürchte und immer vermeiden will.

Das Schlimmste: Ich glaube manchmal, dass ich es selbst forciere, da ich keine klaren Grenzen ziehe. Ich verurteile mich dann dafür, dass mich Männer so wenig respektieren, und denke, dass ich einfach nur ein Stück Fleisch bin, das man eben mal antatscht und bimsen will. Innerlich läuft seit Ewigkeiten eine Platte, die ich nicht abstellen kann. All eure Ausführungen über Seelenficker haben mir übrigens dabei geholfen, dies alles so klar zu erkennen.

Mein Vater und meine Familie wissen von alldem nichts, sie halten mich für eine selbstbewusste Frau, die auf der Karriereleiter ganz oben steht und von allen beneidet wird. Innerlich möchte ich manchmal nur davonlaufen und nichts mehr wissen von meinem ganzen Umfeld und mir selbst.

Danke, dass ihr meine Zeilen gelesen habt und für das, was ihr hier macht.

Alles Liebe

Romina

**Jakob:** Liebe Romina, danke für deine Offenheit. Es hat vielleicht ein bisschen Überwindung gekostet, uns diesen Brief zu schreiben. Ich glaube, es ist der erste Schritt zu einem größeren Selbstbewusstsein. Der offene Umgang und so, aber dazu später mehr.

Als Erstes finde ich es sehr spannend, welches berufliche Umfeld du dir gesucht hast, und vielleicht findest du Parallelen dazu, wie du aufgewachsen bist und was du zu Hause erlebt hast. Wer im medialen Bereich arbeitet, weiß, dass oft ein großer Fokus auf die Außenwirkung gelegt wird. Inwieweit verstärkt das deine Muster – oder positiv formuliert, was kannst du in dem Umfeld, in dem du dich gerade bewegst, für dich lernen? Du scheinst hier immer wieder mit besonderen Menschen und Situationen konfrontiert zu sein.

**Max:** Du beschreibst dich selbst als hässliches Entlein, das dann einen Wandel zum schönen Schwan vollzogen hat. Dein Beruf in den Medien passt da wie die Faust aufs Auge. So wie der Schwan durch sein schönes Federkleid beeindruckt, geht es in den Medien vor allem darum, die perfekte Version seiner selbst darzustellen. Von außen ist es für mich kaum nachvollziehbar, dass du so ein geringeres Selbstwertgefühl hast und es nicht schaffst, zu deinen Qualitäten zu stehen. Ich kenne das aber auch ein bisschen von mir selbst, irgendwie begleitet mich mein ganzes Leben das Gefühl, dass alles, was ich produziere, nicht wirklich gut ist. Dadurch wirken Lob und Anerkennung von anderen für mich immer befremdlich, und es fällt mir schwer, sie anzunehmen. Es fühlt sich fast falsch an, weil die Abweichung zwischen meiner inneren Haltung und der Sicht anderer Menschen auf mich groß ist.

**Jakob:** Zum medialen Bereich, in dem du arbeitest: Aus meiner beruflichen Erfahrung gibt es eigentlich kein Umfeld, bei dem eine so große Kluft zwischen Außenwahrnehmung und innerem Gefühl besteht. Mehr als natürlich, dass du dir intuitiv dieses Feld gesucht hast. Die Frage ist: Wie kannst du dort das Leben, nach dem du dich sehnst, führen? Also eine Persönlichkeit werden, bei der das innere Bild mit dem äußeren übereinstimmt?

Ich glaube, der erste Schritt ist Offenheit. Also offener mit dir und deiner Geschichte umzugehen. Wichtig ist hierbei, es nicht zu schnell anzugehen, Babysteps sind angesagt. Das Schöne ist, dass nicht nur du davon profitierst, sondern auch Menschen in deinem Umfeld. Menschen, die ein ähnliches Thema teilen. Und eigentlich teilen alle Menschen ein ähnliches Thema.

**Max:** Du weißt ja eigentlich, was du kannst, wer du bist und dass du gut aussiehst. Wie schaffst du es nun, diese Aspekte für dich so anzunehmen, dass du sie nicht nur nach außen »faken« kannst, sondern sie auch innerlich spüren und erleben darfst? Ich glaube, es geht darum, es Stück für Stück zuzulassen, sich selbst kleine Brücken der eigenen Anerkennung zu bauen, die es dir ermöglichen, mehr und mehr zu dir selbst zu stehen.

**Jakob:** Wahrscheinlich ist es leichter gesagt als getan, die Eigenschaften an sich anzunehmen, die man vielleicht als nicht so perfekt erachtet, weil wir alle das Bedürfnis teilen, geliebt zu werden. Wir leben in der Illusion, dass gewisse Parts von uns liebenswerter sind als andere. Aber schau einmal auf andere Menschen: Was magst und liebst du an ihnen? Das sind vielleicht gerade die Features, die sie überhaupt nicht an sich mögen.

**Max:** Ich würde sogar noch ein Stück weiter gehen und nicht nur versuchen, die Eigenschaften, die dich nicht perfekt machen, anzunehmen, sondern sie offen vor dir her zu tragen. Deine vermeintlichen Fehler und deine Verletzlichkeiten offen auszuleben. Dadurch könntest du erleben, dass du nicht dafür verurteilt wirst, sondern von deinem Umfeld angenommen wirst. Denn es macht uns als Mensch aus, nicht perfekt zu sein.

**Jakob:** Du hast zudem gesagt, dass du dir wünschen würdest, deine Grenzen noch klarer und verständlicher ziehen zu können. Ich glaube, die zwei Thematiken hängen zusammen. Die angesprochene Divergenz von innerem Befinden und äußerem Erscheinungsbild scheint durch, und manche Männer spüren so etwas, sie riechen es förmlich wie die Geier das Aas. Sobald du offener wirst mit deiner scheinbar dunkleren Seite, wirst du zu einer stärkeren Persönlichkeit, und die Dinge, die dich im Moment so unsicher machen, werden wahrscheinlich immer weniger werden bzw. sich in deiner Wahrnehmung wandeln. Es ist jetzt noch etwas Unbekanntes, aber sobald du offen damit umgehst, wird es natürlicher und verliert seine bedrückende Wirkung. Das ist eine Problematik, die alle Menschen teilen und die in jedem beruflichen Kontext zu finden ist. Je wichtiger und größer die Wirkung nach außen ist, desto größer die Divergenz. Nimm die Politik.

**Max:** Noch mal zur Abgrenzung: Ich könnte mir vorstellen, dass dir die Abgrenzung im Moment noch sehr schwerfällt, weil du gemocht und begehrt werden willst. Es kann sein, dass dieses Bedürfnis daraus resultiert, dass du es selber noch nicht in dem Maße tust, dass es dich selbst befriedigt. Wenn du dein inneres und äußeres Bild mehr zusammenbringst, lernst, deine Schattenseite anzuerkennen, wird sich die Abhängigkeit von der äußeren Bestätigung immer mehr auflösen. Es wird immer unwichtiger, was andere Menschen über dich sagen und von dir denken, weil du in dir ruhst und dich annimmst. Manchmal kann es hilfreich sein, vorerst in einem vertrauten Kreis offener mit den Dingen umzugehen, die du als nicht so schöne Eigenschaften von dir einordnen würdest. Aus der Kraft der Annahme dieser Seiten kannst du auch klarer Grenzen ziehen, weil du auf diese Art der Bestätigung mehr und mehr verzichten kannst. Das ist ein wechselseitiger Prozess, den dein Gegenüber auch spüren wird. Allgemein wirst du ein unabhängigerer Mensch werden – und was gibt es Attraktiveres als das?

**Jakob:** Wie Xavier Naidoo schon sang: »Dieser Weg wird kein leichter sein. Dieser Weg ist steinig und schwer.« Es kann Rückschläge und Ernüchterung geben. Er wird nicht langweilig, und es ist am Ende ein Weg zu dir. Im Idealfall ist deine Beziehung der Ort, wo du komplett angenommen wirst, wie du bist.

## Warum bei manchen Menschen Geld der Motor ist

**Jakob:** Eine Ex-Freundin und ich hatten nach circa einem Jahr überlegt, in eine gemeinsame Wohnung zu ziehen. Wie der Zufall es wollte, war eine superschöne 140-qm-Dachgeschosswohnung von Freunden frei geworden. Sie hatte alles: großzügiges Wohnzimmer, hohe Decken, Blick aufs Wasser – und sie war vor allem zu teuer für uns. Wir kamen gemeinsam in die Wohnung, und meine Freundin war wie ausgewechselt. Auf einmal war sie superkörperlich, wie neu verliebt. Ich wunderte mich und konnte zuerst den Bezug nicht herstellen, aber dann dämmerte es mir, und wir sprachen darüber: Sie wollte unbedingt, dass wir die Wohnung nehmen.

**Max:** Manche Frauen stellen gleich zu Beginn einer Beziehung klar, dass Geld für sie keine Rolle spielt. Es gebe wichtigere Eigenschaften, die sie in einem Mann suchen würden. Für eine gewisse Zeit ist es auch so, und die Beziehung läuft problemlos, bis es ein einschneidendes Erlebnis gibt.

**Jakob:** Ja, Geld war bis zu diesem Zeitpunkt nie ein Thema in unserer Beziehung gewesen, bzw. ich habe nie den Blick dafür gehabt. In dem Moment fiel es mir wie Schuppen von den Augen: wie wichtig es ihr immer war, welches Auto wir fuhren, welche Handtasche sie trug, wohin wir in den Urlaub flogen – sogar Dubai war mal im Gespräch – und, nicht zuletzt, welche Wohnung wir bezogen. Zum einen natürlich, weil es eine ganz bestimmte Lebensqualität hat, diesen Luxus zu genießen, aber vor allem, weil es einen bestimmten Status widerspiegelt. Ich war in dem Moment fast schon erschrocken. Von mir selbst, dass ich nie erkannt hatte, dass sie so tickte, und von ihr, dass das tatsächlich ihre Werte waren.

**Max:** Ich frage mich, woher das kommt. Wieso manche Menschen so einen großen Wert auf Statussymbole und Geld legen. Für mich war das nie nachvollziehbar, weil meine Eltern mich dahin erzogen haben, mit wenig auszukommen, und ich als Jugendlicher auf Markenklamotten verzichten musste. Das hat sogar mal dazu geführt, dass ich in der Schule gemobbt wurde. Daraufhin sind meine Eltern mir etwas entgegengekommen, und ich musste nicht mehr die Billigjeans vom Discounter tragen. Das hat mein Leben geprägt, und ich musste schon früh lernen, mein eigenes Ego nicht über Marken oder Statussymbole zu definieren. Ich glaube, gerade Mädchen werden oft vor allem von ihren Vätern wie kleine Prinzessinnen behandelt, denen jeder Wunsch erfüllt wird. Sie lernen, dass sie sich über ihr Aussehen definieren müssen, und schaffen es nur darüber, einen Selbstwert zu entwickeln. Vielleicht zieht sich das bis ins Erwachsenenalter durch.

**Jakob:** Diese Art der Sozialisierung hat bei meiner Freundin nicht stattgefunden. Ich glaube, dieser Wunsch, mit käuflichen Dingen etwas darzustellen, kam woandersher. Ich kann mich daran erinnern, dass ich früher oft dachte: »Der Pullover wäre geil«, oder »Diesen Rucksack muss ich haben«, »Was ich mit diesen Sneakers für ein geiler Dude auf der Straße wäre«. Meine Eltern – und speziell meine Mutter – hatten aber immer zu wenig Geld, mir diese Wünsche zu erfüllen. Auf der einen Seite machen dicke Karren, teure Klamotten und fette Wohnungen ja Spaß, aber es nutzt sich unglaublich schnell ab. Bei meiner Freundin hatte ich bei genauerem Beobachten das Gefühl, dass sie mit ihrer Außenwirkung einen Mangel kompensieren wollte, den sie in sich spürte. Sie wollte bewundert werden.

**Max:** Aber woher kommt es, dass Menschen für Gekauftes und nicht für die eigene Leistung oder das eigene Ich bewundert werden wollen? Für mich ist das ein großes Rätsel, weil materielle Werte für mich diesen Stellenwert nie eingenommen haben. Ich habe weder die Erfahrung gemacht, wie es ist, für Äußerlichkeiten bewertet zu werden, noch ist es mir ein inneres Bedürfnis, mir ein Auto zu kaufen, um von

Freunden darauf hingewiesen zu werden, wie cool ich deswegen bin.

**Jakob:** Aus meiner Erfahrung würde ich sagen, dass diese Haltung immer aus einem Mangel heraus entsteht. »Ich bin nicht gut genug, wenn ich dieses Auto nicht fahre.« So krass habe ich selbst es nie gedacht oder gefühlt. Ich fragte mich eher, wie mich die Leute sehen würden, wenn ich ein bestimmtes Produkt hätte. Und das Gefühl, bewundert zu werden, ist für mich auch kompensatorisch für das Gefühl, geliebt zu werden. Ich denke, ich habe mich eigentlich nicht liebenswert gefühlt.

**Max:** Woher kommt dieses innere Gefühl, sich selbst nicht für das, was man ist, zu lieben? Erstaunlicherweise begegnet mir diese Wahrheit oft bei Menschen, bei denen man es nach außen nie so wahrnehmen würde. Du bist hier das beste Beispiel. Als ich dich kennengelernt habe, dachte ich, du wärst so sehr von dir überzeugt, dass du schon wie ein arrogantes Arschloch wirktest. Als wir uns näher kennengelernt haben, hast du dann zugegeben, dass diese vermeintliche Arroganz eigentlich deine Unsicherheit überspielt.

**Jakob:** Vielleicht bin ich auch einfach ein arroganter Pisser. Ich sehe das nicht so fundamental, und wenn du mich fragst, was mein tiefer liegendes Thema ist, habe ich dafür keine wirkliche Antwort. Warum ich den Job mache, den ich mache: Es ist eine Mischung aus »weil er mir so viel Spaß macht« und »weil er mir viel Aufmerksamkeit beschert«. Warum war und ist es mir ein Stück weit noch immer wichtig, viel Geld zu verdienen? Weil Geld die Illusion weckt, unabhängig zu sein – und natürlich, weil ich mir einen bestimmten Habitus aufbauen kann. Spannend ist für mich die Frage: Wer wäre ich, wenn ich das alles nicht mehr hätte – und wie würden dann meine Freunde, Bekannten und meine Familie auf mich reagieren?

**Max:** Du wärst mir dann nicht mehr wichtig! Arme Freunde habe ich genug, ich brauche nicht noch einen. – Es wird sich vermutlich nichts ändern, außer dass die Freundschaften, die aus dem beruflichen Kontext heraus entstanden sind, auf die Probe gestellt werden. Dadurch würde sich auch eine Chance auftun: Wer ist in meinem Leben wirklich wichtig? Es wäre interessant zu sehen, wer am Ende bleibt. Apropos bleiben, seid ihr, du und deine Ex-Freundin, denn in die Wohnung gezogen?

**Jakob:** Nein, und ich trennte mich auch ziemlich schnell danach von ihr. Zum einen hatte ich keine Lust auf das Gefühl, immer einen bestimmten Standard aufrechterhalten zu müssen. Zum anderen wollte ich nicht mit einer Frau leben, die meine Tendenz zu dieser materiell begründeten Weltsicht befeuert. Ich wollte eine Frau, die mich für das liebt, was ich bin.

## Was ist Liebe?

**Jakob:** Ich habe immer gedacht, ich wüsste, was Liebe ist.

Aufgeregt zu sein, wenn man den anderen lange nicht gesehen hat. Sich mit allen Gedanken, Gefühlen und Handlungen nur auf diesen einen Menschen zu beziehen. An nichts anderes mehr denken zu können, und die Angst, sich selbst zu verlieren, wenn man diese Frau verliert. Aber das ist Verliebtsein, und es hielt bei mir immer maximal neun Monate. Zwei Monate brauchte ich danach noch, um zu realisieren, dass sich der Zustand in Luft aufgelöst hatte, und einen Monat wartete ich zusätzlich, ob er vielleicht noch mal wiederkommen würde. Er kam nie. Eine Beziehung dauerte folglich meist ein Jahr, und ich dachte, beim nächsten Mal würde ich bestimmt die Richtige treffen.

Dann traf ich dich im Klub. Von Anfang an gab es Probleme und Streitereien zwischen uns. Wir waren die Gegensätze, die sich bekanntlich anziehen. Du die Chillerin mit Prokrastinationstendenzen und ich der Workaholic, der nie zur Ruhe kam. Wie sollte das funktionieren? Am Anfang regte ich mich innerlich über so viele Entscheidungen auf, die du in deinem Leben getroffen hattest. Ich verstand sie nicht und fragte nach dem Warum. Der Zeitpunkt kam, und der Geysir in mir spuckte alles, was in mir brodelte, an die Oberfläche. Dein Verhalten maß ich an meinem. Ich mache es richtig und du falsch. Ich war sauer, wenn du meinen Tipps nicht folgtest, wie man eine Arbeit erledigte, damit man die vorgeschriebene Deadline einhalten konnte. Ich wollte dir zeigen, wie man ein besseres Leben führt. Aber wollte ich es wirklich, oder wollte ich dir einfach meine Vorstellung aufzwingen, damit ich mich beim Anblick deiner Lebensführung nicht infrage stellen musste? Wie sollte ich beurteilen, was die beste Version für dein Leben ist? Und wie anmaßend von mir zu glauben, ich hätte die Lösung. Diese Erkenntnis ist bisher eher ein theoretisches Konstrukt und noch nicht gelebte Praxis, aber ich hoffe, dass es mehr und mehr zu dem werden kann. Zu einer Erfahrung, die ich machen darf.

Du lässt mich so viele Erfahrungen machen, führst mich zu meinen Schattenseiten und zu dem, was ich all die Jahre erfolgreich verbuddelt habe. Denn mit jedem Streit mit dir streite ich genauso mit mir. Mit einem Teil, den ich nicht sehen und fühlen will. Mehr und mehr kann ich sehen, warum ich mich oft so aufrege. Du bist mein Spürhund für meine gedeckelten Emotionen und schlägst immer wieder an.

Es hat einen Grund, warum wir uns gefunden haben. Es hat einen Grund, warum ich dich so anziehend finde. Die Konfrontation mit dir bringt mich dazu, vieles zu erkennen. Vor allem das Gefühl, das ich lange versucht habe zu vermeiden: meine Hilflosigkeit.

Natürlich wünsche ich mir oft, dass es leicht und einfach nur harmonisch wäre, und vielleicht wird es das auch irgendwann sein. Doch bis dahin blitzt die Leichtigkeit auf wie eine Hoffnung auf Land am Horizont, während man mitten auf dem Ozean treibt. Wir kämpfen, wir tanzen, wir schleudern uns umher, wir lachen, wir weinen, wir wachsen.

Die Frage nach dem Warum stellt sich für mich immer weniger. Das Warum ist was für die Wissenschaft, aber nicht für die Liebe.

Du bist mein Spiegel und bringst Sonne an meine dunkelsten Stellen. Auch wenn es oft wehtut, bin ich dir – zwar nicht in der Situation, aber mit etwas Abstand – sehr dankbar für das, was du für mich bist. Dafür, dass du dich nicht von mir verformen lässt. Ich kann dich mehr und mehr so annehmen, wie du bist, und damit nehme ich auch mich selbst an.

Noch ist alles ein wackliges Kartenhaus, das mit jedem stärkeren Luftzug zusammenbrechen könnte. Vielleicht tut es das auch irgendwann, das können wir nicht wissen.

Das Leben und seine Erkenntnisse sind eine Aneinanderreihung von Momentaufnahmen. Ich möchte mit dir noch viele Momente aneinanderreihen. Danke, dass du in meinem Leben bist.

## Was will ich?

Moin Jungs,

ich bin nun seit etwa 1,5 Jahren mit meiner Freundin zusammen, und eigentlich läuft es ganz gut. Sie ist mir nach der Schule 500 km hinterhergezogen, und wir ergänzen uns in vielen Bereichen. Wir haben, was Beziehungen angeht, auch die gleichen Vorstellungen, verbringen immer eine schöne Zeit miteinander und fühlen uns einfach sehr wohl, wenn wir beieinander sind.

Wäre da nicht diese eine Sache: Da wir beide recht jung sind (21 und 20), haben wir noch nicht so viel Erfahrung, was Dating etc. angeht. Mir macht das nichts, da ich noch nie viel Wert darauf gelegt habe, mit wie vielen Frauen ich gebimst habe, doch sie scheint sich Sorgen darüber zu machen, etwas zu verpassen. Sie will ihre besten Jahre in vollen Zügen »ausleben«, sozusagen. Deshalb hat sie vorgeschlagen, unsere Beziehung zu öffnen.

Für mich ist die Vorstellung, dass meine Freundin von anderen Kerlen gebimst wird, irgendwie echt abschreckend, und ich glaube, mich würde das sehr verletzen. Auf der anderen Seite möchte ich natürlich, dass sie glücklich ist. Ich habe ihr gesagt, dass ich das nicht möchte, vor allem weil wir ja noch gar nicht sooo lange zusammen sind und ich mich noch nicht sicher genug in unserer Beziehung fühle (kämpfe auch ein bisschen mit eigenen Unsicherheiten). Ihre Antwort darauf war, dass sie das akzeptiere, da sie mich heiraten und Kinder mit mir bekommen möchte.

Aber der Gedanke, dass sie mit anderen Männer schlafen möchte, lässt mich einfach nicht los. Sie ist sehr attraktiv und lernt deshalb auch leicht Männer kennen. Ich habe Angst, dass sie der Versuchung nicht dauerhaft widerstehen kann und mich irgendwann betrügen wird (ihren Ex hat sie auch mal betrogen, bei mir würde sie das aber natürlich nie machen, sagt sie).

Das alles wirft für mich einen Schatten über die Beziehung; es macht mich doch ein wenig unglücklich, und es fällt mir schwerer, ihr zu vertrauen.

Was würdet ihr in so einer Situation machen? Ich liebe sie und möchte mich ungern von ihr trennen, doch ich denke immer mehr darüber nach.

Liebe Grüße

Timo

**Jakob:** Timo, es ist sehr schön, dass du so sensibel bist und auf die Bedürfnisse deiner Freundin eingehen möchtest. Du gerätst dabei natürlich in Konflikt mit deinen eigenen Bedürfnissen und wirst mit deinen Unsicherheiten konfrontiert. Hier liegt für einen Mann das größte Wachstumspotenzial.

**Max:** Beim Lesen der Nachricht bekomme ich richtig Zorn. Vermutlich, weil mich deine Nachricht an meine eigene Abhängigkeit von meiner ersten Freundin erinnert. Damals hätte ich ähnlich wie du überlegt, was ich alles über mich ergehen lassen würde, damit diese Frau bei mir bleibt. Du triffst im Ansatz schon die richtigen Überlegungen, daran solltest du weiter festhalten. Wenn deine Freundin Bock auf andere Schwänze hat und sich eine offene Beziehung wünscht, ist es löblich von ihr, dass sie das so ehrlich mit dir kommuniziert. Wenn das für dich kein Weg ist, musst du eine klare Haltung dazu einnehmen.

**Jakob:** Am Ende ist es wichtig, auf dein Bauchgefühl zu hören und dem nachzugehen. Dich wirklich zu fragen: Was willst du? Was ich oft in der Vergangenheit erlebt habe: Frauen stehen auf Männer, die für sich eine klare Haltung gefunden haben – was nicht heißt, dass du unflexibel und egoistisch werden sollst. Klare Haltung heißt vielmehr zu wissen, was du willst – und das ganz deutlich deiner Freundin gegenüber zu kommunizieren. Männer mit Haltung sind für Frauen auch sexuell sehr attraktiv.

**Max:** Letztlich ist es wichtig, dass du eine Entscheidung fällst, mir der du leben kannst. Sonst vergiftet das die Beziehung, die ihr in Zukunft führen werdet. Bei einer solch essenziellen Frage musst du ihr klar sagen, wo deine Grenzen sind. Wenn sie die nicht akzeptieren kann, ist es umso wichtiger für dich, dass du bei deinem Standpunkt bleibst. Wenn das am Ende dazu führt, dass du dich von ihr trennen musst, dann ist es so. Aber ich glaube, es kann etwas ganz anderes entstehen. Du könntest für sie an Attraktivität gewinnen, weil du sprichwörtlich deinen Mann stehst. Du sagst, was du willst, gibst die Richtung an, und jetzt ist es an ihr, zu entscheiden, ob sie an deiner Seite bleiben möchte oder doch etwas anderes will. Attraktivität entsteht nicht durch Anpassung, sondern durch Abgrenzung, und es würde mich wundern, wenn ihre Muschi dadurch nicht zum Feuchtbiotop wird.

## 21 Fragen über deine Beziehung

1. Kannst du dich entschuldigen, wenn du merkst, dass du etwas falsch gemacht hast?
2. Wann fällt es dir besonders schwer?
3. Was sind drei Eigenschaften, die du an deinem Partner magst?
4. Was sind drei Eigenschaften, die du an deinem Partner nicht magst?
5. Wenn dein Partner im Rollstuhl landen würde, würdest du die Beziehung beenden?
6. Was macht dich eifersüchtig?
7. Merkt dein Partner meistens, wie du dich fühlst?
8. Kannst du mit deinem Partner gut über Gefühle reden?
9. Gibt es etwas in deiner Beziehung, das dich unsicher macht?
10. Glaubst du an Seelenverwandtschaft?

11. In welchen Punkten fordert dich dein Partner heraus?
12. Wer ist der aktivere Part von euch beiden?
13. Worin unterscheidet ihr euch?
14. Worin seid ihr euch ähnlich?
15. Was hat dich zuletzt an deinem Partner überrascht?
16. Wann hattet ihr das letzte Mal Sex?
17. Hörst du deinem Partner gerne zu?
18. Streitest du gerne?
19. Fühlst du dich geliebt?
20. Liebst du deinen Partner?
21. Sagst du es ihm/ihr?

# Eifersucht

**Jakob:** Ich bin komischerweise nicht wirklich eifersüchtig auf die Gegenwart, sondern eher auf die Vergangenheit. Eifersucht ist vielleicht auch das falsche Wort. Es ist eher so, dass ich manche Typen, mit denen Ex-Freundinnen vor mir verkehrt haben, für absolute Trottel halte. In dem Moment weiß ich nicht, was sie mit mir will, wenn sie ja auf Trottel steht. Vielleicht bin ich ja auch ein Trottel?

**Max:** Ich bin komischerweise überhaupt nicht eifersüchtig. Früher war das anders. Als ich meinen Marktwert noch nicht kannte und mit meiner ersten Freundin zusammengekommen bin, dachte ich, ich müsste mich an sie klammern, damit ich sie nicht verliere.

**Jakob:** Wie überheblich ist das denn? Wo hast du denn deinen Marktwert eruiert? Im Vagina-Orakel? Liebe ist aber tatsächlich wie ein Furz. Wenn man drückt, kommt nur Scheiße raus. Ein bestimmtes Maß an Eifersucht macht manche Frauen an, und sie fühlen sich dadurch begehrt. Ich wiederum werde bei sehr eifersüchtigen Frauen misstrauisch. Warum fühlt sie sich nicht wertig genug? Ist da irgendwas? Und manchmal fange ich an zu suchen – und wer suchet, der findet.

**Max:** Als pubertierender Junge glaubte ich, keinen Marktwert zu haben, wie ein unsicherer Unternehmer, der sich mit seiner Firma an der Börse notieren möchte. Erst nach ein paar erfolgreichen Liebschaften konnte ich zumindest einigermaßen einschätzen, dass mir die Möglichkeit gegeben ist, das andere Geschlecht von mir zu überzeugen. Als naiver, unwissender und vor allem ungebumster Hampelmann war meine erste Freundin mit ihrer heiligen Vagina für mich wie eine Erleuchtung. Ich wollte nicht mehr aus ihrem Licht treten, sie war meine Sonne. Zu diesem Zeitpunkt war ich krankhaft eifersüchtig. Ich hielt es nicht aus, wenn sie sich auch nur in der Nähe von anderen Typen befand und sich mit ihnen unterhielt. Eigentlich war mein geringes Selbstwertgefühl das Problem. Ich wollte sie nicht teilen, sondern für mich alleine haben. Jeder andere Mann war eine Gefahr für mein kleines Ego.

**Jakob:** Trotzdem war ich in der Vergangenheit bei manchen Frauen eifersüchtiger als bei anderen. Eine Ex-Freundin im Speziellen hat mich immer wieder zur Weißglut gebracht. Sie brauchte die Bestätigung von vielen Leuchtstäben, um Licht in ihre Dunkelheit zu bringen. Für mich war das immer enttäuschend und hinterließ mich mit dem Gefühl, nicht ausreichend zu sein. Ich wollte mich nicht wirklich auf sie einlassen, und es war am Ende die richtige Entscheidung.

**Max:** Eifersucht ist wie ein Gift, das sich durch jede Form von Beziehung zieht. Es müssen nicht nur Liebesbeziehungen sein, auch Freundschaften leiden unter diesem Gift. Mit Eifersucht drängst du deinen Partner in die Ecke der Rechtfertigung, in der sich jeder Satz für beide wie eine Lüge anfühlt. Der Satz »Man ist so lange unschuldig, bis einem die Schuld bewiesen werden kann« gilt für Eifersüchtige nicht. In jedem Wort, in jeder Handlung schwingt immer der Verdacht der Schuld mit.

**Jakob:** Was macht man nun gegen die eigene Eifersucht?

**Max:** Die Frage sollte eher lauten: Was tut man für den eigenen Selbstwert? Denn im Kern wird es schmerzlich bleiben. Der schlimmste Verdacht, dem die Eifersucht zugrunde liegt, ist nämlich, dass ein anderer Mensch mir vorgezogen wird und ich einsam bin und bleibe. Aber das Eintreten dieser schlimmen Vermutung wird mich nicht mehr in meinen Grundfesten zerrütten, wenn ich auch alleine zufrieden bin. Wenn das Haus auf einem festen Fundament steht, wird es auch den Sturm des Verlustes überstehen. Ich merke immer wieder, dass ich mich erkenne, wenn ich nach innen schaue. Wenn ich mich eigentlich mit mir selbst und meinem eigenen Selbstwertgefühl beschäftigen müsste, lenke ich mich oft ab, zerstreue mich auf YouTube, Instagram & Co. Dieses Weglaufen vor mir selbst erzeugt die eigentliche Unruhe. Aber wenn ich damit aufhöre, mich von außen zu betäuben, und mir die Zeit nehme, komme ich zur Ruhe. Ich komme in mir selbst an. In der Praxis heißt das für mich ganz persönlich: Die erste Stunde des Tages und beim Essen kein Handy benutzen. Regelmäßig Sport machen. Ich versuche, zu meditieren und in die Natur zu gehen.

**Jakob:** *Om Shalom.*

# Absamen auf das eigene Ego

Hallo Max und Jakob,

ich heiße Anna und bin seit einem Jahr in einer glücklichen Beziehung. Mein Freund und ich verstehen uns blendend, es ist wie im Traum. Natürlich gibt's ab und zu mal Schwierigkeiten, ganz normal, aber die meiste Zeit vergöttern wir uns und haben eine schöne Zeit zusammen.

Da ich noch recht jung bin und mein Freund um einiges älter ist, bin ich sehr unsicher, was die sexuelle Ebene angeht. Ich bin die Beziehung mit wenig Erfahrung eingegangen, was für ihn nicht wirklich schlimm war, zumal wir das »Problem« mit viel Zeit und Übung lösen konnten. Wir beide haben das Gefühl, der Sex wird immer leidenschaftlicher und besser, wir können uns gegenseitig immer perfekt befriedigen.

Aber – jetzt kommt meine Frage: Mein Freund mag es, wenn ich ihn beim Sex eifersüchtig mache und ihm erzähle, von wem ich alles angesprochen wurde und wie viele Männer Interesse an mir haben. Im Alltag wäre er eifersüchtig und würde austicken, aber beim Sex macht ihn die Vorstellung, dass mich viele Männer begehren, an (ich will nicht arrogant klingen, aber mich sprechen viele

Männer an und probieren ihr Glück, ob live oder hinterher übers Internet).

Ist das normal? Dass ihn diese Vorstellung anmacht? Ich find das in der Situation auch geil, und was er gut findet, finde ich auch immer gut – mir reicht es, seinen harten Schwanz zu sehen, und ich werde feucht. Aber ist so was gesund, wenn ich ihm Sachen ins Ohr flüstere wie: »Du darfst dich glücklich schätzen, mich zu bumsen«, »Mich wollen so viele andere Kerle auch und gucken mir auf den Arsch«? Wenn er probieren würde, mich beim Sex eifersüchtig zu machen, würde ich ausrasten.

Letztens hat er den Vorschlag gebracht, mich mal vor anderen zu bumsen (weil er mit mir angeben will), und die holen sich darauf einen runter. Irgendwo find ich es geil, bin neugierig. Hab aber Angst, dass es der Beziehung schaden könnte. Er meint, er habe so etwas wie das, was wir haben, noch nie gehabt.

Was ist eure Meinung?

Liebe Grüße

Anna

**Jakob:** Ich hatte eine ziemlich ähnliche Situation mit einer Ex-Freundin, die es unglaublich geil gemacht hat, wenn andere die Möglichkeit hatten, uns beim Sex zu beobachten. Das Rollo wurde bei Flutlicht im Wohnzimmer oben gelassen, in der Sauna versuchte sie, mir unter dem Handtuch einen runterzuholen, und es konnte gefühlt kein öffentlicher Platz ohne Grapschereien überquert werden, was mich in viele unangenehme Situationen gebracht hat. Eigentlich das perfekte Match für deinen Freund. Vielleicht vermitteln wir die beiden mal aneinander.

**Max:** Die Situation ist hier aber noch mal anders. Irgendwie hat es dein Freund geschafft, seine Eifersucht in einen Fetisch umzuwandeln. Ich kenne das Gefühl bei mir auch von meiner ersten Freundin, dass ich es nicht ertragen konnte, wenn jemand sie ansah oder mit ihr ins Gespräch kam. Dass dein Freund hier einen Weg gefunden hat, sich daran aufzugeilen, hätte Pawlow stolz gemacht. Er hat sich sprichwörtlich umkonditioniert, und »Erniedrigung durch Eifersucht« ist sein Lustventil geworden.

**Jakob:** Du konntest es nicht ertragen, wenn jemand deine Freundin angesehen hat, Max? Wirklich? Warum? Du warst es doch, der am Ende mit ihr nach Hause ging. Bei der besagten Öffentlichkeitsbumser-Freundin war es bei mir ähnlich mit der Eifersucht, aber sonst war es mir immer ziemlich egal, wer meine Freundin so anstarrte. Es war sogar ein schönes Kompliment. Insofern kann ich Annas Freund ein bisschen verstehen, obwohl ich weg davon bin, meine Freundin als mein »Statussymbol« in die »Mein Haus, mein Boot, mein Auto«-Reihe einzuordnen. Ein bisschen Ego-Tuning ist der gierige Bauarbeiterblick aus der Grube aber immer noch.

Bei der »Ich bims so gerne an öffentlichen Plätzen«-Freundin war es für mich ein unschönes Gefühl, weil ich mir nie sicher war. Ist sie so aufgegeilt, dass es ihr einfach nur um irgendeinen Schwanz geht, oder geht es ihr um *meinen* Schwanz? Ich lief immer mit dem Gefühl herum, dass sie mir jeden Moment von der Lanze hüpft.

**Max:** Hoppe, hoppe, Reiterin, wenn sie fällt, dann schreit sie. Was mich an Annas Freund irritiert, ist, dass er nicht nur Eifersuchtsfantasien verbal vorgespielt bekommen will, sondern seine Freundin bumsen will, während sich andere darauf einen runterholen. Er macht seine Freundin damit zu einem Objekt. Es ist im Endeffekt nichts anderes, als wenn er sich ein teures Auto kauft und sich am Neid seiner Kumpels ergötzt, weil die sich selbiges nicht leisten können.

**Jakob:** Eigentlich ist es noch viel krasser. Was ich so faszinierend finde, ist, dass ihn nicht seine Freundin in dem Moment geil macht, sondern die Begierde der anderen. Die Lust der anderen bringt seinen Lachs zum Stehen. Wahrscheinlich ist die Frau dabei auch austauschbar, und er hat, sozusagen auf mentaler Ebene, Sex mit den Gedanken der Voyeure.

**Max:** Ich würde es noch auf einer anderen Ebene sehen. Eigentlich hat er mit sich selbst und seinem Ego Sex. Es potenziert sich enorm dadurch, dass seine Freunde sich an seiner Freundin aufgeilen.

**Jakob:** Und vielleicht ist auch genau das dein Problem, liebe Anna. Du merkst insgeheim, dass es nicht wirklich hundert Prozent um dich geht und dass er nicht in Kontakt mit dir ist. Es geht ihm anscheinend nicht mal um deinen geilen Arsch und deine geilen Brüste. Sondern um sich und seine eigene Geilheit, was zu einem gewissen Maß natürlich auch völlig legitim ist. Jedoch kann bei der Egoshooter-Nummer die Verbundenheit ein bisschen verloren gehen. Letztlich kommt es auf das Mischverhältnis an. Nur noch Sex unter Beobachtung ist vielleicht etwas viel. Ab und zu mal andere und damit auch sich selbst geil machen: Warum nicht? Schau bei dir, ob es dich anmacht und du Gefallen daran findest. Es nur zu machen, um zu gefallen, bekommt am Ende meist einen bitteren Beigeschmack.

## Wer trägt die Verantwortung beim Fremdgehen?

Lieber Max, lieber Jakob,

ich habe in letzter Zeit öfter mit Freunden darüber diskutiert, inwiefern man moralische Schuld auf sich lädt, wenn man sich als Affäre oder Seitensprung in eine Beziehung »einbringt«. Wie seht ihr das?

Ich habe für mich festgestellt, dass ich dabei ungern über einen Kamm schere und nicht in Begriffen wie Schuld und Unschuld denke, geschweige denn urteile. Immerhin befinden sich fast alle Leute im Laufe ihres Lebens mal entweder in der einen oder der anderen Position (also Betrogene/r, Geliebte/r, Betrüger/in), wenn nicht gar in allen drei Positionen. Will natürlich keiner hören, dass das jedem passieren kann ;-)

Eure Mia

**Jakob:** Ich war auch schon in allen drei Positionen, und für mich kommt es auch immer ein bisschen darauf an, wie man da hineingerät. Ich lernte zum Beispiel mal eine Frau im Klub kennen. Wir verabredeten uns, und beim zweiten Date lag sie stöhnend unter mir. Ziemlich schnell entwickelte sich daraus eine

Affäre, in der wir uns zwei, drei Mal die Woche sahen und großartigen Sex hatten. Nach fünf Monaten sagte sie mir, dass sie in einer Fernbeziehung sei, aber das mit mir nicht aufgeben wolle. Wer hat hier die Verantwortung? Hätte ich vor dem Sex fragen müssen, ob ihre Vagina in einer Fernbeziehung steckt? Hätte ich die Affäre sofort beenden müssen? Habe ich nicht.

**Max:** Ab 500 Kilometern räumlicher Trennung ist alles erlaubt. Die Liebe kennt keine Grenzen. Am Abend beim Skypen mit dem Freund ist jede Lüge erlaubt.

Ich war selbst mehrfach in der Situation des Fernbeziehungszerstörers. Daraus kann ein richtiger Sport werden. Je weiter der vermeintliche Freund weg ist, desto leichter scheint es, die Frau rumzukriegen. Ich habe mir die Rolle des Trösters zurechtgeschneidert – nur mein Schwanz konnte eine Brücke schlagen, über den Schmerz der räumlichen Entfernung zum eigentlichen Freund hinwegzukommen. Nach der kleinen Sexkur wurde am Abend wieder gut gelaunt mit dem Partner geskypt. Ich saß im Nebenraum auf der Couch und konnte mir ein Schmunzeln nicht verkneifen.

**Jakob:** Ich habe mich in meiner Situation irgendwie schlecht gefühlt. Schlecht nicht aus der Perspektive »der arme Freund irgendwo im Nirgendwo, der hier betrogen wird«, sondern weil ich mir auch verarscht und betrogen vorkam. Du wusstest ja wahrscheinlich im Vornherein davon, dass deine Affären in einer Beziehung waren. Gab es irgendwann mal den Moment, dass dein Penisbarometer auf Schuldgefühle zeigte?

**Max:** Mein Penisbarometer schlug anfangs in diese Richtung aus, aber dann in die gegenteilige, sobald Blut einfloss. Mein beschriebenes Szenario bezieht sich vor allem auf Fernbeziehungen. Hier ist es erst mal sehr komfortabel für mich als Verführer, da ich mich nicht mit der Situation auseinandersetzen muss, dass der Freund uns eventuell mal erwischt. Die Gefahr ist außer Reichweite. Ein bisschen komplizierter wird das Ganze, wenn man kurz vor dem Sex erfährt, dass die Frau aktuell in einer Beziehung ist. Aber auch hier fühlte ich mich immer frei von jeglicher Schuld und war immer der Meinung, es obliege ihrer Verantwortung, dass sie ihren Freund betrog. Wenn sie mich bis nach dem Sex in Unkenntnis ließ, hatte ich auch kein schlechtes Gewissen dabei, diesen zu wiederholen. Moralisch verwerflich wird es meiner Meinung nach erst dann, wenn die Frau einem von Anfang erzählt, dass sie in einer Beziehung ist. In dem Moment ist es mir bewusst, und dann habe ich auch eine Verantwortung.

**Jakob:** Na ja, irgendwann wusstest du es aber doch. War die Frau dann schon markiert mit deinem Sperma? Hat es dich von jeglicher Schuld gereinigt? In dem Moment, in dem du davon erfährst, werden doch die Karten neu gemischt, egal ob du mit der Frau schon geschlafen hast oder nicht.

**Max:** Natürlich ist es dann nicht mehr so unbeschwert wie zuvor. Mein Verantwortungsbewusstsein hält sich aber in Grenzen, wenn ich am Anfang getäuscht wurde. Mein Herz war rein, ich wollte mit dieser Frau intim werden und habe mich auf die Situation eingelassen. Wenn sie mir erst hinterher erzählt, dass sie in einer Beziehung ist, ist es meiner Ansicht nach nicht mehr meine Verantwortung. Aber dann wird es auch nur beim Sex bleiben. Denn ich möchte keine Beziehung mit einer Frau eingehen, die ihrem Freund fremdgeht, nur um mich vielleicht irgendwann in der gleichen Situation zu befinden. Ich kann nicht leugnen, dass irgendwo in mir das schlechte Gewissen aufkommt, dass ich ihren Freund hintergehe. Aber erst mal ist der mir egal und der Hunger der einäugigen Schlange zu groß.

**Jakob:** Meist ist das schlechte Gewissen klein, wenn wir nicht in »Beziehung« zu dem Betrogenen stehen, also ihn nicht kennen. Lernen wir ihn kennen, wird die Situation schwieriger. Manchmal hilft es dem schlechten Gewissen auf die Sprünge, wenn man selbst mal in diese Situation gerät, also der Betrogene ist. Das hatte ich schon mal, und es fühlt sich richtig beschissen an. Dazu war es noch ein sehr guter Kumpel von mir. Für einen Moment wusste ich nicht mehr, wem oder was ich glauben kann. Da habe ich mich auf mich besonnen, und von hier aus kann es in zwei Richtungen gehen: Fick die Welt und alles in ihr. Oder: Das will ich keinem anderen zumuten.

**Max:** Der beste Freund, der seinen Kumpel hintergeht, wer hat diese alte Leier nicht selbst erlebt? Ab der Pubertät wollen Jungs halt bumsen, und die Anziehung der weichen, warmen, feuchten Vagina ist da oft stärker als das schwer zu definierende Gefühl, das man seinem besten Kumpel gegenüber hat. Nachgedacht wird später. Wie du vielleicht raushörst, war ich der gute Freund, der die Freundin seines besten Kumpels verräumt hat. Uns ging es danach auch schlecht. Seine Freundin und ich fühlten uns sehr unter Druck gesetzt, es dem Freund beichten zu müssen. Wer hat eigentlich Mitleid mit den Fremdgehern? Eigentlich haben die doch die große Last zu tragen.

**Jakob:** Du Ärmster. Die große, schwere Last. Merkst du selber. Am Ende fühlen sich einfach alle gefickt.

## Emotionalität und Rationalität – Oder warum es Frauen und Männern so schwerfällt, einander zu verstehen

**Jakob:** Ich gerate mit meiner Freundin immer wieder in Streit. Dann frage ich mich, wie sie nur so blind sein kann. Wahrscheinlich denkt sie im selben Moment, dass ihr gegenüber auch ein Typ mit einer gelben Armbinde und drei schwarzen Punkten sitzt. Wir reden fundamental aneinander vorbei. Jeder will dem anderen begreiflich machen, worum es ihm gerade geht. Und in dem Moment, wo die Parteien den Punkt der Gegenseite nicht verstehen *wollen,* heizt sich die Diskussion auf. Schon allein die Art, wie ich das schreibe, ist extrem rational. Alles in der Metaperspektive. Losgelöst von jeglicher Emotion. Ein Grund, warum wir in Streit geraten.

**Max:** Mich beim Streiten in die emotionale Perspektive meiner Freundin zu versetzen fällt mir extrem schwer. Ich fühle mich als Mann oft dazu berufen, Probleme rational zu betrachten und dann eine Lösung zu finden. Dabei halte ich es nicht aus, wenn die Frau nur aus einem Gefühl heraus Entscheidungen trifft. Ich weiß zwar, dass sie sich in dem Moment wünscht, dass ich mich auf ihre Emotionen einlasse, aber wenn es zwischen mir und meiner Partnerin gerade eh nicht so gut läuft, habe ich da Probleme.

**Jakob:** Aber genau da liegt die eigentliche Ursache für den Streit. Es geht ja meistens nicht um den Streitauslöser wie die liegen gelassen Jeans, den nicht gemachten Einkauf oder die fünf Minuten, die man zu spät gekommen ist. Es geht darum, dass sich beide Seiten nicht verstanden fühlen. Wenn ich ihr nicht zu verstehen gebe, dass ich ihre Angst, Trauer oder Wut in dem Moment spüre, wird sie ihr Signal verstärken, so lange, bis es bei mir ankommt. Auf der anderen Seite mache ich dasselbe: Ich werde es ihr immer wieder erläutern, bis sie meine rationale Erklärung verstanden hat. Wir sind wie zwei Menschen, die eine andere Sprache sprechen und die immer lauter werden, damit der andere sie endlich versteht.

Meine Freundin muss gerade für die Uni eine Hausarbeit abgeben, und sie sagt immer, dass sie es nicht schaffen werde, weil die Bearbeitungszeit zu kurz sei, weil es nicht genug wissenschaftliche Lektüre zu dem Thema gebe, weil, weil, weil. Alles Themen, die im ersten Moment für mich rational erscheinen, aber eigentlich geht es um ihre Angst, nicht zu bestehen. Wenn ich ihr dafür einen Hafen geben könnte, wäre zwar nicht die Hausarbeit geschrieben, aber eine bessere Basis dafür geschaffen, sie anzupacken.

**Max:** Eigentlich ist es ganz einfach, diese Sprache zu sprechen. Wieso tun wir uns trotzdem so schwer damit? Ich glaube, die rationale Denkweise ist für einen Mann eine Art Schutzschild, hinter dem er sich verstecken kann. Ich muss nicht an meine Gefühle ran, wenn ich von meiner Freundin genervt bin. Wenn wir uns regelmäßig streiten, habe ich keine Lust, mich emotional auf sie einzulassen und ihr ein Hafen zu sein. Auf jedes Bedürfnis von ihr reagiere ich immer rationaler, woraufhin ihre Sprache immer emotionaler wird. Das führt am Ende zu dem, was jeder Mann kennt: Die Frau heult, und der Mann schafft es dadurch zu verstehen, worum es eigentlich geht, weil sie ihren Ausdruck durch ihre Tränen verstärkt.

**Jakob:** Worum es eigentlich geht, das kann man sich bei vielen Streits anschauen. Oft kommt es mir so vor, als ob man sich das Geschnatter der Möwen über der Meeresoberfläche anhört, aber abtauchen müsste, um zu sehen, was bei den Walen gesprochen wird.

**Max:** Das Abtauchen hat zwei Komponenten: Zum einen zu schauen, um welches – meist emotionale – Bedürfnis es geht, was hinter der nicht runtergebrachten Mülltüte steht. Ich habe ziemlich sicher etwas anderes in der Zeit davor übersehen.

Es gibt viele Momente, in denen ich keine Lust verspüre, in die Emotionalität abzutauchen. Ich schwimme gerne an der Oberfläche. Alles andere macht mir Druck auf den Ohren. Ich bleibe dann in meiner Rationalität. Ich will mich nicht einlassen, sondern bleibe mir selbst am nächsten.

**Jakob:** Obwohl ich die Lösung für viele Streitereien kenne, kann ich den Weg sehr schwer gehen. Und hier ist der Punkt. Ich denke, die Lösung ist für Männer und Frauen oft eine andere. Zumindest war das in den Konflikten in meinen Beziehungen so. Männer sind an einer rationalen und umsetzbaren Lösung interessiert und Frauen an der Verbundenheit in dem Thema, das gerade anliegt. Beides hat seine Berechtigung und seine Qualität. Das Streiten ist ja auch wieder nur ein Stück vom großen Kuchen der Beziehungsdynamik. Frauen bringen mit ihrer Liebe und ihrem Gefühl Männer im Idealfall dazu, einen besseren Zugang zu ihren Emotionen zu finden. Männer bieten Frauen mit ihrer gelebten Rationalität Halt und Struktur.

**Max:** Ich liebe diese klaren Rollenbilder von Mann und Frau, die du zeichnest. Der harte Mann, der zu seiner Meinung steht und nur kopfmäßig entscheidet, und auf der anderen Seite die Frau, die weich und zerbrechlich ist, aus dem Bauch heraus entscheidet und deren einzige Waffe die Tränen der Verzweiflung sind.

**Jakob:** Natürlich ist es eine stereotype Simplifizierung, die aber helfen kann, in der Realität seinen Weg zu finden, so wie eine Landkarte nie ganz genau die Wirklichkeit abbildet, aber doch für Orientierung sorgt. Aber natürlich passt nicht jede Landkarte in jede Beziehung.

## Liebt euch selbst

**Max und Jakob:** Meistens schreiben wir etwas zu den Themen der Leser, aber hier hatten wir das Gefühl, dass diese Leserin gar keine Antworten von uns braucht. Sie hat einen Schicksalsschlag erlebt, und alles, was wir dazu sagen können, ist: Liebe Lena, wir können deine Gedanken und Gefühle nachvollziehen und finden es erstaunlich, wie du deinen Weg gegangen bist.

Hallo Max & Jakob,

es ist ein komisches Gefühl, euch zu schreiben, denn irgendwie fühle ich mich wie die dritte beste Freundin, und ihr wisst ja noch gar nichts über mich.

Der Grund, warum ich euch schreibe, ist ungewöhnlich, und ja, fast schon krass. Ich höre euch schon seit einer gefühlten Ewigkeit, aber erst seit einer kurzen Zeit hallen eure Worte bei mir nach.

Kurz zu mir (ist, denke ich, ganz cool, dann könnt ihr euch ein Bild von mir machen): Ich bin Lena und 21 Jahre alt. In meinem Studiengang bin ich so ziemlich die einzige Frau und zeige auch mal ganz gerne, was ich auf dem

Kasten habe. Da ich sehr selbstbewusst bin, komme ich gut an und lasse mir nichts gefallen. Nebenbei arbeite ich. Innerhalb meines Freundeskreises bin ich immer die mit der guten Laune und einem flotten Spruch auf den Lippen. Alles in allem bin ich ein aufgeschlossener und lebensfroher Mensch.

Jetzt aber zu meinem einschneidenden Erlebnis: Letzten November war ich mit Freunden in einem Klub feiern, und mich ereilte ein Schicksal, das man eigentlich nur aus der Bild-Zeitung kennt. Ich habe Drogen ins Glas bekommen, was genau es war, weiß ich nicht. Was danach passiert ist, ist wie ein surrealer Film, an den ich mich kaum erinnern kann. Als ich schließlich aufwachte, war ich erst total desorientiert und erkannte irgendwann voller Schock (falls ihr es euch nicht schon denken könnt): Ich war vergewaltigt worden. Dann der Beginn der Tortur: Krankenhaus, Untersuchungen, Kripo, Pille danach, um sicherzugehen. Am nächsten Tag auch direkt eine Vorladung zur Aussage.

Im Nachhinein stellte sich heraus: Ich war von zwei Männern, beide zehn Jahre älter als ich, in einem Hotel vergewaltigt worden. In mir ist für einen kurzen Moment meine unschuldige Welt zusammengebrochen – verständlich, oder?

Die Worte, die ich nie vergessen werde, sind meine eigenen: »Nein, ich bin doch nur ein Kind, keine Frau! Wie kann man das einem Kind antun?« Glücklicherweise habe ich in der Nacht in dem Hotel wohl so laut geschrien, dass Angestellte die Polizei gerufen haben. Meine Fußgelenke hatten Blutergüsse, und meine inneren Oberschenkel waren dunkelblau. Aber die Aussage der beiden: »Sie wollte es ja«, kam trotzdem. Die Zeit danach war okay für mich, ich habe gelernt, gearbeitet und nicht den Spaß verloren. Ich kann gut ausblenden. Aber weil das Schicksal mich wohl für besonders stark hält, kam die nächste Aushaltprobe an einem Freitag im Dezember. Routinekontrolle beim Arzt mit der Diagnose: schwanger. Ich war wie in meinem Körper gefangen und habe geweint. Aber danach war alles okay, auch wenn es komisch klingt.

Meine Mutter und meine beste Freundin kamen direkt zum Arzt. Aber mir schien es so, als ob ich sie trösten würde, weil ich es nicht als so schlimm empfand. Nicht dass die Situation nicht der blanke Horror war, aber ich habe nichts gefühlt außer einem dumpfen Etwas. Die Verwunderung, warum ich jeden Tag über dem Klo hing, hatte sich dann auch erledigt. Ich organisierte alle nötigen Termine für einen Abbruch, und eine Woche später war es vorbei.

Ich frage mich: Wie erkläre ich das irgendwann mal meinem zukünftigen Partner? Sollte ich es überhaupt aussprechen? Am schlimmsten finde ich es, Mitleid zu bekommen, weil ich das nicht brauche. Kauft mir lieber was Leckeres zu essen, da habe ich mehr von.

Es ist alles wie ein Traum: Hey du, Lena, wusstest du, dass du gestern Fallschirm gesprungen bist? – Nein, aber krass, dass ich das erlebt habe. So ungefähr kommt es mir vor.

Glücklicherweise bin ich jetzt seit zwei Monaten bei einer super Trauma-Therapeutin in Behandlung. Es geht auch um meine mich schon etwas länger begleitende emotionale Taubheit – Jakob, dein Fachgebiet – durch die

Trennung meiner Eltern und die fehlende Vaterfigur (Achtung, Vaterkomplex!) in meinem Leben.

Und jetzt kommt ihr ins Spiel: Ihr seid meine Therapie. Abends oder in Momenten der Ruhe kommen Gedanken über das Erlebte hoch, und es durchfährt mich wie ein Schauer. Es ist, als ob mir der Boden unter den Füßen weggerissen würde, und ihr seid mein Auffangnetz. Ihr erzeugt in mir ein Gefühl des Schutzes und der Geborgenheit. Einen Schutz vor den Erinnerungen. Einen Schutz, um nicht die Kontrolle über meine eigenen Gedanken zu verlieren.

Auch wenn ich euch nicht persönlich kenne, freut es mich zu wissen, dass eure Worte auch anderen helfen können. Bei manchen hat sich der Partner getrennt, und ihr helft ihnen, es zu verarbeiten, bei anderen sind es die Selbstzweifel, die Jakob mit seinem Vaterkomplex erklären möchte, und bei anderen sind es die Pick-up-Lines, mit denen jemand seine zukünftige Traumfrau klarmacht.

Es klingt zwar hart, aber aus allem, was so im Leben passiert, lernt man. Und ich weiß jetzt, was Freundschaft ist, was Familie ist, was Vertrauen ist. Einen Scheiß auf all diese halbherzigen Freundschaften, einen Scheiß auf Sachen, die mich nicht glücklich machen, und einen Scheiß darauf, was andere Leute von mir denken. Ich liebe mich selbst, und das sollte jeder tun. Denn jeder hat es verdient, für das geliebt zu werden, was er ist. Auch wenn ich nicht wirklich gläubig bin, denke ich, dass Gott einem nur so viel zu tragen gibt, wie man ertragen kann. Und hey, ich bin ein besonders starkes Exemplar und lasse mich nicht von meinem Weg abbringen.

Wenn ihr das lest, hoffe ich, dass euch noch mal bewusst wird, dass eure Worte Gewicht haben (ja, das war besonders für dich, Max) und ich dankbar für jede Sekunde eurer liebreizenden Stimmen bin. Ein Träumchen.

Von daher

Max & Jakob, liebt euch selbst.

Eure Lena

## Warum wir streiten

**Max:** Es war gerade wieder so weit: Meine Freundin und ich hatten einen dieser Beziehungsstreits. Es ging – wie so oft – um Banales, Unwichtiges, etwas, das sich lange aufgestaut hatte und dann wie ein Vulkan irgendwann ausbrechen musste. Wieso muss man sich über solch banale Dinge wie Autofahren oder die unaufgeräumte Wohnung streiten? Immer, wenn ich in einem Streit mit meiner Freundin gefangen bin, frage ich mich schon nach einer Minute, wie wir überhaupt hierhergekommen sind. Das war doch in den ersten Wochen und Monaten nicht so. Wir hatten mehr Geduld und Verständnis füreinander und das Wesentliche: Wir haben uns gegenseitig Raum und Zeit gegeben, unsere Gedanken auszuformulieren und den Emotionen Platz zu lassen. Oder gibt man sich am Anfang einfach mehr Mühe? Sorgen die Hormone für mehr Toleranz? Gibt es das als Präparat?

Heute, nach acht Jahren Beziehung, staut sich ein Thema über Tage an, kommt hoch, wird immer wieder heruntergeschluckt. Wie eine Kuh, die Wüstengras verdaut: Irgendwann ist klar, es kommt nicht hinten, sondern vorne raus. Es ist dann der sprichwörtliche

Tropfen, der das Fass zum Überlaufen bringt, und es gibt auf beiden Seiten kein Halten mehr. Jetzt ist alles erlaubt, jeder darf aus einem Arsenal von Nah- und Fernkampfwaffen wählen und den anderen angreifen. Die Waffen der Wahl sind hierbei: emotionale Unterdrückung, Ignoranz, Nicht-Ausreden-Lassen, Heulen, Schweigen. Wenn es dann immer noch keinen »Sieger« gibt, wird es auch gerne mal beleidigend.

Wieso führen wir diesen Kampf? Wir sind doch in einer Beziehung, um uns gegenseitig Kraft zu geben, und nicht, um uns runterzumachen?

Mein Streitverhalten hat sich in den Jahren sehr verändert. Als ich mit meiner Freundin frisch zusammengekommen bin, habe ich immer versucht, ohne verbale Gewalt zu kommunizieren. Eine Lösung für das Problem zu finden, Verständnis entgegenzubringen, so wie ich wiederum Verständnis erwartete. Ein Streit war eher wie ein vorsichtiges Abtasten der Grenzen. Zwei Späher, die von den Kriegsherren zum Verhandeln an die Front geschickt wurden – mit der Absicht, den Krieg zu verhindern, und nicht, ihn zu schüren. Wir gingen oft mit Kompromissen auseinander, mal traurig, mal belustigt, und nicht selten hatten wir den besten Sex, den es gibt: Versöhnungssex.

Streits dienten dazu, näher zusammenzuwachsen, sich besser kennenzulernen, die Bedürfnisse des anderen wahrzunehmen und seine eigenen mitzuteilen. Wir waren immer bedacht darauf, konstruktiv auseinanderzugehen und wertschätzend mit dem jeweils anderen umzugehen.

Heute ist davon nicht mehr viel übrig. Meine Ohren sind nicht mehr in der Lage zu filtern. Eine Frage meiner Freundin wird als Vorwurf verstanden, und bevor sie überhaupt die Möglichkeit hat, ihren Satz zu Ende zu bringen, ist mein Rüstzeug gepackt und ich auf dem Schlachtfeld. *Ich will hier nicht über meine Fehlbarkeiten reden oder Kompromisse eingehen! Meine Meinung zählt, und ich bin im Recht!* Ich unterbreche ihre Frage oder ihren Vorwurf und greife an. Drehe den Spieß um, bevor er an meiner Brust ist, und ramme ihn mit voller Kraft meiner Freundin ins Herz. Das reicht aber nicht, denn damit sie endgültig Ruhe gibt, muss ich diesen so lange drehen und wenden, bis ihr klar wird, dass sie verloren hat.

*Ich trage keine Verantwortung für das, was sie mir an den Kopf wirft. Es ist alles ihre Schuld, und ich lege mir ihre Aussagen so zurecht, dass es am Ende immer wieder auf sie zurückfällt. Sie trägt die Verantwortung für alles, was gerade schiefläuft – und wie kann sie es wagen, mich in ihre Probleme mit einzubeziehen?* Das führt so weit, dass keiner mehr den anderen spürt, jeder ist nur noch bei sich. Nur die eigenen Gedanken und Emotionen sind die einzig richtigen, und die eigenen Ansichten müssen beschützt werden. Die Späher, die wir damals noch an die Front geschickt haben, wurden schon lange von ihren Feldherren getötet. Der Bote hat einmal zu oft schlechte Nachrichten überbracht. Es wird nicht mehr im Vorfeld austariert, was das eigentliche Problem sein könnte, ob vielleicht beide eine Mitschuld tragen. Auf dem Schlachtfeld wird gekämpft und am Ende ein Sieger definiert. Erst wenn sich der Nebel des Krieges lichtet, erkennen wir beide langsam, dass keiner von beiden gewonnen hat. Aber anstatt aufeinander zuzugehen und einen Friedenspakt zu schließen, rekonstruieren wir neue Einheiten. Jeder begibt sich zurück an seine Front und ist bereit für die nächste Schlacht.

Ist es der Lauf der Dinge, dass man sich als Paar irgendwann an diesem Punkt wiederfindet? Sind wir am Ende alle Egoisten und auf unser eigenes Wohl bedacht? Mir kommt es manchmal so vor, als hätte ich den Bezug zu meiner Freundin verloren und sähe nur noch mich. *Was interessiert es mich, was sie denkt, mein Leben ist wichtiger. Meine Bedürfnisse sind wichtiger. Sie hat sich unterzuordnen, und wenn sie ein Problem hat, dann soll sie es mit sich oder jemand anderem klären, es aber nicht zu meinem machen.* Denn immer alles teilen zu müssen, mit keinem seiner Gedanken alleine sein zu dürfen, fühlt sich manchmal wie ein emotionales Gefängnis an, in dem ich nackt und für alle sichtbar meine Zeit verbringen muss.

Ich wollte so etwas nie in meiner Beziehung. Mein Anspruch an mich war immer, ein Gesprächs- und kein Streitpartner zu sein. Ich wollte weich sein, wenn andere Männer hart waren. Ich wollte Verständnis zeigen können, wenn andere sich Vorwurf um Vorwurf an den Kopf warfen. Ich will immer noch jemand sein, der es schafft, einen Mittelweg aus dem eigenen Egoismus und dem Gefühl der Selbstaufgabe zu finden. Was hält mich davon ab?

# 21 Fragen an dich selbst

1. Wärst du gerne dein eigener Kumpel? Warum?
2. Kannst du dich an deine erste Lüge erinnern? Hat sie sich gelohnt?
3. Welches Gefühl zeigst du nicht gerne?
4. Welches Gefühl hast du am häufigsten?
5. Was liebst du? Kannst du das zum Ausdruck bringen?
6. In der Pubertät stellte man sich manchmal vor, wie man als Erwachsener sein und leben würde. Entspricht dieses Bild dem, was du heute lebst? Worin unterscheidet es sich, und was ist eingetroffen?
7. Wann hast du das letzte Mal jemandem gesagt, dass du ihn hasst?
8. Wann hast du das letzte Mal jemandem gesagt, dass du ihn liebst?
9. Bei welchem Menschen fühlst du dich emotional zu Hause? Weiß sie/er das?

10. Wärst du gerne mit dir in einer Beziehung? Und warum?

11. Was sind drei Dinge, die dir in einer Beziehung wichtig sind?

12. Wovor hast du Angst?

13. Wann hast du das letzte Mal geweint, und warum?

14. Welche Dinge machst du gerne alleine?

15. Wärst du gerne dein Arbeitskollege? Warum?

16. Wann bist du das letzte Mal so richtig wütend geworden? Wo saß das Gefühl in deinem Körper?

17. Welche drei Dinge magst du an dir?

18. Allgemein: Was möchtest du in deinem Leben noch erleben?

19. Was sind drei Dinge, die du besitzt, aber auf die du auch gerne verzichten könntest?

20. Welches Kompliment hast du bekommen, das dich berührt hat?

21. Stell dir vor, du schaust von hoch oben auf dich selbst hinunter: Wie willst du dein Leben gelebt haben?

## Warum die Beziehung irgendwann zum Normalzustand wird

**Jakob:** Ich weiß noch, als ich meine Freundin das erste Mal im Klub gesehen habe. Sie saß auf einmal neben mir. Locken, wunderschöne Lippen, große weiße Zähne und eine Granatenfigur. Sie hatte eine schöne Ausstrahlung, und ich tauchte in ihr ab.

**Max:** Ach, daran erinnere ich mich auch noch sehr gut. Als ich meine Freundin das erste Mal gesehen habe, war ich von ihren feinen Gesichtszügen so eingenommen, dass ich sie sofort haben wollte. Leider musste ich dann feststellen, dass sie schon vergeben war, und die ganze Sache wurde erst mal auf Eis gelegt. Einige Jahre später habe ich sie durch Zufall wiedergetroffen, und ich fand sie noch anziehender.

**Jakob:** Dann trafen wir uns zum ersten Mal. Wir verabredeten uns in einer Bar. Sie kam etwas zu spät, und ich saß schon hinten in einer Ecke. Als sie sich ihren Weg durch die proppenvolle Bar suchte, verfolgten sie die Blicke der anderen Männer. Als wir uns dann unterhielten und uns näherkamen, war jede ihrer Berührungen wie ein Geschenk. Wenn ich sie berührte, war es, als ob endlich eine Sache in Erfüllung gegangen sei, die ich schon sehr lange wollte. Auch wenn ich schon viele Frauen davor berührt hatte und es immer etwas Besonderes war, war es noch mal krasser.

**Max:** Ich war bei unserem ersten Date etwas kaputt, weil ich davor den klassischen Diskopumper gemacht hatte, Brust und Arme noch schnell im Fitnessstudio gestählt. Umso faszinierter war ich von ihrer Erscheinung und fühlte mich fast schon schuldig, so einer hübschen Frau die Zeit zu klauen. Meine Energie war auf einmal wieder da. Und so unglaublich es für mich war, wir landeten nach zwei Dates in der Kiste.

**Jakob:** Wir haben uns fünf, sechs Dates Zeit gelassen. Soll jetzt aber nicht heißen, dass wir was Besseres sind. Ich weiß noch, wie ich mir ganz besonders große Mühe beim ersten Mal gegeben habe. Das hatte nichts von ONS-Sex, wo die Einmaligkeit der Situation im negativen Sinne förmlich in der Luft schwebt. Hier wollte ich alles perfekt machen und kramte aus meinem Sexualspeicher im Gehirn alles, was der hergab. Los ging es mit einer Ganzkörpermassage. Dann gab es ein zweistündiges Vorspiel, bevor ich sie als Geschenk endlich aufmachen konnte. Ohne Gier, mit Wertschätzung. Man muss sagen, dass der Sex an sich jetzt recht normal war, die Messlatte der Erwartungen war einfach ein bisschen hoch gelegt gewesen. Als Mann schaust du ja immer, welche Pferdchen du im Rennen hast. Sie galoppierte allen davon.

**Max:** Das Gefühl, meine Freundin das erste Mal ihrer Klamotten zu entledigen, kam einem heiligen Akt gleich. Alles in ihrem Zimmer war weiß, inklusive ihrer Spitzenunterwäsche, dazu zartrosa Bettwäsche. Alles hatte so was Unschuldiges, dass ich nicht auf die Idee gekommen wäre, dass hier jetzt gleich mehr gehen würde. Alles, was dann passierte, war weniger unschuldig.

**Jakob:** Die ersten Wochen, als meine Freundin bei mir schlief, klingelte mein biologischer Wecker immer einige Minuten vor ihrem, und auch wenn sie es hasste, beobachtete ich sie zu gerne, während sie schlief. Sie war wunderschön. Ihr leicht geöffneter Mund. Ich wollte jedes Mal gegen meine Regel verstoßen und sie vor dem Zähneputzen küssen. Mit ihr habe ich es ein paarmal gemacht. Nach ein paar Minuten kuschelte ich mich meist von hinten an und schlief noch mal ein.

**Max:** Sex am Morgen ist noch immer der beste Sex, den es gibt. Vor allem findet man dann auch gleich Verwendung für seine über Nacht angestaute Lust, die morgens in Form eines prachtvollen Blutlachses erwacht. Aber eigentlich genauso schön ist es, abends gemeinsam einzuschlafen, nur um dann doch durch die körperliche Nähe Lust auf mehr zu bekommen. Der Vorteil bei Sex am Abend ist, dass man ihn endlos ausweiten und alle Stellungen durchprobieren kann. Die Zeit am Morgen ist ja doch immer recht knapp, bevor das Tagesgeschehen losgeht. Gerade am Anfang der Beziehung war ich sexuell hoch motiviert und wollte nicht nur selbst zum Höhepunkt kommen, sondern auch meine Freundin zum Orgasmus bringen. Ob Sportficken oder Kuschelsex – in dieser Phase ist man für alles offen.

**Jakob:** Und man hatte vor allem jedes Mal Sex, wenn man sich sah. Nicht dass der im Vordergrund stand, aber wenn man den ganzen Tag miteinander verbracht hatte, musste man den heiß gelaufen Wagen einfach in der Garage einparken. Und jedes Mal schlief man beglückt zusammen ein. Es war natürlich nicht nur der Sex, sondern es waren auch die Abenteuer, die ich zusammen mit meiner Freundin erlebte. Eigentlich wirkte alles wie ein Abenteuer, ob man besoffen auf dem Dach die Nachbarschaft mit Gitarre und Gesang abstrafte oder zusammen den Abend am Späti ausklingen ließ. Hauptsache, wir waren zusammen. Meine Freundin in den Arm zu nehmen, das erste Mal das Gefühl zu haben, dass man jetzt wirklich zusammen ist. Jeder Schritt eine kleine Glücksexplosion.

**Max:** Eines Nachmittags kam ich von der Arbeit nach Hause, und meine Freundin umarmte und küsste mich wie gewohnt, aber mein Gefühl dabei war etwas anders. Ich war noch immer verliebt und begehrte sie, aber es war nicht mehr ganz so stark. Nicht mehr dieser unbedingte Wille, jede freie Minute mit ihr zu verbringen. In dem Moment, als ich das realisierte, wusste ich, dass dieser Prozess in einer Zeit begonnen hatte, der vor meiner bewussten Wahrnehmung lag.

**Jakob:** Bei mir war es so: Eines Morgens wachte ich auf und schaute nicht als Erstes zu meiner Freundin, sondern auf mein Handy. Ich stand auf, ging ins Bad und machte mich fertig. Diese Tage häuften sich. Wenn sie vor mir aufstand, genoss ich es, mich im Bett ausstrecken zu können, ohne auf ihren Körper zu treffen, dessen Nähe ich anfangs in jeder Sekunde gesucht hatte. Die täglichen Küsse und Berührungen wurden weniger, und auch der Sex, dieses unstillbar scheinende Verlangen nach dem anderen, flachte ab. Und auch optisch ließen ihre Reize in meiner Wahrnehmung nach. Ich wusste zwar noch immer, dass sie unglaublich schön war, aber das Gefühl bei ihrem Anblick warf mich nicht mehr so aus der Bahn, rüttelte nicht mehr so an mir. Eines Tages musste ich mich bewusst daran erinnern, dass es so war.

**Max:** Das Gefühl, eine hübsche Freundin zu haben, wurde irgendwann selbstverständlich. Es fing mit Kleinigkeiten an. Meine Freundin fing an, weniger auf ihr Äußeres zu achten, und ich achtete immer weniger auf sie. Dabei war es eigentlich nicht ihr Aussehen, das mich störte, sondern der öde Alltag, der mir immer wieder vor Augen geführt wurde. So schön der Komfort des sicheren Hafens ist, so trügerisch ist er. Denn draußen wartet immer noch die stürmische See.

Der Schlabberlook wird nicht mehr zur Ausnahme, sondern mehr und mehr zur Regel, zum Standard-Outfit. Die gemeinsame Zeit wird ertragen und nicht mehr genossen. Der Sex wird weniger und schmeckt dann wie aufgewärmtes Essen vom Vortag. Was ist passiert? Ab wann entsteht dieser Zustand in einer Beziehung?

**Jakob:** Ich glaube, es ist wie ein Betäubungsgas, das in den gemeinsamen Raum eingeleitet wird und alles und jeden erfasst. Ganz langsam und schleichend. Diese Leichtigkeit vom Anfang, diese selbstverständliche Akzeptanz dem anderen gegenüber nimmt ab, und es häufen sich die Streitereien. Beide lassen die Maske der flüchtigen Bekanntschaft fallen und zeigen sich so, wie sie eben sind. Manchmal launisch, manchmal scheiße, manchmal negativ. Klar darf das auch sein, aber trotzdem ist es, als ob man mit einem Hammer durch einen Porzellanladen rennt und die kleinen Splitter sich über Leichtigkeit, Spaß und Glück legen.

**Max:** Und dann stellt man sich die Frage: »Wieso sind wir überhaupt noch zusammen?« Was hält uns beieinander? Die Zeit vergeht, und man lebt nebeneinanderher, aber da ist kein Ende. Die Lücke, die entstanden ist, wird von einer Art Bauschaum aus Vertrauen, Verlässlichkeit und Sicherheit ausgefüllt. Gerade eben, weil ich keine Maske mehr tragen muss, weil ich mich hundertprozentig so zeigen kann, wie ich bin – mit dem tiefen Vertrauen, dass unsere Beziehung unsere Wandlung aushalten kann. Am Ende fühle ich mich trotzdem erfüllt. Es ist etwas Neues entstanden, das weit über die anfängliche Anziehungskraft hinausgeht. Man hat einen Partner fürs Leben gewonnen, der zu einem hält, der einen so nimmt, wie man ist, und auch dann bei einem bleibt, wenn es unangenehm wird. Die Leidenschaft ist dem Gefühl gewichen, das ich heute als »Liebe« bezeichnen würde. Ganz leise schlich es sich ein und wurde immer größer.

## Warum ich Angst davor habe, Schluss zu machen

**Jakob:** Früher hatte ich definitiv weniger Angst vor dem Schlussmachen. Alles, was ich verlieren konnte, schien mir ersetzbar zu sein. Ob Louise, Anna, Inga, Julia, Caro, Linda, Andrea, Denise oder Anette. Am Ende war es eine Zahnbürste, die auf meinem Waschbecken wechselte. Natürlich blieb der Moment, in dem ich mit der Sprache rausrücken musste, unangenehm. Dann blieb kurz die Zeit stehen. Egal, wie tief es war, irgendwas zerbrach in dem Moment, und war es auch nur die Freude auf den nächsten gemeinsamen Abend.

Eine kleine Angst beim Schlussmachen blieb auch bei noch so belanglosen Beziehungen: Was, wenn ich mich doch getäuscht hätte? Aber die entstandenen Lücken waren nie besonders groß. Jetzt wäre das vermutlich anders.

Ich führe das Leben, das ich mir einst gewünscht habe. Also, grob jedenfalls. Frau und Kind. Nur die Komponenten kamen anders zusammen, als ich es mir je hätte vorstellen können. Und manchmal, wenn ich mich an der Klippe des Beziehungsbergs mit letzter Kraft festhalte, unter mir tausend Meter Einsamkeit, tausend Meter Freiheit, möchte ich einfach loslassen. Fallen und nichts mehr fühlen. Keine Wut, keine Trauer, keine großen Gefühle. Einfach nichts. Leere. Ich stelle mir kurz vor, wie ich falle und falle, ohne jemals aufzukommen. Der Moment des Fallens ist gefüllt mit dem Best-of aus meinen vergangenen Beziehungen und Affären, mit meinen Wünschen, und vor allem mit meinen Träumen. Ich falle ohne Angst vor dem Aufprall, den gibt es in meiner Vorstellung ja nicht. Gedanklich tauche ich kurz in ein anderes Leben ab, in ein Leben, in dem es meine ganzen Probleme nicht gibt. Aber in der Realität gibt es keinen Fall ohne Aufprall. Ich ziehe mich hoch. Und setze mich an die Klippe. Meine Füße baumeln in der Dunkelheit der Tiefe.

Ich wollte nie so werden wie meine Eltern, die sich ja getrennt haben, als ich sechs Jahre alt war. Zum damaligen Zeitpunkt waren sie zehn Jahre verheiratet. Als kleiner Mensch dachte ich: Wenn man sich nur zehn Jahre liebt, sollte man keine Kinder in die Welt setzen. Heute erscheinen mir zehn Jahre Beziehung wie ein Ironman, und ich bin froh, dass sie den kleinen Menschen, der das denken konnte, in die Welt gesetzt haben.

Als Kind war ich herb enttäuscht von ihnen, weil sie ihr eigenes Glück über unser gemeinsames Glück stellten. Ob es das jemals gegeben hätte, wusste mein Kinderhorizont nicht abzuschätzen. Mein Erwachsenenhorizont auch nicht.

Meine Mutter trennte sich von meinem Vater. Ein

Telefon, ein Klingelstreich und ein dreißigminütiges Gespräch mit dem anderen Menschen an der Leitung waren der Anfang vom Ende. Meine Schwester rief eine Zeit lang Nummern an, die sie sich im Moment des Wählens ausdachte. Es wurde der größte Klingelstreich im Leben meiner Schwester, und die fatalen Folgen hätte sie niemals erahnen können. Ob mein Vater ihr jemals böse war? Als Seemann weiß er, dass ein neues Schiff nur in einem Hafen anlaufen kann, wenn das Dock frei ist.

All das wollte ich für mein Leben nie: Beziehungsversager sein, ein Trennungskind produzieren. Ich wollte meinen eigenen Erwartungen und denen der Menschen um mich herum gerecht werden. Was ich mir sehr wünsche, ist ein sicheres emotionales Zuhause für meine Tochter zu schaffen. Einen Ort der Harmonie, und der ist für mich verbunden mit einer glücklichen Beziehung. Zwei Partner, die sich lieben und wertschätzen. Eltern, die eine glückliche Beziehung vor ihren Augen leben.

Wenn ich die Klippe losließe, hätte ich Angst, mit meiner Freundin meine Tochter zu verlieren. Es sind nicht die großen emotionalen Momente, zusammengebastelt in Potsdam-Babelsberg. Ich will den basic shit. Jeden Tag. Zusammen aufwachen, wickeln, sie lachen sehen, sie auf den Arm nehmen, wenn sie weint, Frühstück machen. Einfach mal kurz in ihr Zimmer gehen und schauen, ob sie noch da ist. Atmet, lacht, mich anguckt. Sie auf meinem Bauch schlafen lassen oder sie einfach mal zwischendurch abküssen.

Diese tägliche Veränderung, das erste Mal Umdrehen, das erste Krabbeln, Laufen, Sprechen, die Schule, der erste Freund, die erste Liebe. Das Haus der Erinnerung hat viele Steine. Ich will ihr Leben nicht verpassen, will sie begleiten auf ihrem Weg. Klar geht das auch alles, wenn man getrennt ist, aber es fühlt sich anders an, und es ist definitiv anders. Vielleicht verpasst man dann erst eine kleine Sache, und daraus wird dann immer mehr? Und irgendwann verpasse ich meine Tochter. Sie würde mir wahrscheinlich nie Vorwürfe machen, à la »Papa, wo warst du, als ich dich gebraucht habe?«, aber ich würde mir diese Frage stellen. Manchmal merkt man auch erst hinterher, dass man jemanden gebraucht hat.

Das ist ein Grund, warum ich an unserer Beziehung arbeite. Es hört sich schwer an, wenn ich es selbst so lese, weil Beziehungen für mich eigentlich immer Freizeit waren, in denen ich eben nicht arbeiten, keinen Stress haben wollte. Nur Entspannung und schöne Momente. Doch diese Leichtigkeit gab es bisher nur in Affären oder in der Anfangszeit einer Beziehung. Dort vermisste ich aber nach einer Zeit die Tiefe. Vielleicht ist das der Preis vom Abtauchen: Das Licht schafft es nicht bis auf den Grund.

Das Licht an der Oberfläche kann ich heute nicht mehr sehen. Die Abende, an denen wir von Partys nach Hause kamen und noch Stunden zusammen Gitarre spielten, die Tage, die wir auf dem Dach verbrachten, mit dem Blick über die Stadt. Dein Lachen bis an die Weisheitszähne. Die Momente, in denen es mir völlig ausreichte, wenn wir wie ein Haargummi verknotet im Bett lagen. Mit dir konnte ich mir die Welt vorstellen. Wo ist dieses Gefühl hin? Und wenn das erste Gefühl von alleine kommt und wieder geht, muss man für das zweite etwas tun?

Die Beziehungsprobleme, die wir haben, kenne ich schon. Sie sind fast vergessen, aber ich habe eine dunkle Erinnerung an sie, an eine frühere Beziehung, in der ich irgendwann stumpf war, nichts mehr empfunden habe. Die Streitereien saugten das Gefühl aus mir heraus, bis ich in der völligen Leere Schluss machte. Es war noch nicht mal mehr Wut da. Die gibt es jetzt zum Glück noch, und in meiner Wut ist es leicht, alles auf dich zu schieben, aber tief in mir weiß ich, dass mindestens fünfzig Prozent von mir selbst erschaffen sind. Wenn ich unsere Tochter anschaue, die ihr eigenes Spiegelbild noch nicht erkennt, weiß ich, dass das in ihr auch ich bin. Und es bleibt die Frage: Wartet auf dem nächsten Berg derselbe Sturm?

Vielleicht laufe ich nicht vor dir, sondern vor allem vor mir selbst weg. Ich will es probieren, für unsere Tochter, für dich, für mich. Ich will es versuchen, will immer wieder mein Herz aufmachen, auch wenn es jedes Mal wehtut. Will mit dir streiten, dich in den Arm nehmen, dich küssen, und alles wieder von vorne. So oft es nötig ist.

Ich weiß noch nicht, wie das funktioniert, was andere glückliche Beziehung nennen. Ich war zu klein, um das zu lernen. Ich weiß noch nicht, ob es das für uns gibt, aber ich will es versuchen. Immer und immer wieder. Mit allem, was ich habe. Wenn wir am Ende herausfinden, dass es nicht funktioniert, werde ich ohne Reue dastehen, und ein Teil von mir wird dich immer in unserer Tochter lieben.

## Warum Liebe nicht Hollywood ist

**Jakob:** Dieses Bild, das am Ende eines jeden Hollywood-Films von Liebe gezeichnet wird, habe ich so in der Realität noch nie erfahren.

**Max:** Hach, das schöne Hollywood-Bild von Liebe! Wie sehr habe ich mir das als Teenager erhofft, dass es irgendwann eintreten würde! Als ich dann auch noch eine Freundin gefunden habe, mit der ich glaubte dieses Bild gemeinsam leben zu können, fühlte ich mich wie im siebten Himmel. Das muss Liebe sein. Schmerzlich musste ich erfahren, dass Hollywood mich die ganzen Jahre angelogen hatte. Liebe, wie sie dort propagiert wird, gibt es nicht – und wenn, ist ihre Haltbarkeit ähnlich lang wie die Nachwirkung des Films, in dem sie Thema war.

**Jakob:** Für mich ist Liebe immer viel komplexer gewesen, als die Stilmittel Hollywoods es suggerieren. In meiner jetzigen Beziehung zum Beispiel fühlt es sich manchmal wie ein Ironman an. Durchhalten um jeden Preis. Ist das auch Liebe? Es mit dem anderen gemeinsam »schaffen«?

Ich kann sagen, dass ich meine Familie liebe. Klar ist das nicht die romantische Liebe, die ich gegenüber meiner Freundin habe, aber trotzdem würde ich es als Liebe bezeichnen. Ich will immer, dass es allen gut geht. Dafür bin ich bereit, viel zu tun. Genau wie bei meiner Freundin und vor allem bei meiner Tochter.

**Max:** Liebe fühlt sich manchmal mehr wie eine Verpflichtung an. Wieso geht einem lieben nicht so leicht von der Hand wie masturbieren? Wenn ich meine Eltern ansehe, sieht es eher aus wie ein Kampf, bei dem beide vergessen haben, wofür sie eigentlich kämpfen. Ist das etwa die Liebe, von der alle sprechen? Bis ins hohe Alter zusammenbleiben, weil man sich irgendwann mal die magischen drei Worte gesagt hat? In meiner Vorstellung gehörte immer mehr dazu. Aber ich erlebe es ja selbst. Liebe in ihrer Tiefe und Innigkeit ist auf Dauer auch sehr anstrengend. Dieses tiefe Gefühl ein Leben lang aufrechtzuerhalten kann doch nicht unsere Aufgabe im Leben sein.

**Jakob:** Aber muss Liebe immer leicht sein? Ich glaube nicht, und das ist sie in der Praxis oft auch nicht. Schon bei der Eheschließung – und die sollte ja in unserer westlichen Welt auf Liebe basieren – heißt es ja »in guten wie in schlechten Tagen«. Was ich nur sehr ernüchternd finde bei vielen älteren Menschen, meine Großeltern inbegriffen, ist, dass die »schlechten Tage« der Liebe überwiegen und man irgendwann zusammenbleibt, weil man die meiste Zeit seines Lebens mit seinem Partner verbracht hat und sich ein Leben alleine nicht mehr vorstellen kann. Man möchte also nicht die Beziehung aufrechterhalten, weil es um das Zusammensein geht, sondern um das Alleinsein zu vermeiden. Das ist nicht meine Vorstellung von Liebe. Es gibt aber auch ein paar schöne Ausnahmen, und es ist eigentlich traurig, dass ich die bisher nur als Ausnahmen erlebt habe. Meine Großtante in den USA hat zum Beispiel mit ihren 86 Jahren ihren Mann noch immer mit der Zunge geküsst und ihm gesagt, dass sie ihn liebt. Auch vor anderen Menschen. Die beiden waren noch sehr körperlich miteinander, aber nicht so, dass man sich in einen Granny Porn versetzt gefühlt hat. Auf eine schöne und liebevolle Art. Sie haben zusammen fünf Kinder und beide ihre Hobbys gepflegt, aber auch viel Zeit zusammen verbracht.

**Max:** Mich schüttelt es, wenn ich mir vorstellen muss, meine Freundin in fünfzig Jahren mit Zunge küssen zu müssen, geschweige denn Sex mit ihr zu haben. Ich habe bisher immer gehofft, dass Liebe und Geschlechtsorgane ein Ablaufdatum haben. Dass der Penis irgendwann abfällt und die Muschi sich langsam verschließt und zu einer Einbahnstraße der Körperflüssigkeiten wird. Hier darf keiner mehr rein. Hier darf höchstens noch gelbe Flüssigkeit raus. Kein schönes Bild, aber eines, mit dem ich gut leben könnte. Mir wird aber mehr und mehr bewusst, dass es nicht so einfach werden wird, und wenn ich daran denke, dass Frauen ihren sexuellen Höhepunkt mit vierzig haben, muss ich mich noch auf einiges vorbereiten. Vielleicht werden Männer deshalb im Alter impotent. Eine natürliche Schutzreaktion auf den optischen Verfall des weiblichen Körpers. Und umgekehrt genauso: Dass die Frau in hohem Alter nicht mehr so gut feucht wird, ist sicherlich eine Reaktion auf den Verfall des männlichen Körpers.

**Jakob:** Du meinst also, du hast im Alter keinen Bock mehr auf Sex mit deiner Freundin? Und kaufst du dir dann die jugendliche Frische, die du bei ihr nicht mehr findest, mit dem Erlös dieses Buches im Puff? Kauft dieses Buch, damit Max in den Puff gehen kann.

Ich wünsche mir, dass ich weiterhin mit meiner Freundin Sex habe. Vielleicht ist es nicht mehr das bloße Gefühl der Geilheit, dass ich ihre prallen Brüste vollspritzen will, sondern mehr das Gefühl von Verbundenheit. Das ist auch ein Zeichen von Liebe. Gelebte Liebe und Zuneigung im Alter.

**Max:** Ich halte es eher wie Charles Bukowski, und als berühmter Buchautor brauche ich nicht in den Puff zu gehen, sondern die junge Weiblichkeit findet von ganz allein den Weg zu meiner Haustür. Das Modell, sich im Alter mit einer knackigen Frau zu verjüngen, ist ja sehr bewährt, und ich spiele schon länger mit dem Gedanken, alle zwanzig Jahre eine Verjüngungskur zu machen. Demnach hat meine jetzige Freundin noch circa zwölf Jahre. Ist doch noch eine lange Zeit, in der man glücklich die Zeit miteinander verbringen kann, und die Kinder sind ja auch irgendwann aus dem Haus.

**Jakob:** Dein Ernst? War Charles Bukowski nicht auch ein verbitterter Alkoholiker? In der Verbitterung sehe ich euren gemeinsamen Nenner.

**Max:** Natürlich nicht. Ich wünsche mir für mich und mein Leben etwas anderes. Keine bedürftigen Verjüngungskuren und auch nicht das, was meine Eltern haben und leben. Sondern ein erfülltes gemeinsames Älterwerden, bei dem jeder den anderen so akzeptiert, wie er ist. Wenn Sex dann für uns noch eine Rolle spielt, dann soll es so sein, und wenn nicht, wäre das für mich auch o.k. Es ist auch irgendwie abstrakt, sich vorzustellen, wie man im hohen Alter tickt. Wenn ich sehr alte Menschen auf der Straße sehe, dann kommen sie mir vor wie Aliens, die nie ein jugendliches, sexerfülltes Leben gelebt haben. Aber natürlich weiß ich, dass das nur mein oberflächlicher Eindruck ist und auch diese Aliens irgendwann mal körperlich geliebt haben.

**Jakob:** Was ist gelebte Liebe also? Ich kann am Beispiel meines Vaters sagen, dass er seine Liebe meiner Mutter gegenüber noch immer zeigt, obwohl sie jetzt seit über zwei Jahrzehnten geschieden sind. Er baut seit Jahren an einem kleinen Häuschen, das sie im Rentenalter beziehen kann. Das ist nicht die Art von

Liebe, die ich erwartet hätte, aber es ist eben doch Liebe. Oder mein Opa, der mit meinem Vater zusammen seine erste Junggesellenwohnung in staubiger Kleinstarbeit ausgebaut hat. Stein auf Stein. Hier zeigt sich auch, wo mein Vater seine Sprache der Liebe gelernt hat. Aber ist das Liebe oder eher ein Gefühl der Verpflichtung? Ich selbst habe diese handfeste Art, meine Liebe zu zeigen, wohl wiederum von meinem Vater übernommen: Meine Mutter meinte einmal zu mir, dass sie sich vor ihrem Tod wünschen würde, noch mehr von der Welt zu sehen. Seit diesem Zeitpunkt mache ich einmal im Jahr einen Urlaub mit ihr. Wir waren auf Rügen, Capri, in den USA, in Kanada und im Harz. Auch hier: Liebe oder Verpflichtung? Und: Verpflichtet Liebe?

In der romantischen Liebe erlebe ich ähnliche Dinge: Meine Freundin wollte unbedingt einmal nach Paris. Ich nicht, da ich schon mit ein paar Ex-Freundinnen dort gewesen war und mich nichts mehr an der Stadt reizte. Am Flughafen glaubte sie noch, wir fliegen nach Bukarest, weil sie auf meinen Wunsch eingegangen war, eine neue Stadt zu erleben. Dann sah sie die Tickets, auf denen »Paris« stand.

**Max:** Eine Ex-Freundin von mir ist alleine nach Paris geflogen. Vielleicht ist wahre Liebe am Ende nur die Liebe zu sich selbst.

**Jakob:** Hat sie sich traurig auf der Toilette im Eiffelturm gefingert?

**Max:** Ich hoffe, sie hat sich einen Eiffelturmdildo gekauft, um dem Ganzen noch mehr Theatralik zu verleihen. Was Liebe ist, können wir nicht beantworten, weil es darauf keine richtige Antwort gibt. Ich glaube, es gilt letztlich herauszufinden, was Liebe für einen persönlich ist – und dann diese Sprache der Liebe zu sprechen. Dein Vater hat durch seine Sprache seine ganz persönliche Art zu zeigen, dass er deine Mutter von Herzen liebt. Es liegt an ihr, diese Sprache auch zu hören und zu verstehen.

**Jakob:** Das klingt wieder nach Arbeit. Liebe sollte doch auch irgendwo von allein fließen. Wie ein Bach, der durch die Berge plätschert. Wo es keinen Weg gibt, um durch den Fels zu kommen, bildet sich ein Bassin, bis sich irgendwann das Wasser doch einen Weg durch den Fels bahnt. Das ist nicht anstrengend oder leicht. Es ist einfach, wie es ist. Vielleicht ist Liebe letzten Endes genau das. Kein »sollte«, sondern ein persönlicher Ist-Zustand. Und das Schönste an Liebe: Sie lässt sich textlich nicht abstrahieren. Von uns jedenfalls nicht, zumindest nicht jetzt und hier.

## Mama

Aus zwei Zellen hast Du mich entstehen lassen.

Mich vor Dir mit allem versorgt, was ich zum Wachsen brauchte. Dieses Prinzip lebst Du bis heute.

Du hast für mich gesungen.

Mich gestreichelt.

Mit Sorgen und Freude umwoben.

Hast mich unter Tränen zur Welt gebracht.

Es sollten nicht die einzigen Tränen bleiben, die Du für mich vergossen hast.

Hast für mich Deine Jugendlichkeit, aber nicht Deinen Glanz verschenkt.

Deine Milch hat mich wachsen lassen, bis ich das erste Mal auf eigenen Beinen stand, wackelig.

Du hieltest mir die Hand.

Wenn es wackelt, hältst Du mein Herz, bis heute.

Und es wackelt oft.

Die Raufereien in der Schule. Ob Recht oder Unrecht.

Jedes Kind braucht ein Fundament, das in der Welt Bestand hat.

Es war egal, ob ich sitzen geblieben bin, betrunken nach Hause kam oder Dich anlog.

Du bist mein Beton.

Mit vierzehn bin ich dann zu Papa. Ich war nicht mehr zu bändigen.

Ich musste meinen eigenen Weg gehen.

Ein kleiner Mann wollte ein großer werden.

Der rote Faden zu Dir ist nie gerissen.

Erste Liebe.

Erster Schmerz.

Meine Angst.

Ich konnte alles mit Dir teilen.

Heute bin ich ein Erwachsener, aber egal wie erwachsen ich bin, bleibe ich doch immer Dein Sohn.

Danke, Mama. Ohne Dich wäre ich nicht, was ich heute bin.

## Ist man jemals wunschlos glücklich?

**Jakob:** Es gibt ganze Industriezweige, die beweisen, dass man nie ohne Wünsche ist, und die davon gut leben können. Ob Präsident, Professor oder Proll: Ich glaube, in jedem von uns kommt immer wieder die Frage auf, ob es da nicht doch ein bisschen mehr gibt. Dieses kleine bisschen, das uns endlich wunschlos glücklich macht.

**Max:** Man will immer das haben, was man gerade nicht hat – in der Liebe und anderswo. Wie schafft man es, diesem Bedürfnis nicht nachzugeben, sondern an dem festzuhalten, was man hat, und im Hier und Jetzt glücklich zu sein? Wir sind von so vielen Reizen umgeben, dass wir oft nicht erkennen, was wir haben, und schaffen es nicht, uns mit dem zu befassen, was wirklich wichtig ist. Ich erlebe das oft mit meiner Freundin: Ich weiß, was ich an ihr habe, und sie macht mich in vielen Dingen glücklich, doch manchmal nagt an mir der Wunsch nach etwas Neuem. Wie schafft man es, dem zu widerstehen?

**Jakob:** Die Gedanken sind frei. Was einen antreibt, ist ja die Hoffnung, dass man irgendwo das findet, was einen dann zur Ruhe und endlich ankommen lässt. Aber dieses manchmal laute und manchmal leise Klopfen der Unzufriedenheit klopft nicht von außen, sondern von innen.

**Max:** Ich würde mir für mich selbst wünschen, irgendwann mit der Suche aufzuhören – nicht aus Kapitulation, weil ich weiß, dass das Klopfen sowieso nie aufhört, sondern weil es tatsächlich nicht mehr da ist und nicht mehr wiederkommt.

**Jakob:** Irgendwas in mir hält auch sehr an der Frage fest, ob ich wirklich glücklich bin, und will diese Frage immer wieder stellen. Was gut ist, wenn es in Momenten passiert, in denen es nicht gut läuft. Aber sie vergiftet eigentlich schöne Momente. Ist das ständige Streben nach Glück die Ursache für das Unglück?

**Max:** Ich glaube, da machst du es dir etwas zu einfach. Die Ursache fürs Unglück ist eher woanders zu suchen. Ich denke aber auch, dass es wichtig ist, sich die Frage in den richtigen Momenten zu stellen. Ich versuche immer, in der Gegenwart zu bleiben, wenn es mir gut geht. Wer sich in solchen Momenten die Frage stellt, ob er glücklich ist, fordert das Unglück heraus. Dass du als Perfektionist es nicht schaffst, in guten Momenten innezuhalten und einfach zu genießen, wundert mich nicht.

**Jakob:** Der wahre Perfektionist bist du, der aber zu viel Angst davor hat, wirklich zu schauen, wie es wäre, wenn du deine Wünsche wirklich versuchst Realität werden zu lassen. Dann würde deine letzte Hoffnung sterben. Dieser letzte Zufluchtsort. So versteckst du dich lieber hinter deinem Pessimismus.

**Max:** Hinzu kommt, dass ich oft eine Idee davon habe, was ich tun oder verändern müsste, um einen Zustand zu verbessern. Aber ich weiß, wie aufwendig und anstrengend es für mich wäre, diesen neuen Zustand zu erreichen. Meine Burg der Passivität schützt mich vor Angriffen meines potenziellen Idealzustands.

**Jakob:** Bei mir ist es genau umgekehrt. Ich bin in einer Lawine der Aktivität gefangen, die mich immer wieder wegrutschen lässt, weil ich glaube, sehr viel dafür tun zu müssen, glücklich zu sein. Glück kommt nicht auf mich zu, sondern ich muss es mir erarbeiten. Ruhe finde ich nur in der völligen Erschöpfung.

**Max:** Und wie finden wir nun unser Glück?

**Jakob:** Vielleicht nur dann, wenn wir uns diese Frage nicht stellen?

## Elf Fragen über die Freundschaft

1. Hast du jemanden, dem du alles erzählen kannst?
2. Hast du einen Freund/eine Freundin, den/die du dir als Paten/Patin für dein Kind vorstellen kannst?
3. Welche Dinge sind dir an einem Freund/einer Freundin wichtig?
4. Was wertschätzt du konkret an deinem besten Freund/deiner besten Freundin?
5. Wer in deinem Freundeskreis bringt dich oft zum Lachen?
6. Hast du einen Freund/eine Freundin, dem/der du niemals Geld leihen würdest? Aus welchem Grund?
7. Gibt es eine bestimmte Eigenschaft, die du an einem Freund/einer Freundin bewunderst?
8. Gibt es etwas Wichtiges, das du einem Freund/einer Freundin sagen musst?

9. Kannst du mit deinen Freunden schweigen?

10. Welchen deiner Freunde kennst du am besten?

11. Welcher Freund/welche Freundin kennt dich am besten?

# Zwei Leben

**Max:** Ich habe mich gerade mal wieder mit meiner Freundin über die Arbeit im Haushalt gestritten. Wie langweilig. Natürlich ging es darum, dass ich viel zu wenig mache und sie fast alles erledigen muss. Neben zwei Kindern sorgt sie sich um die Wäsche, putzt, wischt und macht alles, was sonst noch so dazugehört. Ich schaffe es oft nicht mal, mich zu motivieren, die Spülmaschine auszuräumen. An diesem Morgen musste der Rasen gemäht werden. Wer kam eigentlich irgendwann mal auf die Idee, dass Rasenmähen eine erfüllende oder sogar Spaß bringende Freizeitbeschäftigung sein soll? Für mich ist es das Langweiligste überhaupt. Während ich also stoisch mit dem Rasenmäher Bahnen ziehe, kommt mir der Gedanke, dass ich wie in einer Patchworkfamilie lebe. Mein Leben ist zweigeteilt. Ich habe zwar keine zweite Familie, aber mein Leben teilt sich auf in den ereignisarmen Familienalltag als »Papa« und den spannenden Teil als »Max« von Beste Freundinnen.

Als Max beschäftige ich mich mit abstrakten Gedanken, die ich mit Jakob in zwei Podcasts teilen darf. Zusätzlich schreibe ich ein Buch, Jakob und ich treten live auf und haben ein Festival organisiert. Dieses Leben ist aufregend. Ich lerne neue Leute kennen, befasse mich immer wieder mit spannenden Themen und darf Neues über mich lernen.

In meinem richtigen Leben ist mein Alltag geprägt von schlechtem Schlaf, der immer wieder von Kindergeschrei unterbrochen wird, von der Alltagsroutine meiner dreijährigen Tochter, dem morgendlichen Ritual aus Aufstehen, Aufs-Klo-Gehen, Zähneputzen, Anziehen und Frühstücken.

Danach der Weg in die Kita gemeinsam mit meiner Freundin, bei dem wir uns über unsere Kinder unterhalten. Wie toll sie schon Laufrad fahren kann, dass der Kleine heute Morgen schon ordentlich in die Windel geschissen hat, und ich gaukle mir vor, in was für einem schönen idyllischen Familienleben ich lebe.

Wenn wir ganz viel Glück haben, treffen wir auf dem Weg in die Kita auch noch eine der Mütter, die sich ebenso morgens zu Fuß auf den Weg gemacht haben. Die Gespräche mit diesen Kita-Müttern sind der Tiefpunkt meines Morgens. Waren die Gespräche mit meiner Freundin über unser Familienidyll gerade noch auszuhalten, beginnt jetzt der absolute Horror. Oft steigern sich die zwei Mütter in die Probleme mit der Kita, ihren Männern und den Kindern so hinein, dass ich verzweifelt versuche, meinen Kopf auszuschalten und mich an meinen »Happy Place« zu begeben. Hier darf ich aber nicht lange bleiben, denn die Sogkraft der Negativität kenne ich noch zu gut aus meiner Kindheit, und es dauert keine fünf Minuten, und ich transformiere zu einem Hybrid aus schlecht gelauntem Mann und meckernder Mutter. Ein dahintrottender Köter, der ab und zu kläfft. Jetzt bin ich im Endstadium des Selbsthasses angekommen.

Ich will nicht diese Person sein, aber ich sinke immer tiefer, bis sich meine negative Energie auf meine Kinder überträgt. Ich bin so dünnhäutig, dass meine Tochter beim kleinsten Anflug von Ungehorsam von mir angemeckert wird. Ich spüre, dass ich das nicht will, kann mich aber nicht dagegen wehren. Um meine Tochter zu schonen, suche ich einen neuen Streitpartner, und da kommt mir meine Freundin gerade recht. Ich verlagere das Problem, um das es gerade geht, von meiner Tochter auf meine Freundin mit einem Satz wie: »Wenn du ihr das nicht immer erlauben würdest«, und der Nährboden für einen überflüssigen Beziehungsstreit, gewürzt mit der Prise richtiger Kindererziehung, ist geschaffen. Es wird Zeit, mal wieder eine neue Folge »Beste Freundinnen« mit Jakob aufzunehmen. Abstand gewinnen, um mich meinem eigentlichen Leben, das ich doch genau so will, wieder annähern zu können.

## Wie es ist, ungeplant Vater zu werden

Neujahr 2017. Ich stand auf einem Berg in einem Bauerndorf in den österreichischen Alpen. Unter mir ließ ein spärliches Feuerwerk die massiven dunklen Steinwände kurz Rot, Grün und Blau aufleuchten. Ich verbrachte Silvester schon seit Jahren nicht mehr in der Stadt. Auf irgendeiner Party, in irgendeinem Klub mit viel zu hohen Erwartungen an das, was am Ende dann doch scheiße wird. Ich war mit meinem Vater und meinem Bruder in den Bergen. Hatte mir vorgenommen, dieses Jahr mal ruhig ausklingen zu lassen. Ohne Termindruck bis zur letzten Sekunde.

Niedrige vertäfelte Decken, kleine, mit Holzstreben unterteilte Fenster. Die Tiere starrten mich mit ihren Glasaugen aus jeder Ecke des Hauses an. Ich saß in meinem rustikalen Hotelzimmer und hatte ein paar Buntstifte von meinem kleinen Bruder geliehen, um damit ein strahlend weißes Blatt Papier zu bearbeiten. Das noch unbeschriebene Blatt stellte meine Zukunft dar, mein Jahr 2017, und die Stifte in meiner Hand waren bereit, meinen Wünschen Formen und Farben zu verleihen.

Eigentlich ging es mir gut. Sogar sehr gut. Ich hatte

tolle Freunde, mit denen ich großartige Sachen erlebte. Ich bereiste die Welt, verdiente genug Geld, um mir meine materiellen Wünsche zu erfüllen. Kannte viele Leute, ging auf gute Partys, schlief mit schönen Frauen, wohnte in einer tollen Wohnung, war gesund und, was vielleicht am wichtigsten war: hatte eine Familie, die ich sehr liebte. Was sollte also auf diesen Zettel? Es gab zwei Wünsche, die schon länger in mir schlummerten und von denen ich wusste, dass es sie gab. Der eine betraf den Job, der andere die Liebe.

Ab und an stellte ich mir eine unrealistische Frage, die ich trotzdem interessant fand: Was würde ich beruflich machen, wenn Geld keine Rolle spielen würde? Ich wollte eine Umweltdokumentation drehen. Also etwas, womit man meist kein oder wenig Geld verdient, aber das mir wichtig erschien. Die Motivation dahinter war gemischt. Zum einen wusste ich, dass es mich erfüllen würde. Zum anderen wäre eine Umweltdoku wie ein Ablassbrief an die Menschheit. Um konsequent umweltbewusst zu leben, dürfte ich keine neuen Sachen mehr kaufen, müsste mit dem Bus oder Fahrrad statt mit dem Flugzeug in den Urlaub reisen und auf vieles mehr verzichten. Aber wenn ich eine Dokumentation machte, die das Umweltbewusstsein der Menschen stärkte, konnte ich viele Menschen im Kleinen bewegen, was wiederum meine eigene Umweltbilanz verbesserte, da ich ja der Initiator war.

Der zweite Neujahrswunsch befand sich nun auch in Farbe auf dem weißen Papier: zwei krüppelig gemalte Gestalten und ein kleiner Erdnussflip auf dem Arm der Figur, die mich darstellen sollte. Ich wollte eine Familie gründen. Ein Wunsch, den ich schon länger hatte. Mein erstes Kind hatte ich eigentlich mit 25 bekommen wollen, war aber froh, dass ich es dann doch gelassen hatte. Jetzt fühlte ich mich so weit, aber die passende Freundin fehlte. Die letzten Frauen, mit denen ich eine Beziehung oder Affäre gehabt hatte, wurden nach kurzer Zeit zu bloßen Übergangslösungen zu der einen Frau, mit der ich schon länger in meiner Vorstellung zusammen war.

Zwei Monate später war ich auf einer Party. Durchgefeiert und erschöpft ließ ich mich auf einer Bank nieder und wollte kurz Kraft tanken, um anschließend meinen müden Körper zum Ausgang zu schleppen. Ich hörte eine Frauenstimme neben mir. Auch mein Kopf war müde. Ich schaute nicht zur Seite. Nachdem wir ein paar Sätze gewechselt hatten, machte ich es doch. Unsere Blicke trafen sich, und ich sah in ihren Augen eine Ewigkeit. Unsere Zukunft. Hell, aber auch mit viel Dunkelheit. Freude und Angst. Sosehr mir dieser Moment auch bewusst war, ich dachte erst mal nicht weiter darüber nach. Er war viel zu merkwürdig und zu weit entfernt von jeder Logik.

Wenn ich diesen Weg, den ich in ihren Augen gesehen hatte, nicht hätte gehen wollen, wäre das der richtige Moment gewesen, um »Adiós!« zu sagen und mich allein in die dunkle Nacht zu begeben. Aber wir gingen zusammen, schliefen erst mal nicht miteinander, und die nächsten Wochen war ich wie benebelt vor Verliebtheit. Wir gingen zusammen in Bars, schliefen aus, fuhren mit dem Boot raus, blieben in den lauen Sommernächten so lange draußen, bis es dann doch zu kalt wurde, um dann wieder direkt zurück ins Bett zu schlüpfen. Wir hatten grandiosen Sex – er war nicht nur durch Geilheit angefeuert, sondern auch durch das Gefühl, einem wichtigen Menschen ein Stück näher sein zu wollen.

Die Wochen vergingen, und langsam stellte sich das Gefühl bei mir ein, dass ich eine Beziehung führte, die ich ernst meinte und die keine Übergangslösung war.

Wir waren gnadenlos ehrlich miteinander. Stritten viel für Verliebte und vertrugen uns immer wieder. Es war von Anfang an dramatisch. Nach einer heftigen Diskussion musste sie für drei Tage zu einem Dreh nach Köln. Drei Tage können eine Ewigkeit sein, wenn man verliebt ist. Mitten in der Nacht stand ich an der Bahnhofsrolltreppe mit der kleinsten Sonnenblume der Welt in den Händen. Sie nahm schon seit fünf Jahren die Pille nicht mehr. Wir hatten beide einen Test gemacht und verhüteten mit der Temperaturmethode. Wir wussten, dass dies ein Tag war, der ein ganz leicht erhöhtes Risiko einer Schwangerschaft in sich barg. Wir schliefen miteinander. Es war schön und intensiv. Der Moment, in dem ich kam, war wie eine Explosion mitten im schwarzen Universum, anders als jemals zuvor. Vielleicht wunderte ich mich auch deshalb nicht, als meine Freundin mir ein paar Wochen später sagte, dass sie schwanger sei. Ein Teil von mir hatte es bereits in der besagten Nacht gewusst. Noch ein anderer Teil schon in der Nacht, als wir uns kennenlernten.

Doch die Panik ließ nicht lange auf sich warten und prasselte auf mich ein. Es war, als ob ich auf einem Marktplatz ausgesetzt wurde: Tausend Stimmen redeten auf mich ein. »Willst du wirklich jetzt ein Kind?« – »Du hast doch in deinem Beruf noch so viel vor.« – »Du willst doch erst mal die Zeit mit ihr genießen, reisen und die Welt sehen, bevor ihr Kinder bekommt.« – »Ein Kind mit der? Weißt du, wie oft ihr euch trotz des Verliebtseins gestritten habt?« – »Willst du dein ganzes Leben mit ihr verbringen?« – »Ja, du bist verliebt in die Frau, aber weißt du überhaupt, was Liebe ist?«

Meine Angst kannte die Antwort auf die Frage, ob ich jetzt mit meiner Freundin ein Kind wollte: Nein. Aber da war noch mehr als diese eine Angst. Da war auch die Angst zu bereuen. Wenn wir uns jetzt dagegen entschieden, was würde das mit unserer Beziehung machen, und was machte das mit mir, so ein kleines Leben getötet zu haben? Würde ich in Zukunft bei jedem Spielplatz, an dem ich vorbeikam, denken, das hätte mein Kind sein können? Ich hatte Angst davor, einen Riesenfehler zu machen, ganz gleich wie meine Entscheidung ausfiel.

Meine Freundin und ich fuhren zusammen zum Frauenarzt, um sicherzugehen, dass die zwei Schwangerschaftstests mit ihrem Statement recht hatten. Meine Freundin legte sich auf die Liege und nicht auf den Spreizstuhl, der schon oft die Hauptrolle in meinen perversen Fantasien gespielt hatte. Alles lief wie im Film – natürlich Romantic Comedy statt Porno –, und ich konnte nicht so recht glauben, dass ich das war, der da neben der Frau am Kopfende hockte und ihre Hand hielt. Der Typ, der eigentlich nie eine lange Beziehung eingegangen war, weil immer irgendwas nicht gepasst hatte. Der Arzt quetschte den letzten Rest Gel aus der Tube, und es landete in einem kleinen Haufen auf dem Bauch meiner Freundin. Er nahm das Ultraschallgerät, um das Gel damit sanft auf ihrem Bauch zu verteilen. Ich blickte auf den Bildschirm. Noch konnte ich in dem Wirrwarr aus schwarz-weißen Pixeln nicht viel erkennen. Doch dann sah ich es. Eine winzige Bohne. Das kleine Herz puckerte. Es war am Leben. So beängstigend dieser Moment war, so schön war er auch. Und ein Teil in mir wusste, dass es kein Zurück mehr gab. Die Entscheidung stand eigentlich schon fest. Wenn sich jemand für einen Schwangerschaftsabbruch entscheiden möchte, sollte er nicht ins Licht des Ultraschalls schauen.

Der Gynäkologe hatte wahrscheinlich viel mit Frauen zu tun, die seit Jahren darum kämpften, schwanger zu werden, denn er strahlte beim Anblick der kleinen Bohne. Er erwartete ein freudiges Nicken. Wahrscheinlich wäre diese Reaktion genau die richtige gewesen, aber das nahm mein Gehirn in diesem Moment nicht wahr. Angst war das dominierende Gefühl. Ein Lächeln erwartete wahrscheinlich auch meine Freundin, als sie mir verunsichert ins Gesicht schaute.

Ich vertraute mich in den ersten Wochen nur wenigen Menschen an. Hauptsächlich aus Scham. Scham darüber, dass jemand, der doch eigentlich alles in seinem Leben im Griff hatte, das mit dem Verhüten nicht geregelt bekommen hatte. Freunde in der gleichen Lage hätten von mir zumindest in Gedanken einen überheblichen Spruch gedrückt bekommen. Mir ging sofort das Bild von kinderreichen Harz-IV-Familien auf RTL II durch den Kopf, bei denen ich mich immer fragte, wie dumm man sein musste, nicht verhüten zu können. Jetzt war ich der Dumme.

Meine Freundin und ich sprachen immer wieder darüber. Sie hatte das Gefühl, dass ich die Bohne nicht wollte. Ich hatte das Gefühl, dass wir nicht gemeinsam durch Krisen gehen konnten. Die Anspannung wuchs, und wir entschieden, eine Pro-und-Kontra-Liste zu machen, ob wir das Kind behalten sollten oder nicht. Laut der Liste sprachen mehr Gründe dagegen. Ich schlug vor, dass wir uns noch ein paar Tage Zeit zum Nachdenken nehmen sollten, um dann unabhängig voneinander unsere Entscheidung auf einen Zettel zu schreiben. Ich wollte nicht der Grund dafür sein, dass die kleine Bohne von einer Brausetablette zersetzt wurde. Sieben Tage später setzten wir uns zusammen auf unser Bett. Wir legten die Zettel, auf Fingernagelgröße gefaltet, in eine Tasse. Zuerst zogen wir den Zettel meiner Freundin: »Ja«. Ich war erleichtert und zugleich nach wie vor ängstlich – denn auf meinem Zettel stand dasselbe. Nun war es fix. Die Entscheidung stand fest. Wir würden Eltern werden. Es war leichter auszusprechen, als es zu glauben. Ich wurde immer wieder auf den Marktplatz der tausend Stimmen gezerrt, und meine Gedanken drehten ihre Kreise. Meine Angst, das Vorbild meiner Eltern zu wiederholen, war riesig. Scheidungskind. Das wollte ich für mein Kind nicht. Wie sollte ich wissen, was aus meiner Freundin und mir werden würde? Wir kannten uns doch erst ein paar Monate.

Ich vertraute mich meinem besten Freund und meinem Vater an.

## Brief an Jakob

Lieber Jakob,

heute habe ich an Dich und Lisa gedacht. Überlegt, wo Du, wo Ihr gerade steht.

Ich musste an die Geburt Deiner Nichte denken. Daran, wie Du dich über sie gefreut hast und wie Dein Wunsch nach dem Vatersein und einem eigenem Kind da war. Wenn Du Zeit hast und mit Kindern zusammen bist, erlebe ich Dich sehr herzlich und zärtlich. Ich sehe dann viel Schönes in Deinem Wesen, für das sonst wenig Raum ist.

Wenn Du mich fragst, bin ich der Meinung, dass es an der Zeit ist! Du hast die großen Herausforderungen abgeschlossen und kannst jetzt relativ individuell und frei handeln. Und das sind die besten Voraussetzungen für ein lebendiges Zusammensein mit Lisa und für Deine Vaterschaft.

Das Leben ist sooo wunderbar... immer wieder unglaublich. Es ist nicht zu planen, alles kommt so, wie es kommen muss, um unsere Entwicklung zu fördern. Eine Überraschung nach der anderen. Auch wenn die Zeiträume dazwischen manchmal sehr lang sind. Es kann Jahre dauern.

Von außen betrachtet sieht das Geschehene aus wie eine Fügung. Eine Frau fühlt sich von einem Mann angezogen, wird aktiv und kurze Zeit später schwanger. Soll das Zufall sein? Glaubst Du an solche Zufälle? In diesen Ereignissen liegt eine Aufgabe und Herausforderung.

Vertraue auf die Kraft und die Bestimmung jedes einzelnen Ereignisses. Traue Dich, habe Mut, »Ja« zu sagen zu dem, was Du getan hast! Da ist ein kleiner Mensch im Werden. Du hast weder für Lisa noch für Euer gemeinsames Kind übermäßig Verantwortung zu tragen. Du solltest für sie beide in dem Maße, wie Du für Dich da bist, da sein. Wenn Du das in diesem Maße tust, ist es kein Gefühl der Last und Schwere, sondern ein sehr beglückendes Gefuhl. Leicht und voller Freude war es bei mir. Es war von ganzem Herzen mein Wunsch, Familie zu haben. Was gibt es Schöneres im Leben als die Liebe? Wie beglückend wart und seid Ihr für mich. Wenn Kinder klein sind, öffnen sie die Herzen der Eltern und bringen Sonnenlicht, egal, wie der Himmel gerade aussieht. Wenn die Kinder größer werden, kommen die Herausforderungen, dass man ihnen und sich nichts mehr vormachen kann. Man wird geläutert, man hat die Chance, tiefer in die eigene Wahrhaftigkeit zu kommen. Wie wunderbar habt Ihr mir geholfen, klar und echt zu werden.

Schaue auf Deine Freunde! Wie stolz und glücklich sie mit ihren Kindern und Frauen sind.

Der Kopf bringt immer Gedanken hervor, die Dich aus Deinem Herzen herausholen. Schaffe ein inneres Gleichgewicht der Kräfte. Lasse keine Dominanz zu. Meinst Du etwa, dass Dein Verstand die Zukunft vorhersagen kann? Er konnte Dir noch nicht mal in der Nacht des Geschehens ein »Achtung!« senden.

Gib dDeinen Gefühlen mehr Platz. Alles hat immer zwei Seiten. Meistens schauen wir evolutionsbedingt auf die »Schattenseite« und vergessen darüber die helle Seite, und umgekehrt sehen wir im Licht nicht die dunkle Seite.

Das, was Dir als Scheidungskind widerfahren ist, hat Schmerz und andere negative Gefühle hervorgebracht. Aber was sind die positiven Dinge, die Du dadurch entwickeln konntest?

Was ist da in Dir für eine Wertvorstellung »wie Du gelebt haben musst«? Hast Du Ansprüche, die aus Deinen Vorstellungen kommen? Lies von Menschen, die alt sind und im Sterben liegen. Da spricht keiner über unerledigte berufliche Projekte. Es ist unwichtig, welchen Habitus und Status man gerade hat. Es wird stattdessen über nicht gelebte Liebe, über das Getrenntsein, über fehlende Vergebung und über zu wenig Zeit mit der Ehefrau, den Kindern, den Freunden usw. gereut.

Wenn Du am Ende Deiner Tage sagen kannst: Ich habe mit Herz gelebt, dann wirst Du Deinen Körper furchtlos verlassen. Ich weiß, dass Du die Anlagen dazu hast. Es ist Deine Entscheidung, wie Du lebst. Willst Du Dein Herz leben oder andere Dinge vorschieben, weil Du vielleicht meinst, Dein Herz wäre zu klein? Wenn es sich zu klein anfühlt, dann wende Dich Tag für Tag Deinem Herzen (Dir, Deiner inneren Welt) zu und lass es wachsen und größer werden... und zu guter Letzt wird es dann viel gewesen sein, was Du gegeben hast.

Ich vertraue auf Lisa, auf ihr liebendes Mutterherz. Und auch auf Dich, dass Du Deine Fügung annehmen wirst und dass Deine Liebe die vielen anderen Gedanken überwältigen wird.

Ich bin mit Dir, in inniger Umarmung,

Dein Vater

# Fragen und Antworten zum Schluss

? Wenn einer sagt, es wäre leider »der falsche Zeitpunkt« im Leben, ist das ernst zu nehmen, oder was soll man davon halten?

! **Max:** Hast du schon mit ihm geschlafen? Falls ja, ist die Chance groß, dass er sich einer billigen Ausrede bedient, um so schnell wie möglich aus der Nummer rauszukommen und jeglichen Beziehungsstress zu vermeiden.

**Jakob:** Dein »schon« klingt, als ob der mahnende Vater fragt. Ich denke aber auch, dass es den falschen Zeitpunkt nicht gibt. Er hat wahrscheinlich gerade keine Lust, sich zu binden. Die Gründe dahinter herauszufinden oder ihn vom Gegenteil zu überzeugen, verläuft in den meisten Fällen im Sand.

? Was mache ich gegen chronisches »Ghosting«?

! **Jakob:** Ghosting kann bei manchen Männern durch das Gefühl verursacht werden, die Frau brauche ihn für ihr Glück. Je stärker er dieses Gefühl hat, desto eher nimmt er die Beine in die Hand.

**Max:** Du könntest also häufiger dein eigenes Ding machen. Dann ist erst mal die Wahrscheinlichkeit erhöht, dass er bleibt, und wenn er es nicht tut, wirst du auch ohne ihn glücklich sein.

?. Muss/Sollte man nach einem ersten Date immer zwei bis drei Tage warten, bis man sich meldet? Muss der Mann sich als Erstes melden?

!. **Jakob:** Wenn es passt, passt es, wenn nicht, dann nicht, und dann ist es auch egal, wann man sich meldet. Wenn es irgendwo dazwischenliegt und es noch kein hundertprozentiges Ja oder Nein gibt, dann macht es Sinn, ein bisschen zu warten. In dem Moment, wo man wartet, entsteht Raum für Vorstellungen und Möglichkeiten. Eine leere Fläche für die eigene Fantasie. Die eigenen Wünsche und Träume werden auf den Datingpartner projiziert und in ihn hineininterpretiert. Das passiert in extremerer Form, wenn wir eine schöne Frau auf der Straße sehen und denken: Wow, das könnte die Frau meines Lebens sein.

**Max:** Mit genügend Selbstbewusstsein und einer entsprechenden »Egal«-Haltung ist es nicht wichtig, wann du dich meldest. Wenn du aber tendenziell eher ein Mensch bist, der needy rüberkommen könnte, solltest du die Drei-Tage-Regel einhalten, einfach um sicherzugehen.

?

Sollte man sich in der Jugend sexuell ausleben, weil man es sonst später bereut?

!

**Max:** Auf jeden Fall. Wenn jeder in der Jugend genug gebumst hat, gibt es im Alter keine sexuellen Fehltritte mehr. Keiner geht mehr fremd, und alle leben glücklich in monogamen Beziehungen.

**Jakob:** Ja, und onanieren macht blind. Ich glaube, es ist kein Muss und kommt auf die Intensität der Begegnungen an. Das ist ähnlich wie mit Freundschaften. Hast du zwei bis drei sehr enge Freunde oder hundert Bekannte?

?

Wie steht ihr zu Intimfrisuren? Haare ab? Haare dran? Halb-halb?

!

**Jakob:** In manchen Fällen redet man sich den Mund fusselig. Wenn der Wald schon seit mehreren Jahren steht, ist manchmal kein Vorankommen im Unterholz. Der Wanderer der Lust kommt hier nicht selten vom rechten Pfad ab. Ich bin dafür, dass der dunkle Wald zumindest gelichtet ist.

**Max:** Ich fand es bei einer Frau immer sehr anziehend, wenn sich beim Oralsex ein Haar in meinem Rachen verfing und ich den Rest des Tages damit beschäftigt war, es unter röchelnden Würggeräuschen aus meinem System zu bekommen. Zusätzlich verfängt sich das restliche Sperma immer so schön im Schamhaar und lässt es verkleben.

?

Findet ihr eine Affäre mit einem verheirateten Mann moralisch unverantwortlich?

!

**Max:** Selbstverständlich nicht! Ein Mann in einer festen Ehe hat eh kein Interesse mehr daran, mit der eigenen Frau zu schlafen, und von daher ist es am Ende für alle Parteien nur von Vorteil, wenn der Mann seine Libido auch außerhalb der Ehe ausleben kann.

**Jakob:** Das Schiff segelt hier gerade unter dem Wind der Ironie, aber wenn man sich dazu verpflichtet fühlt, Ironie zu erklären, ist es eigentlich schon zu spät.

Ich bin da im Zwiespalt: Auf der einen Seite muss der Mann selber wissen, was er da macht, und man trägt wenig Verantwortung. Auf der anderen Seite stelle ich mir die Frage: Was würde ich mir wünschen, wenn ich die Ehefrau von dem Typen wäre? Durch alle Perspektiven mal durchzugehen kann einem bei der Entscheidungsfindung helfen.

**Max:** Wenn du von vornherein um den Umstand wusstest, dass er in einer Beziehung ist, finde ich es schwierig. Wenn du davon nichts wusstest, dann hättest du auch nicht wirklich anders handeln können.

In einer festen Beziehung: Was soll ich als Frau tun, wenn der Mann meine Liebe für selbstverständlich hält?

**Jakob:** Die Liebe einer Frau in der Beziehung ist selbstverständlich. Nein, Quatsch.

**Max:** Manchmal habe ich das Gefühl, das Liebesbedürfnis in einer Beziehung bewegt sich gegenläufig: Es scheint so, als ob ein Mann mit der Zeit immer weniger Liebe, Zärtlichkeit und Zuneigung in der Beziehung braucht. Die Frau scheint sich dagegen nach ihr zu sehnen wie ein ausgemergeltes Model nach dem in O-Saft getränkten Wattebausch.

**Jakob:** Wie sagt man so schön: Die Dosis macht das Gift. Für Männer kann es ein liebevoller Peitschenknall sein, wenn frau ihn mal einen Tag auf Liebesentzug setzt und er wieder merkt: Da, wo die warme Luft herkommt, bläst auch ab und zu ein anderer Wind. Zusätzlich muss es in jedem Fall offen kommuniziert werden. Woher soll der andere wissen, was ich mir wünsche, wenn ich es ihm nicht sage? Wir gehen immer davon aus, dass andere in unseren Kopf reinschauen können. Wäre das der Fall, sähe unser Leben wahrscheinlich anders aus. Ich glaube auch nicht, dass man sich einen Zacken aus der Krone bricht, wenn man mit offenem Herzen seine Wünsche in der Beziehung kommuniziert.

**Max:** Oder mach ihm ein Sandwich, lass ihn einfach in Ruhe und sein Ding machen.

**Jakob:** Ja klar, und dann klingt die Beziehung so langsam aus. Ich würde wirklich versuchen, mit offenem Herzen meine Wünsche zu kommunizieren, denn wenn man das in einer Beziehung getan hat, bereut man wenig, falls es zu Ende gehen sollte. Du musst dir über deine Bedürfnisse klar werden und schauen, ob sie in der aktuellen Beziehung erfüllt werden. Je nachdem, welche Antwort du für dich findest, folgt daraus eine mögliche Konsequenz.

Lieber Max, lieber Jakob,

ich habe mich immer eher für den »Beziehungstyp« gehalten, vor etwas mehr als drei Jahren wurde mir allerdings so richtig das Herz gebrochen, und seitdem sieht es etwas anders aus.

Mir fällt es generell schwer, mich auf andere einzulassen, über Gefühle zu reden, und ich brauche sehr lange, bis Vertrauen entsteht. Seit dieser Geschichte habe ich allerdings niemanden mehr wirklich an mich rangelassen und – das klingt zwar pathetisch, beschreibt es aber am besten – quasi alle Gefühle abgestellt und sehr viele, in der Regel relativ kurze Affären gehabt. (Jemand, der nicht so gut damit klarkommt, wenn Frauen gerne und viel Sex haben, würden sicherlich das Wort »Schlampe« benutzen ;)). Dabei habe ich mich auch oft genug mies verhalten und die Arschloch-Karte gespielt (so nach dem Motto »Angriff ist die beste Verteidigung« …).

Vor Weihnachten habe ich jemanden kennengelernt, und es hat direkt beim ersten Date gefunkt. Ich fühle mich wie ein verknallter Teenager. Wir sind uns auch beide einig, dass es sich in Richtung Beziehung entwickelt, und sind auf jeden Fall exklusiv miteinander, was für mich schon ein Riesenschritt ist.

Er hat leider relativ wenig Zeit, und an sich ist das auch kein Problem für mich. Ich ertappe mich aber trotzdem immer wieder dabei, dass ich mit ein paar Männern von der »Back-up-Liste« schreibe, und war auch schon ein paarmal drauf und dran, mich zum Sex zu verabreden, wenn mir seine Aufmerksamkeit gefehlt hat.

Langer Rede kurzer Sinn: Ich habe das Gefühl, dass das Rumvögeln so zur Routine geworden ist, dass ich mir selbst im Weg stehe. Ich habe zugegebenermaßen wahnsinnige Angst davor, verletzt zu werden. Daher meine Frage, ob ihr eine Idee habt, wie ich die ganze Sache etwas entspannter angehen und mehr Vertrauen aufbauen kann.

Liebe Grüße

Gina

**Jakob:** Liebe Gina, ich finde mich in vielem, was du geschrieben hast, wieder und hoffe, ich bin nicht zu nah an deiner Geschichte dran, um dir weiterzuhelfen.

Nicht selten sind sehr sensible Menschen diejenigen, die nach schmerzhaften Erfahrungen ihr Herz verschließen und das vermeintlich einfache und schnelle Dating-Leben leben. Alles ist leicht, weil einen nichts wirklich tief berührt. Aber man weiß im stillen Kämmerchen, dass es nur eine Übergangsphase ist, und die Sehnsucht nach Liebe ist immer da.

Die Zeit, in der du dein Leben so gelebt hast, war wahrscheinlich wichtig und die beste Möglichkeit, die du gesehen hast, um dich zu schützen. Alles braucht seine Zeit, auch das Öffnen. Hier ein paar Vorschläge, die dir dabei vielleicht helfen:

1. Sei geduldig mit dir. Wenn du merkst, dass du Angst bekommst, und du am liebsten einen deiner Back-ups anrufen willst, um dir die Bestätigung zu holen, die du in diesem Moment brauchst, versuche in das Gefühl reinzugehen, das aufkommt: das Gefühl von Einsamkeit, von »Keiner begehrt mich«, »Keiner braucht mich«. Genau davor willst du in dem Moment wegrennen. Die Bestätigung, die du suchst, wirst du ziemlich sicher nicht bei einem deiner Back-ups finden. Vielleicht findest du sie noch nicht mal in deinem neuen Partner. Sicher findest du das Gefühl irgendwann in dir selbst. Ich weiß, der letzte Satz könnte aus *Karate Kid* sein.

2. Wenn du merkst, du bist kurz davor, einen deiner Back-ups zu kontaktieren, wende dich an dein Umfeld, bei dem du bekommst, was du vielleicht in dem Moment eigentlich suchst: Liebe und Geborgenheit. Freunde und Familie sind bei mir immer die erste Anlaufstelle.

3. Rede über deine Gefühle. Das zu lernen braucht Zeit und Mut. Bei manchen Menschen wurde es zu Hause von klein auf ganz selbstverständlich gemacht, andere müssen es erst lernen. Wenn du dich selbst verstehen und reflektieren kannst, mag dir das helfen, dein Leben in die gewünschten Bahnen zu lenken. Die Stimme in meinem Herzen hat ein paar Jahre geflüstert. Niemand konnte sie hören. Meistens noch nicht mal ich selbst. Es fühlt sich sicher am Anfang komisch an, wenn du dich nahen Freunden, Familie und deinem Partner anvertraust. Sie werden das Geschenk aber zu schätzen wissen, und es bringt euch zusammen.

4. Wenn du dich erst mal niemandem anvertrauen möchtest, teile deine Gedanken mit dir selbst. Ein Tagebuch kann ein erster Anfang sein, dir über deine Gefühlswelt klarer zu werden und dir ehrlich einige Fragen zu stellen. Du kennst den Weg, wenn du dir die Zeit nimmst.

5. Mir helfen immer selbst verschriebene Ruhephasen. Ich bin jemand, der sich gerne und schnell ablenkt, um mich nicht mit mir auseinandersetzen zu müssen. Nimm dir die Zeit für dich selbst.

Themen verschwinden nicht einfach, wenn man die Musik lauter dreht, feiern geht oder mal einen übern Durst trinkt. Ich will hier nichts verteufeln, ich selbst bin die Strategie ein paar Jahre gefahren. Aber die Themen kommen eben wieder. Du kannst dich nur dafür entscheiden, ob du sie jetzt anschauen willst oder in ein paar Jahren.

Hallo Jakob und Max,

ich hätte gerne eure Meinung zu folgendem Thema: Seit gut vier Monaten bin ich mit einem Mann zusammen, der auf Analverkehr steht. Vorher hatte ich auf diesem Gebiet wenig Erfahrungen, aber da ich recht offen bin, habe ich mich darauf eingelassen. Leider gefällt mir das gar nicht.

Wir haben nun schon mehrfach Analverkehr ausprobiert, in verschiedenen Stellungen, mit Vibratoreinsatz, Betäubungscreme etc. Aber es tut entweder total weh, oder ich empfinde keine sexuelle Erregung. Es fühlt sich einfach wie rückwärtskacken an – und das ist nicht schön.

Ich habe ihm auch öfter gesagt, dass mir das keinen Spaß macht und ich es nicht möchte, aber er will es unbedingt. Einerseits bin ich darüber etwas geschockt, dass er auf etwas besteht, das mir offensichtlich gar keinen Spaß macht und meist sehr wehtut. Andererseits frage ich mich, ob das für einen Mann ein Grund ist, eine Beziehung zu beenden.

Wir verstehen uns sonst sehr gut und sind sehr vertraut miteinander, da wir uns fast jeden Tag sehen und viel Zeit miteinander verbringen. Er hat mir alle seine Freunde vorgestellt, und wir fahren demnächst zusammen in den Urlaub.

Ich würde mich über eure Meinung dazu sehr freuen.

Viele Grüße

Viviana

**Max:** Liebe Viviana, ich kann gut verstehen, dass das Thema für dich nicht ganz einfach ist.

In einigen Bereichen besteht eine Beziehung aus Kompromissen: Man hat keine Lust, den Müll rauszubringen, weiß aber, dass der Partner schon zum dritten Mal die Spülmaschine ausgeräumt hat. Es ist an der Zeit, den triefenden Sack zu nehmen und unten in die Tonne zu feuern.

In anderen Bereichen der Beziehung, gerade wenn es um dein Wohlbefinden geht, ist es wichtig, ganz klar auf dich zu hören und deinem Gefühl zu vertrauen. Wenn du keine Lust auf Analsex hast, bleib dir da treu.

Zum einen, weil du dann eine Beziehung auf Augenhöhe mit ihm führst. Ich persönlich fühle mich auf Dauer nur von einer Partnerin angezogen, mit der ich auf Augenhöhe kommuniziere. Und ich glaube, von Herzen fühlt man sich nur dann wohl, wenn man auf sich achtet.

Ein wiederholtes »Na gut, dann mach ich es halt« frisst sich auf lange Sicht in die Beziehung und schadet der eigenen Seele.

Eine Sorge, die ich bei dir raushöre, ist, dass er dich verlässt, solltest du seinen sexuellen Präferenzen keinen Raum geben. Die Frage ist hier: Ist er mit deinem Arsch zusammen oder mit dir? Und willst du mit einem Mann zusammen sein, der nur mit deinem Arsch zusammen sein will? So hart es klingt: Es kann auch ein Test für eure frische Beziehung sein. Das fordert Mut und die Bereitschaft, das, was ihr habt, aufzugeben und es entweder gemeinsam neu zu definieren oder besser getrennte Wege zu gehen. Ich glaube, wenn du diese Fragen klar beantworten kannst, wirst du für dich die passende Entscheidung treffen.

**Das Leben ist zu kurz für Bleistiftröcke, Hochsteckfrisuren und verpasste Chancen!**

Liane ist Ende dreißig und führt ein unspektakuläres Leben – aus Angst, dass ihr etwas Schlimmes passieren könnte. »Vorsicht ist die Mutter der Porzellankiste«, pflegt sie zu sagen. Flugreisen, Extremsportarten und Spaziergänge im Dunkeln vermeidet sie deshalb am liebsten. Doch als Liane eine Diagnose bekommt, die alles verändert, gibt es plötzlich keinen Grund mehr für sie, vorsichtig zu sein. Etwa das Survivaltraining im Gebirge abzusagen, das ihr Chef organisiert hat. Oder den jahrealten Brief ihrer Adoptivmutter nicht zu öffnen. Liane entdeckt, dass das Leben gefährlich schön sein kann und man manchmal springen muss, um das Glück zu ergreifen …

PENGUIN VERLAG

Jetzt reinlesen auf www.penguin-verlag.de